Jürgen Höller

Sag ja zum Erfolg!

Jürgen Höller

Sag ja zum Erfolg!

Der Weg zu Reichtum
und persönlicher Freiheit

Econ

Besuchen Sie den Econ Verlag im Internet:
http://www.econ-verlag.de

Der Econ Verlag ist ein Unternehmen
der Econ Ullstein List Verlag GmbH & Co. KG

ISBN 3-430-14817-0

Lektorat: H. Dieter Wirtz, Mönchengladbach
Gesetzt aus der Times mager bei
franzis print & media GmbH, München
Druck und Bindearbeiten: Grafischer Großbetrieb Pößneck

Zu Beginn
Provokante Thesen

Junge Menschen sollten schleunigst ihr Studium abbrechen und sich selbstständig machen!
Siehe auch Seite 38

Erfolglose Menschen sind in Wirklichkeit unsozial!
Siehe auch Seite 51

Deutschland braucht einen Motivations-Minister!
Siehe auch Seite 54

Arbeit muss zuallererst Spaß machen und nicht dem Gelderwerb dienen!
Siehe auch Seite 96 und 210

Die meisten Arbeitslosen sind verdient arbeitslos!
Siehe auch Seite 171

Der größte Motivator aller Zeiten war Jesus Christus!
Siehe auch Seite 194

Geld ist ein Grundbedürfnis, genau wie Essen, Trinken und Schlafen!
Siehe auch Seite 227

Geld macht nicht glücklich – Unsinn: *Es* macht glücklich!
Siehe auch Seite 231

Die größte Kraft des Universums

Ein altes Märchen erzählt von den Göttern, die zu entscheiden hatten, wo sie die größte Kraft des Universums verstecken sollten, damit sie der Mensch nicht finden könne, bevor er reif dazu sei, sie verantwortungsbewusst zu gebrauchen.

Ein Gott schlug vor, sie auf der Spitze des höchsten Berges zu verstecken. Aber sehr bald erkannten die Götter, dass der Mensch irgendwann auch den höchsten Berg der Erde ersteigen und die größte Kraft des Universums finden würde, bevor er reif dazu sei. Ein anderer meinte, dass man diese Kraft auf dem tiefsten Grund der Ozeane verstecken sollte. Aber wiederum erkannten die Götter, dass der Mensch auch diese Region erforschen und die größte Kraft viel zu früh finden würde.

Ein dritter Gott kam auf die Idee, die größte Kraft des Universums auf dem Mond zu verstecken. Zunächst waren alle begeistert von dieser Idee, aber nach reiflichem Nachdenken kamen sie zu der Überzeugung, dass es dem Menschen in seiner unstillbaren Neugierde und aufgrund seiner außerordentlichen Erfindungsgabe irgendwann gelingen würde, selbst den Mond zu erobern – und er somit die größte Kraft des Universums ebenfalls zu früh finden würde.

Schließlich erkannten die weisen Götter, dass diese Kraft dort versteckt werden müsste, wo der Mensch erst ganz zum Schluss suchen würde, und zwar dann, wenn er dazu reif sei. Und so versteckten die Götter die größte Kraft des Universums an einem Platz, wo sie immer noch darauf wartet, vom Menschen entdeckt zu werden: **im Menschen selbst!**

Wenn Sie bereit sind, wenn Sie **wirklich** bereit sind, dann kann für Sie das Abenteuer des Lebens jetzt beginnen. **Jetzt, in diesem Augenblick!**

Der Wegweiser zum Erfolg

Inhalt

Vorwort

Starten Sie durch!

Liebe(r) Leser(in),

zunächst einmal möchte ich mich für das Vertrauen bedanken, das Sie mir entgegenbringen, indem Sie dieses Buch lesen. Gleichzeitig möchte ich Sie auch zu Ihrem Entschluss beglückwünschen, es zu lesen. Denn damit gehören Sie bereits zu den fünf Prozent aller Menschen, die ihr Leben selbst in die Hand nehmen und nicht darauf vertrauen und warten, dass »die anderen« – der Chef, der Partner, die Kunden, Ihr Arzt, Ihr Apotheker, die Politik, die Wirtschaftslage (oder wer bzw. was auch immer) – ihr Leben positiv verändern.

Ich weiß, dass Sie ein Mensch sein müssen, der sich weiterentwickeln und nicht stehen bleiben möchte. Denn es ist kein Zufall, dass Sie dieses Buch lesen. Sie sind ein Mensch, der an sich arbeiten und sich weiterentwickeln möchte. Vielleicht haben Sie dieses Buch gekauft, weil Sie bereits erfolgreich sind und weitere Strategien und Techniken kennen lernen möchten, um Ihren Erfolg auszubauen. Vielleicht befinden Sie sich aber auch momentan in einer dunklen Phase Ihres Lebens und möchten gerne die Informationen erwerben, die Sie in die Lage versetzen, wieder auf die helle Seite zu wechseln. Doch wo Sie auch herkommen, wo Sie auch stehen – mich interessiert weniger Ihre Vergangenheit als vielmehr die Richtung des Weges, den Sie ab sofort einschlagen, denn es ist vollkommen unerheblich, auf welche Erfolge oder Misserfolge Sie zurückblicken können. Entscheidend ist, was Ihnen die Zukunft bringt.

Die Vergangenheit ist vorbei. Alles, was passiert ist, ist passiert. Ihre Misserfolge und Ihre negativen Erlebnisse sind ebenso Vergangenheit wie Ihre Erfolge. Gerade bei erfolgreichen Menschen (und auch Unternehmen) besteht manchmal die Gefahr, dass sie etwas träge, gar überheblich werden. Oftmals ist nämlich der Erfolg der Vergangenheit der größte Erfolgsverhinderer der Zukunft, während Menschen, die in der Vergangenheit Probleme und Schwierigkeiten hatten, gerade daraus ihre Motivation und ihren Ansporn holen, um zum Spitzenerfolg durchzustarten.

Ich wünsche Ihnen viel Spaß beim Lesen und ich hoffe, dass Sie an sich glauben, … denn:

Ich glaube an Sie!

Kapitel 1

Wer dieses Buch warum lesen sollte

Alles Denkbare ist auch machbar!

Albert Einstein

Dieses Buch ist geschrieben worden für all die Menschen, die sich die folgende Frage stellen: **War das denn wirklich schon alles in meinem Leben?**

Wer jetzt mit einem »Ja« antwortet, der sollte das Buch am besten zur Seite legen oder es weiterverschenken. Wenn Sie aber zu dem Ergebnis gelangen, dass es noch **irgendetwas** in Ihrem Leben gibt, das Sie verbessern, verändern, erreichen möchten, dann wird dieses Buch Ihnen dazu verhelfen.

Glauben Sie mir das? Glauben Sie mir das, weil Sie hoffen, ich könnte Sie motivieren? Dann muss ich bereits jetzt, gleich zu Beginn, eine Ihrer »Seifenblasen« zum Platzen bringen:

Ich kann niemanden motivieren!
Denn: Niemand kann Sie motivieren ...
außer Sie sich selbst!

Vielleicht fragen Sie sich jetzt, warum Sie dann dieses Buch weiter lesen sollten? Ich kann Sie nämlich nicht (und ich will es auch nicht!) motivieren. Warum ich mich dann als Motivationstrainer bezeichne? Weil ich eines tun kann, das viel wertvoller ist: **Ich zeige Ihnen Strategien und Techniken, mit deren Hilfe Sie sich selbst motivieren und zum Erfolg gelangen können!**

Ich betreibe Hilfe zur Selbsthilfe. Ich möchte, dass Sie in die Lage versetzt werden, das aus Ihrem Leben zu machen, was Sie sich wünschen und vorstellen.

Der eine Leser oder die andere Leserin wird sich nun fragen, ob ich nicht den Mund reichlich voll nehme. Was befähigt Jürgen Höller eigentlich dazu, daran zu glauben, dass er diesem Anspruch gerecht werden kann? Der Grund dafür ist: In den letzten 15 Jahren meines Lebens habe ich nichts anderes getan, als mich mit folgender Frage zu beschäftigen: **Was unterscheidet die erfolgreichen von den erfolglosen Menschen?**

Da ich diese Frage während meiner gesamten Schul- und Ausbildungsjahre niemals beantwortet bekam, habe ich mich daran gemacht, sie im Selbststudium zu beantworten. Zu diesem Zweck habe ich bis heute ca. 800 Bücher gelesen, etwa 120 Seminare besucht und rund 150 Audiokassetten-Programme durchgearbeitet. Aus diesen Quellen stammen die theoretischen Grundlagen meines Erfolgssystems. Doch das allein hätte mich sicherlich nicht bewegen können, anderen Menschen heute Erfolgsstrategien zu vermitteln. Denn darüber hinaus habe ich die Strategien in meinem eigenen Leben erfolgreich umgesetzt. Vom (Fast-)Pleitier mit 21 Jahren habe ich es geschafft, 15 Jahre später das Leben so zu führen, wie ich es mir seit meiner Kindheit immer erträumt habe. Ich habe in den letzten Jahren mehrere höchst erfolgreiche Firmen aufgebaut und genieße das Privileg, allein in diesem Jahr 2000 mit mehr als 200 000 Menschen in meinen Seminare zusammenarbeiten zu dürfen.

Die Anzahl der Menschen, die ich mit meinen Audiokassetten, Büchern und Videokassetten in den letzten Jahren erreicht habe, geht in die Millionen. Aufgrund dieser vielen Kontakte erhalte ich zigtausend Rückantworten begeisterter Menschen, die mir schreiben, was sich alles in Ihrem Leben getan hat.

Dabei sind die Strategien und Techniken, die ich in diesem Buch beschreibe, durchaus nicht nur im beruflichen Bereich einsetzbar, sondern sie helfen dazu, **ganzheitlich** erfolgreicher zu werden. In diesem Buch geht es im Wesentlichen um folgende Themen:

- Wie schaffen Sie es, eine vitale, begeisternde, kraftvolle Persönlichkeit zu sein? Siehe Kapitel 5.

- An dieser Stelle das vielleicht Wichtigste: Wie schaffen Sie es, nicht nur erfolgreich, sondern auch **glücklich** zu sein? Siehe Kapitel 6.

- Wie erreichen Sie das, was Sie sich vorstellen und wünschen? – Siehe Kapitel 13.

- Wie erhöhen Sie permanent Ihr Einkommen? Siehe Kapitel 14.

- Wie erhöhen Sie nicht nur Ihr Einkommen, sondern sorgen darüber hinaus dafür, dass das, was übrig bleibt, zu einem Vermögen anwächst? Siehe Kapitel 15.

- Wie schaffen Sie es, von Ihren Zinsen ein traumhaftes Leben führen zu können? Siehe Kapitel 15.

Auf all diese Fragen werden Sie in diesem Buch Antworten bekommen. Doch Achtung: Viele von denen, die dieses Buch lesen, arbeiten in einem Unternehmen, dass in zehn Jahren nicht mehr existieren wird. Es gibt Branchen, in denen innerhalb der nächsten zehn Jahre 50 Prozent aller Unternehmen nach und nach Konkurs anmelden werden.

Die Welt befindet sich zu Beginn des 3. Jahrtausends in einem absoluten Umbruch. Das Internet, erst 1989 der Öffentlichkeit zugänglich gemacht und erst ab 1994 mehr und mehr genutzt, breitet sich rasant aus. Zu dem Zeitpunkt, zu dem ich die letzten Seiten für dieses Buch schreibe (Januar 2000), beträgt die Halbwertzeit aller über das Internet zugänglichen Daten und Informationen gerade einmal zehn Monate. **Und alle zehn Monate verdoppeln sich Daten und Anzahl der User.** Das Netzwerk Internet kommt mir dabei vor wie ein weltumspannendes Gehirn ...

Auch in unserem Gehirn haben wir Milliarden von einzelnen Nervenzellen, die sich komplex verbinden. Je komplexer die Verbindung, desto größer die Leistung des Gehirns. Ähnlich ist es beim Internet: Milliarden von Menschen verbinden sich mehr und mehr, und wie bei einem Gehirn schwirren die Nervenimpulse hin und her, über Ländergrenzen und Kontinente hinweg. Diese unglaublichen Möglichkeiten der Information und der Kommunikation **hat** und **wird** unser aller Leben weiter verändern.

Unternehmen, aber auch jene Menschen, die sich dieser Entwicklung nicht anpassen, könnten somit in Schwierigkeiten geraten. Mit diesen komplexen Anforderungen zurechtzukommen ist die größte Herausforderung, der sich die Menschheit bisher stellen musste. Da die Entwicklungsgeschwindigkeit auf der Erde permanent zunimmt, sind diejenigen, die der Meinung sind: »Das kenn ich schon, davon hab ich schon vor einigen Jahren mal gehört«, schlicht und einfach überheblich, ja gar als arrogant zu bezeichnen. Denn das Wissen explodiert und niemand kann alles kennen. Wollen wir eine glückliche Zukunft haben, so ist es unsere Aufgabe, zu lernen, zu wachsen, uns weiterzuentwickeln.

Ich hoffe, dass Sie nicht zu den »Kenn ich schon«-Menschen gehören, sondern zu den »Das interessiert mich«-Menschen. Denn jene »Kenn ich schon«-Menschen werden durch ihre Einstellung oft daran gehindert, neue Einsichten zu gewinnen. Wer denkt, dass er alles schon kennt, der verschließt sich dem Wissen der Außenwelt und vertraut nur noch seinen bereits gespeicherten Informationen. Doch gerade weil sich die Welt so unglaublich schnell verändert, ist es notwendig, offen und flexibel zu sein und zu bleiben.

Bestimmt haben auch Sie schon einmal jenen Effekt erlebt, mit dem auch ich des Öfteren konfrontiert werde und der mir – wie das folgende Beispiel exemplarisch zeigt – dann stets vor Augen führt, warum wir, sofern wir dazu aufgeschlossen sind, ständig Neues erleben …

Ich lese ein gutes Buch zum zweiten Mal («kenne« also bereits den Inhalt), aber beim erneuten Lesen gewinne ich ganz andere Erkenntnisse. Warum? Ich habe den gleichen Inhalt doch schon einmal komplett zuvor gelesen? Der Grund liegt darin, dass wir immer nur **das** wahrnehmen können, was unserem momentanen Bewusstseinszustand entspricht. Jeder Mensch besitzt nämlich eine selektive Wahrnehmung. Das ist auch der Grund dafür, warum unterschiedliche Menschen, die das **Gleiche** erleben oder hören oder sehen, etwas **Unterschiedliches** wahrnehmen. Jeder Mensch nimmt nämlich nur das als Information auf, was für ihn in diesem Augenblick wichtig ist.

Wenn ich beispielsweise ein Seminar gehalten habe, haben alle Teilnehmer das Gleiche an Informationen angeboten bekommen. Interviewte man nun alle Teilnehmer, würde man unterschiedliche Meinungen erhalten: Einige würden behaupten, das Seminar wäre das schlechteste, was sie jemals erlebt hätten; andere würden sagen, das Ganze sei banal gewesen; wieder andere würden behaupten, der Höller spinne; und der (in der Regel große) Rest der Teilnehmer würde von dem Seminar als eines der besten sprechen, das sie jemals mitgemacht hätten. Der Grund liegt einfach darin, dass jeder eine selektive Wahrnehmung besitzt. Das ist sich folgendermaßen vorzustellen: Wir besitzen eine Art »Filter«, der alle Information, die uns von außen erreichen, auf ihre »Durchlässigkeit« prüft, ehe er sie letztendlich aufnimmt. Und dieser Filter, das sind unsere alten Programme, unsere alten Erfahrungen, die wir in unserem Gehirn gespeichert haben. Darum ist oft Folgendes zu beobachten: Je älter viele Menschen werde, umso weniger Offenheit und Flexibilität besitzen sie, da ihr Filter immer undurchlässiger wird.

Ich hoffe, dass Sie zu den Menschen gehören, die dieses Buch mit offenen Augen und offenem Herzen lesen. Auch hoffe ich, dass Sie ein vollkommen unvernünftiger Mensch sind. Glauben Sie jetzt, dass der Höller verrückt geworden ist? Ich denke, dass ich das bin (Sie werden in diesem Buch noch erfahren, warum), denn die Welt wird geformt von den unvernünftigen Menschen – und nicht etwa von den Vernünftigen! Sie glauben das nicht? Hier eine kleine Sammlung vollkommen »vernünftiger« Aussagen …

- »Gut informierte Menschen wissen, dass es unmöglich ist, die menschliche Stimme via Kabel zu übertragen. Und wenn es möglich wäre, hätte das Ganze keinen praktischen Wert.«
  (Leitartikel in der *Boston Post,* 1865)

- »Mit der Weltausstellung von Paris wird auch die Geschichte des elektrischen Lichts enden und man wird nichts mehr davon hören.«
  (Professor Erasmus Wilson, 1888)

- »Was soll unsere Gesellschaft schon mit einem elektrischen Spielzeug anfangen?«
  (Die Firma *Western-Union* als Begründung, warum sie die Rechte am Telefon nicht haben wollte, 1878)

- »Man kann keine Flugmaschinen bauen, die schwerer sind als Luft.«
  (Lord Kelvin, Vorsitzender der Königlich-Britischen Akademie für Naturwissenschaften, 1895)

- »Alles, was die Menschheit erfinden kann, ist schon erfunden worden. Wir könnten das US-Patentamt eigentlich morgen schließen«.
  (Charles Duell, Direktor des US-Patentamtes, 1899)

- »Dass das Automobil praktisch die Grenzen seiner Entwicklung erreicht hat, wir daran deutlich, dass im vergangenen Jahr keine nennenswerten Verbesserungen erzielt wurden.«
  (Artikel in der *Scientific American,* 1909)

- »Ich denke, es gibt einen Weltmarkt für vielleicht fünf Computer.«
  (Thomas Watson, *IBM*, 1943)

- »640 KB sollten für jedermann genug sein.«
  (Bill Gates, 1981)

Und wie steht es dagegen mit den »unvernünftigen« Menschen?

- Walt Disney will seine Zeichentrickfigur ursprünglich »Mortimer« nennen. Er hört jedoch schließlich auf seine Frau und nennt sie Mickey Mouse. Diese hat 1928 ihr Debüt in dem Zeichentrickfilm *Steam-Boat-Villey.*

- 1950 stellt Frank McNamara nach dem Essen in einem Restaurant fest, dass er seinen Geldbeutel vergessen hat und nicht zahlen kann. In diesem Moment reift bei ihm die Idee der Kreditkarte.

- Ray Kroc mag Hamburger, Milch-Shakes und Fritten der Brüder McDonald im kalifornischen San Bernardino so gern, dass er spontan beschließt, nationaler Franchise-Nehmer von *McDonald's* zu werden. Heute wird weltweit alle vier Stunden ein neues *McDonald's-Restaurant* eröffnet.

- *IBM*-Chef Thomas Watson (der »Vernünftige« aus dem Jahr 1943) ist mittlerweile zu einem »unvernünftigen« Menschen mutiert und entscheidet 1962, das Computersystem 360 zu entwickeln. Die Entwicklungskosten betragen damals 5 Milliarden US-Dollar – mehr als die Entwicklung der ersten Atombombe. Experten warnen jedoch davor, da sich ihrer Meinung nach hiervon bestenfalls zwei Exemplare verkaufen lassen.

- Ted Turner hört 1980 weder auf Experten noch auf Prognosen von Marktforschern und startet seinen Nachrichtensender *CNN*.

- Bill Gates bricht 1981 ein Paradigma und überträgt die Lizenz für sein *MS-DOS*-Betriebssystem auf *IBM*. *IBM* verzichtet im Gegenzug auf Lizenzen für alle Nicht-*IBM*-Rechner. Viele »Kapazitäten« hatten Bill Gates hiervor gewarnt – es bedeutete jedoch den unaufhaltsamen Aufstieg *Microsofts* und für *IBM* den Abschied vom Paradies.

Möchten Sie also auch weiterhin ein »vernünftiger« Mensch sein? Oder möchten Sie vielleicht doch lieber zu den »Unvernünftigen« gehören, zu denen, welche die Welt verändern?

Ich denke, das Leben ist einfach viel zu kurz, um sich damit abzufinden, es in Mittelmaß zu führen. Warum sollte man es damit verschwenden, einen Job auszuüben, bei dem man gerade überleben kann, ein Unternehmen zu führen, das gerade eben über die Runden kommt, und warum sollte man schlechte Mahlzeiten zu sich nehmen, die einem nicht schmecken, in einem ungemütlichen Büro sitzen, billige Kleidung tragen, sich mit negativ eingestellten Menschen abgeben? Schreiten sie voran!

Das ist nicht immer einfach. Nehmen wir einmal den komplexen Bereich der Wissenschaft. Mitunter sind es Teile der Gesellschaft, meist Institutionen, die den wissenschaftlichen Fortschritt aufhalten, gar verhindern wollen. Ob nun beginnend bei Galilei, den man zwang, seiner These abzuschwören, dass sich die Erde um die Sonne drehe, oder ob es sich um Neuerungen in der Medizin oder in vielen anderen Bereichen des Lebens handelt – wissenschaftliche Institutionen akzeptieren in der Regel nur das, was in das momentan herrschende Weltbild passt.

Streng analysierende Wissenschaftler stellen nur Tatsachen fest. Visionäre dagegen schaffen *neue* Tatsachen!

Wenn wir die Geschichte der Menschheit einmal Revue passieren lassen, dann werden wir feststellen, dass die wissenschaftliche Forschung manchmal innerhalb sehr kurzer Zyklen gewaltige Fortschritte macht. Doch etwas ist erst dann auch wissenschaftlich anerkannt, also »objektiv« wahr, wenn es durch entsprechende Experimente bewiesen werden kann, um schließlich bestätigt zu werden. Solange etwas nicht bewiesen und somit auch nicht bestätigt werden kann, ist es lediglich Theorie. Solche **theoretischen Annahmen** werden nicht selten von vielen bezweifelt, gar ins Lächerliche gezogen.

Wie oft habe auch ich schon von Gegnern hören müssen: »Das ist ja utopisch!« oder: »Reine Theorie!« oder: »Sehr banal!« Doch wenn wir immer abwarten würden, bis etwas **bewiesen** ist, würden wir viele Möglichkeiten vertun und noch mehr Zeit verschwenden. Hierzu ein anschauliches Beispiel: Die Menschheit verfügt seit circa 4000 Jahren über die Fähigkeit, Brot zu backen. Eines Tages hat jemand einmal den Teig nach dem Kneten liegen gelassen und dabei festgestellt, dass er dabei aufgeht. Seit dieser Zeit backen wir Brot in einer viel besseren Qualität.

Aber es ist erst etwa 80 Jahre her, dass die Menschheit herausgefunden hat, woran das liegt. Es liegt am Stoffwechselprodukt eines Hefepilzes, das Kohlendioxid produziert. Hätten wir denn 4000 Jahre warten sollen, Brot in der bekannten Qualität herzustellen, so lange also, bis ein Labor in der Lage gewesen wäre, den Backvorgang zu erklären, und bis ein wissenschaftlicher Stempel diesen Vorgang schließlich mit dem Etikett »wahr« versehen hätte?

Besonders augenfällig – und oft auch tragisch – ist das Versagen wissenschaftlicher Institutionen im Bereich der Medizin. Es gab dort so gut wie keine einzige bahnbrechende Entdeckung und Weiterentwicklung in den letzten 200 Jahren, die zuvor nicht von einer wissenschaftlichen Institution als unakzeptabel verworfen worden ist. Wie wurde beispielsweise ein Professor Sauerbruch angefeindet, weil er lediglich verlangte, dass sich die hygienischen Bedingungen in den Krankenhäusern verbessern sollten! Und wie vielen hunderttausend Menschen hat schließlich seine Überzeugung das Leben gerettet!

Wir lachen heute über jene Wissenschaftler, die noch 1492 Christoph Columbus davor warnten, zu weit »hinaus zu segeln«, da er sonst Gefahr liefe, am Horizont von der »Weltscheibe« herunterzufallen. Wir lachen darüber – doch auch heute wird es immer wieder eine Menge »vernünftiger« Menschen geben, darunter nicht selten auch Experten, Kapazitäten, Wissenschaftler, die den »Unvernünftigen« beweisen werden, dass das, was sie vorhaben, nicht funktionieren wird. Was musste ich mir beispielsweise in den letzten Jahren nicht alles anhören und wie oft hat man mir vorgehalten, dass es unmöglich sei, meine Visionen zu ermöglichen. **Ich habe meine Visionen verwirklicht – und ich werde auch meine weiteren Ziele erreichen.**

Doch dieses Buch schreibe ich ja nicht für mich – ich schreibe es für Sie. Auch Ihnen wird es wahrscheinlich passieren, dass Ihnen viele wohlmeinende Freunde (und auch einige Nicht-

Freunde) erzählen werden, dass das, was Sie sich vorgenommen haben, nicht funktionieren wird, dass Sie es nicht schaffen können, dass es unmöglich ist usw. Denken Sie dann bitte an das, was Sie hier gelesen haben, und behalten Sie sich Ihren Mut, Ihren Glauben. Vertrauen Sie keineswegs so genannten wie selbst ernannten »Experten«, wenn die Ihnen beweisen wollen, dass etwas unmöglich sei. Solche »Experten« haben auch Tausenden von Frauen vor einigen Jahren erzählt, sie könnten ein Schlafmittel namens *Contergan* problemlos während der Schwangerschaft einnehmen. Das Ergebnis dieser fatalen Fehleinschätzung betreffender Experten? Hunderttausende behinderter Menschen auf der ganzen Welt …

Auch wenn die »Masse« einer bestimmten Meinung ist, muss etwas noch lange nicht gut sein. Die »Masse« lief auch noch vor wenigen Jahrzehnten den Nazis hinterher …

Natürlich sollten Sie wissenschaftliche Erkenntnisse immer bei Ihren Überlegungen und Entscheidungen berücksichtigen. Wenn ich hier ein bisschen harsch die wissenschaftlichen Institutionen angegriffen habe, dann soll dies keineswegs ausdrücken, dass Wissenschaftler grundsätzlich Unrecht haben. Ganz im Gegenteil: Die haben in der Regel Recht! Und das, was Institutionen einmal für »wahr« erklärt haben, trifft meist ebenfalls zu. Dennoch: Es gibt eben keine Regel ohne Ausnahme! Und deshalb sollten Sie sich lieber auf Ihren gesunden Menschenverstand verlassen und an Ihre Ideen glauben. Halten Sie an Ihren Wünschen, Träumen und Visionen fest – und lassen Sie sich von nichts abbringen!

Willkommen im Club der Unvernünftigen!

Kapitel 2

Wie gehe ich vor? Eine Gebrauchsanweisung

Auch die längste Reise beginnt mit einem ersten Schritt!

Damit Sie dieses Buch nicht nur als »Lesebuch« verwenden, sondern damit Sie auch ins **Handeln** kommen, folgen nun einige Tipps für die Anwendung des Buches …

1. Das Arbeitsheft

Mein letztes Buch, der Nr.-1-Bestseller *Sprenge Deine Grenzen,* war als Arbeitsbuch aufgebaut. Dies bedeutete, dass immer wieder Aufgaben zu lösen waren, ehe man im Buch weiterlesen konnte. Einige Leser hat dieses Konzept sehr begeistert, da sie dadurch gezwungen wurden, direkt ins Handeln zu kommen. Wiederum andere kritisierten es, da sie, etwa als Beifahrer im Auto, das Buch an Orten und Plätzen lasen, an denen sie nicht schreiben konnten. Ich halte es aber für **absolut erforderlich,** dass der Leser ein Buch wie das vorliegende nicht nur liest, sondern über das Lesen sofort ins Umsetzen, ins Handeln kommt. Denn wissenschaftliche Untersuchungen haben ergeben, dass wir uns nur zehn Prozent von dem bewusst merken können, was wir lesen – 90 Prozent vergessen wir schnell wieder. Deshalb habe ich mich bei diesem Buch zu einem vollkommen neuen Konzept entschlossen …

Das vorliegende Buch ist aufgebaut als »normales« Lesebuch. Sie können es also an jedem Ort, an jedem Platz lesen, an dem Sie es möchten. Darüber hinaus habe ich ein »Arbeitsheft« entwickelt, versehen mit Aufgaben, die dazu dienen, das Gelesene auf die eigene Situation anzuwenden und sofort Strategien und Techniken zu entwickeln. Dieses Arbeitsheft in dieses Buch zu integrieren, hätte jedoch den Rahmen gesprengt. Sie haben nun die Möglichkeit, besagtes Arbeitsheft zu beziehen. Hier gibt es zwei Wege:

Per Post: Innerhalb dieses Buches finden Sie eine Postkarte, mit der Sie das Arbeitsheft bestellen können. Füllen Sie einfach das Adressfeld komplett aus, stecken Sie die Karte zusammen mit einem Scheck über DM 9,90 (für Druckkosten, Porto, Verpackung usw.) in ein Kuvert, das Sie an die Adresse der *Inline Motivation AG* schicken: Lucas-Cranach-Weg 6, 97469 Gochsheim. Sie können das Heft auch telefonisch (0 97 21/6 49 63-0), per Fax (0 97 21/6 39 86) oder per E-Mail (*info@juergenhoeller.com*) bestellen.

Per Internet: Besuchen Sie einfach unsere Homepage: *www.juergenhoeller.com* und klicken Sie dann den entsprechenden Hinweis zum Arbeitsheft von *Sag ja zum Erfolg!* an. Anschließend können Sie das Arbeitsheft **kostenfrei** auf Ihren Rechner herunterladen.

Durch diesen Service haben Sie die Möglichkeit, das Optimum aus *Sag ja zum Erfolg!* für sich zu gewinnen.

Hier nun mein Vorschlag: Lesen Sie zunächst das Buch in aller Ruhe einmal komplett durch. Fordern Sie anschließend das Arbeitsheft an und beginnen Sie das Buch nochmals durchzulesen. Sie werden dann innerhalb dieses Buches immer wieder auf **Hinweise zu Aufgaben** stoßen. Halten Sie dann bitte Ihr Arbeitsheft bereit und erledigen Sie die betreffenden Aufgaben. Ohne die Leser(innen) verletzen zu wollen, die dieses Buch lediglich als »Lesebuch« ansehen, wird es doch so sein, dass in erster Linie diejenigen Leser(innen) einen Quantensprung in Ihrer Entwicklung vollziehen werden, die das Buch zusammen mit dem Arbeitsheft nutzen.

2. Die »Bucharbeit«

Wenn Sie das Buch lesen, sollten Sie dabei einen Kugelschreiber und möglicherweise auch einen oder mehrere Textmarker bereithalten. Ich habe beim Lesen eines Buches jedenfalls stets Kugelschreiber und Textmarker griffbereit. Während ich lese, unterstreiche ich wichtige Passagen, schreibe meine Anmerkungen an den Seitenrand, kennzeichne wichtige Stellen farbig usw. Es gibt zwei Gründe, warum ich dies tue:

- Wenn ich später das Buch wiederholt zur Hand nehme, lese ich vor allem die wichtigsten Passagen, also die, die ich gekennzeichnet habe, nochmals durch. Somit prägen sich die betreffenden Stellen (Informationen) stärker als beim normalen Lesen in mein Unterbewusstsein ein und entfalten dort eine positive Wirkung. Insgesamt hilft mir also das Kennzeichnen, wichtige Textpassagen leichter wiederzufinden.

- Allein durch das Unterstreichen und durch das Aufschreiben der Gedanken erfolgt eine Vertiefung des Gelesenen im Unterbewusstsein, wo es dann eine starke Wirkung erzielt.

3. Die Handlungen

Alle Seminartrainer und Buchautoren haben das gleiche Problem: Sie tragen ihr Wissen vor, die Seminarteilnehmer oder Leser sind sogar davon begeistert – aber Letztere machen nach dem Seminar bzw. dem Buch genauso weiter wie bisher. Und sie werden dann natürlich auch die gleichen Ergebnisse erzielen, die Sie bisher erzielt haben. Wer etwa einen Käsekuchen immer nach dem gleichen Rezept backt, der wird auch immer einen gleich schmeckenden Käsekuchen als Resultat erhalten.

Wer das tut, was er schon immer getan hat, wird auch das erhalten, was er schon immer erhalten hat. Demzufolge können wir nur neue Ergebnisse erzielen, wenn wir neue Strategien, Techniken, Handlungsweisen vollziehen. Aus diesem Grunde wurde die »Handlungsliste« entwickelt. In Ihrem Aufgabenheft finden Sie deshalb gleich zu Beginn diese Handlungsliste vor. Halten Sie sie beim Lesen bereit und schreiben Sie alle Handlungen, Ideen, Vorsätze, die Ihnen beim Lesen des Buches einfallen, sofort auf. Schreiben Sie auch auf, wann Sie damit beginnen wollen und wann die Handlungen beendet sein sollen. Wenn Sie mit dem Lesen des Buches fertig sind, dann wählen Sie bitte aus **allen** Handlungsabsichten bitte die **drei wichtigsten** aus. Schreiben Sie diese nochmals extra in der entsprechenden Reihenfolge auf.

Konzentrieren Sie sich zunächst **ausschließlich** auf diese drei geplanten Handlungen. Alle anderen Punkte haben Sie ja notiert – werden Sie also nicht vergessen –, aber Ihre Konzentration liegt ausnahmslos auf diesen drei wichtigsten Punkten. Erst nach Erreichen Ihres Zieles wählen Sie drei weitere Handlungen aus, um sich dann mit ihnen zu beschäftigen. Das machen Sie so lange, bis die gesamte Handlungsliste regelrecht abgearbeitet ist.

4. Die 72-Stunden-Regel

Studien in den USA haben ergeben, dass wir alle Ideen und Vorsätze, die wir haben und bei denen wir **nicht** innerhalb von 72 Stunden ins Handeln gekommen sind, in der Regel so gut wie nie mehr umsetzen. Die Chance, danach noch eine Idee oder

Handlung umzusetzen, tendiert in Richtung 1 Prozent. Deshalb ist es so wichtig, dass Sie Ideen innerhalb von 72 Stunden umsetzen. Dies gilt insbesondere für die **drei wichtigsten Punkte** Ihrer Handlungsliste! Sobald Sie das Buch durchgelesen und die drei wichtigsten Punkte ausgewählt haben, sollten Sie innerhalb von 72 Stunden ins Handeln kommen. Dabei sollten Sie sich vor allem auf die folgenden Punkte konzentrieren:

- Erstellen Sie einen ersten Plan!

- Überlegen Sie sich eine Strategie!

- Wen könnten Sie um Hilfe bitten?

- Was genau benötigen Sie zur Umsetzung?

- Wer hat ähnliche Handlungen, die Sie ins Auge gefasst haben, bereits erfolgreich umgesetzt?

- Können Sie von diesem Menschen lernen?

Die Umsetzung dieser Regel hilft Ihnen dabei, sich auf das Wesentliche zu konzentrieren. Jene Fähigkeit, sich auf die absolut wichtigen, wesentlichen Dinge zu konzentrieren, zeichnen die wirklich erfolgreichen Menschen aus. Erfolglose Menschen arbeiten sehr oft ebenfalls hart, sind auch fleißig, ja, einige arbeiten sogar bis zur Erschöpfung – und dennoch kommen sie nicht voran, **weil Sie sich ständig mit unwichtigen Dingen beschäftigen.**

**Erfolgreiche Menschen
schieben das Unwichtige hinaus und
erledigen zuerst das Wichtige!**

Erfolglose Menschen erledigen zuerst das Unwichtige und schieben das Wichtige hinaus.

Beschäftigen Sie sich ausschließlich mit den wichtigen Dingen, also mit den Dingen, die Sie voranbringen! Setzen Sie unbedingt innerhalb von 72 Stunden erste Dinge um, das heißt: Kommen Sie in Bewegung! Dieses In-Bewegung-Kommen ist vielleicht das Schwierigste – und gleichzeitig oft auch schon das Entscheidendste.

Haben Sie schon einmal einen Ozeanriesen gesehen? Ist Ihnen eigentlich bewusst, dass ein solcher Ozeanriese, wenn er denn einmal Fahrt aufgenommen hat, praktisch nicht mehr zu stoppen ist? Der Grund dafür ist folgender: Wenn sich solch eine Masse einmal in Bewegung gesetzt und eine gewisse Geschwindigkeit aufgenommen hat, dann besitzt sie eine hohe Durchschlagskraft, eine unglaubliche Energie. Einen Ozeandampfer in Bewegung zu setzen ist natürlich unglaublich schwer. Könnte es sein, dass wir Menschen mit so einem Ozeandampfer vergleichbar sind? Dass es uns ungemein schwer fällt, uns überhaupt in Bewegung zu setzen (vor allen Dingen in eine **neue** Richtung ...). Doch wenn wir einmal in Bewegung sind, dann kann uns oftmals nichts mehr stoppen. Und deshalb: Kommen Sie innerhalb von 72 Stunden ins Handeln!

5. Die Diamantenliste

In Ihrem Aufgabenbuch finden Sie unter »Aufgabe 2« die Diamantenliste. Stets dann, wenn Ihnen eine besondere Erkenntnis kommt, wenn Sie einen »Aha-Gedanken« haben, dann halten Sie ihn auf dieser Liste fest. Ich hoffe und wünsche mir sehr, dass Sie am Ende des Buches möglichst viele »Diamanten«, also

Erkenntnisse, gewonnen haben. Warum diese Aufgabe so wichtig ist, entnehmen Sie bitte Kapitel 11.

6. Das Scheibenwischer-Syndrom

Sollte es beim Lesen des Buches zum so genannten »Scheibenwischer-Syndrom« kommen, so ist das vollkommen normal. Unser Verstand neigt nämlich dazu, allem, was seiner bisherigen Speicherung (= Erfahrung) entspricht, Recht zu geben: »Stimmt, da hat er Recht!« oder: »Genau so ist es!« oder: »Prima Buch!« Immer dann, wenn unser Verstand zustimmt, macht es also »klick« bei Ihnen.

Gleichzeitig neigt jedoch unser Verstand auch dazu, allem, was seinen bisherigen Speicherungen, seinen alten Programmen nicht entspricht, zu widersprechen: »Stimmt nicht!« oder: »Geht nicht!« oder: »So kann man das nicht sehen« oder: »Ja, wenn es so einfach wäre« ... oder, je nach Temperament, auch schon mal einfach kurz und knapp: »Blödmann!« Stets dann also, wenn Ihr Verstand dem gerade eben Gelesenen widerspricht, wird es bei Ihnen »klack« machen.

Seien Sie also besonders aufmerksam, wenn es »klack« bei Ihnen macht, denn jetzt kommt etwas Neues, etwas, das Sie noch nicht kennen, oder etwas, das Sie zwar kennen, aber nicht leben. Das, was Sie gerade wahrnehmen, muss ja für Sie nicht richtig sein, aber zumindest wird es jetzt interessant. Wenn es dagegen bis zum Ende des Buches immer nur »klick« bei Ihnen macht, Ihr Verstand also allem Gelesenen Recht gibt, dann war es zwar eine prima Wiederholung für Sie **– aber Neues haben Sie dann nicht gelernt!** Seien Sie also dankbar für jedes »Klack«.

7. Männliche und weibliche Leser(innen)

Um der Gleichberechtigung genüge zu tun, müsste immer, wenn im Buch von »er« die Rede ist, gleichzeitig ein »sie« erscheinen. Ähnlich verhält es sich natürlich mit dem Ausdruck »Leser(innen)«. Untersuchungen haben jedoch gezeigt, dass dies die LeserInnen als störend bei Ihrem Lesefluss empfinden. Ich hoffe, dass Sie deshalb Verständnis dafür haben, wenn ab sofort stets ein »er« erscheint, wobei natürlich immer das »sie« impliziert ist.

8. Persönliche Anrede

Wissenschaftliche Untersuchungen haben ergeben, dass die Du- wie die Ich-Form der direktere Weg zum Unterbewusstsein sind als ein unpersönliches »Sie«. Da ich davon ausgehe, dass Sie größtmöglichen Nutzen aus dem Lesen dieses Buches ziehen wollen, gehe ich ab sofort in das persönliche »Du« über. Sollten Sie damit ein Problem haben, dann denken Sie sich doch einfach bei jedem »Du« das unpersönlichere »Sie« …

So, das wars zur Gebrauchsanweisung. Vielleicht wunderst Du Dich darüber, dass ich die Einleitung und die Gebrauchsanweisung so ausführlich behandelt habe. Aber bisher ging es nicht darum, Dir möglichst viel an Wissen sowie bestimmte Strategien zu vermitteln, sondern zunächst einmal für ein Fundament zu sorgen, welches Dir Halt gibt und Dich befähigt, zukünftige Ideen auch wirklich umzusetzen und sofort ins **Handeln** zu kommen.

Erfolgreiche Menschen sind Menschen, die handeln.

Erfolglose Menschen dagegen reden immer nur davon.

Außerdem kannst Du die Tipps, die ich Dir bisher gegeben habe, auch auf alle weiteren Bücher bzw. Seminare, die Du liest bzw. besuchst, umsetzen und anwenden. Der Nutzen bezieht sich also nicht nur auf dieses Buch.

Doch nun genug der Erklärungen und Hinweise. Mir bleibt jetzt nur noch, Dir viel Spaß, viele Handlungsvorsätze und viele Diamanten zu wünschen …

Kapitel 3
Du schaffst es!

Der menschliche Geist kann den Himmel in eine Hölle und die Hölle in einen Himmel verwandeln!

Stelle Dir bitte folgende Situation vor: Es ist Montagmorgen, 7.30 Uhr. Ein junger Mann liegt in seinem Bett und wälzt sich unruhig im Halbschlaf hin und her. Er schwitzt, denn sein Nervensystem ist zum Zerreißen angespannt. Gleichzeitig spürt er einen dumpfen Schmerz in seinem Magen, hervorgerufen durch ein Magengeschwür, und in seine Wirbelsäule bohrt sich ein Messer – zumindest fühlt sich sein Bandscheibenschmerz so an. In diesem Zustand des Halbschlafs hat er wirre Träume. Es sind keine schönen Träume, denn dem jungen Mann geht es nicht gut. Er wohnt zu Hause, denn er kann sich keine eigene Wohnung leisten. Mit seiner Lebenspartnerin gibt es immer öfter Streit, weshalb die Beziehung wahrlich nicht mehr harmonisch zu nennen ist. Seine Probleme und Sorgen schwirren in seinem Kopf umher und werden von seinem Unterbewusstsein zu einem wirren Alptraum verarbeitet. Schließlich hört er, wie es an der Wohnungstür klingelt – und er wacht schweißgebadet und mit klopfendem Herzen auf. Er strengt sich an, um zu hören, was an der Eingangstür passiert. Dann hört er, wie seine Mutter die Tür öffnet und eine fremde Stimme zu ihr spricht. Bruchstückhaft dringen ihm Worte ins Ohr wie: »… offene Schuld … Ihr Sohn … muss zahlen … senden … tut mir Leid … meine Pflicht …«

Der junge Mann kann das Ganze noch nicht richtig einordnen, aber sein Puls und sein Blutdruck drohen weiter zu steigen, denn immer wieder kommt es vor, dass irgendwelche Gläubiger in seinem Elternhaus anrufen, um Geld von ihm einzutreiben. Schließlich hört er, wie die Wohnungstür geschlossen wird und seine Mutter zu ihm ins Zimmer kommt. Sie betätigt den Lichtschalter – und dann sieht er ihr entsetztes Gesicht: »Um Gottes willen, weißt du, wer gerade bei uns an der Tür war? Der Gerichtsvollzieher! Er erzählte etwas von großen Schulden, die Du hättest und die er eintreiben müsse. Um Gottes willen, was ist los? Hoffentlich haben die Nachbarn das nicht mitbekommen. Ich habe Dir damals gleich gesagt, Du sollst kein Geschäft eröffnen, sondern Deinen Beruf weiter ausüben, dann wäre all das nicht passiert. Du hast Dein Leben ruiniert! Um Gottes willen, wie soll es nur weitergehen …«. An dieser Stelle bricht die Mutter des jungen Mannes ihren Redeschwall ab, schlägt die Hände vors Gesicht und verlässt schluchzend das Zimmer.

Der junge Mann sitzt verzweifelt in seinem Bett und seine zuvor schon wirren Gedanken schwirren immer stärker in seinem Kopf herum. Nun war also das passiert, wovor er am meisten Angst hatte: Der Gerichtsvollzieher stand vor der Tür. Es war endgültig aus! Er hatte sein Leben ruiniert! Und das mit 21 Jahren! Als er sich langsam anzog, sah er viele hämische Gesichter vor sich: Familienmitglieder, »Freunde«, die so etwas Ähnliches sagen wie: »Na, siehst du, du Spinner. Wir haben dir doch gleich gesagt, dass das nicht funktionieren kann. In der heutigen Zeit selbstständig machen! Das konnte ja nur schief gehen. Hast wohl geglaubt, Du könntest was Besseres sein als wir? Nein, nein! Schuster, bleib bei deinen Leisten! Unsereiner wird niemals in die Liga der Reichen aufsteigen. Finde dich damit ab, du Trottel.«

Nach einiger Zeit verließ der junge Mann leise sein Elternhaus, wobei er hörte, wie seine Mutter immer noch schluchzend im Wohnzimmer saß. Er fuhr in die Stadtmitte, stellte seinen Wagen ab (der wahrscheinlich auch bald gepfändet werden würde) und schlenderte ziellos durch die Stadt. Es war Winter und das Wetter war miserabel. Eine kalte Nässe hing in der Luft, Schneematsch lag auf den Straßen, es fiel wässriger Schnee. Sein Anorak, den er angezogen hatte, war eigentlich nur für den Herbst geeignet, aber er hatte einfach kein Geld, um sich eine wärmende Winterjacke leisten zu können. Gestern hatte er nicht einmal mehr Geld gehabt, um den Tank seines Wagens mit Benzin füllen zu können. Er musste zu seiner Mutter gehen, ihr eine Notlüge auftischen – »Habe meinen Geldbeutel im Büro vergessen. Mutti, kannst du mir mal fünfzig Mark für Benzin leihen?« – und sich dabei sehr geschämt. Die Mutter hatte ihn mit einem wissenden Blick angesehen und ihm das Geld gegeben. Ohne dieses Geld hätte er nicht einmal mehr die 45 Kilometer zu seinem Geschäft zurücklegen können.

Die Körpersprache des jungen Mannes drückte keine Energie mehr aus. Obwohl von sehr kräftiger Statur, waren seine Schultern eingefallen, seine Haltung gebeugt und seine Atmung kurz und flach. Nun war es also so weit! **Das,** wovor er am meisten in seinem Leben Angst hatte, war eingetreten: Er war pleite! Nächste Woche würde der Gerichtsvollzieher in sein Geschäft kommen und ihm dort alles wegpfänden.

Denn was ich gefürchtet habe,
ist über mich gekommen,
und wovor mir graute, hat mich getroffen.

Hiob 3,25

Er war einfach ein Versager! Eine Null! Er hatte es allen zeigen wollen – und er hatte verloren. War er wirklich nur ein kleiner, schwacher Wicht, genau so, wie er sich sein Leben lang gefühlt hatte? Wieder hatte er die Bestätigung für sein »Kleindenken«

erhalten, und als er so, seelisch am Boden zerstört, durch die nasse Kälte lief, überlegte er, ob es nicht besser sei, all dem zu entfliehen, all dem ein Ende zu machen, als sich der bevorstehenden Schande auszusetzen und den Schmerz noch weiter fortzuführen. Er fühlte sich nicht mehr in der Lage, noch mehr Schmerzen zu erleiden – und er begann sich konkret Gedanken zu machen, wie er denn dem Ganzen ein Ende machen, wie er also vor seinen Problemen, den Sorgen, dem Elend flüchten könnte …

Dieser Mann war wirklich ein jämmerlicher Versager. Er hatte es geschafft, seine Gesundheit zu ruinieren, seine Beziehung zu zerstören, seine Geschäfte herunterzuwirtschaften und dabei den letzten Rest an Stolz, an Glauben, an Achtung vor sich selbst zu verlieren. Was war der Grund dafür, dass es so weit gekommen war? War er faul? Nein, denn er hatte einige Jahre täglich rund 16 Stunden gearbeitet, ohne sich je einen freien Tag zu nehmen. Hatte er vielleicht einen zu niedrigen Intelligenzquotienten? Nein, denn Jahre später erreichte er bei einem Intelligenztest einen IQ-Wert von fast 130. Also weit überdurchschnittlich! Was aber war es dann, was zu seinem Misserfolg geführt hatte?

Der junge Mann hatte einfach einige wichtige Erfolgsgesetze verletzt. **Aber warum hatte er sie verletzt, wenn doch solch eine Missachtung zum Misserfolg führen muss?** Die Antwort: Weil er sie nicht kannte! Er hatte zwar in der Schule und während seiner Ausbildung alle möglichen Dinge gelernt, auch enormes Fachwissen angehäuft, aber die wirklich wichtigen Erfolgsgesetze – die hatte ihm niemand beigebracht. Er hatte einfach nicht das Wissen um die Strategien und Techniken, die den Erfolg verursachen. Und somit hatte er, wenn auch unbewusst, sie deshalb verletzt.

Und das Schlimmste daran: Die Situation, dass dieser Mensch im Begriff war, seinem Leben ein Ende zu setzen … diese Situation war nicht einmal etwas Besonderes: Allein in den USA versuchen jedes Jahr circa 300 000 Menschen, sich das Leben zu nehmen, darunter leider auch viele Kinder und Jugendliche. Warum hat ein Mensch die Absicht, sein Leben zu beenden? Dann, wenn er **keinerlei** Ziele mehr besitzt! Dann, wenn es nichts mehr gibt, dass für ihn lebenswert erscheint. Dann, wenn all seine Hoffnung, all sein Glaube zerstört worden sind …

Als der junge Mann diese Überlegungen hatte, begann sich gleichzeitig Widerstand in ihm zu regen. Als Katholik in der christlichen Lehre verhaftet, schämte er sich plötzlich für den Gedanken, seinem Leben ein Ende zu setzen. Er beschloss auf der Stelle, nie wieder einem solch dummen Gedanken Raum zu geben. Während er ziellos durch die Straßen lief, kam er schließlich an einer Buchhandlung vorbei. Wie zufällig fiel sein Blick auf eines der Schaufenster, dessen Auslage gerade umgestaltet wurde. Die gesamte Dekoration des Fensters stand unter dem Motto »Erfolg und Lebenshilfe« und dementsprechend waren auch verschiedenste Bücher zu diesem Thema ausgelegt. Der junge Mann blieb stehen, las sich verschiedene Titel durch und dachte dabei: »Was soll das schon Großartiges bringen? Wenn es so einfach wäre, dann wäre ich ja bereits erfolgreich. Was wissen die schon, wie sie mir helfen können? Wahrscheinlich sitzen sie in Amerika in ihren Millionenvillen und lachen sich ins Fäustchen, dass Dummköpfe wie ich die letzen Kröten für ihre Bücher ausgeben. Positives Denken, pah, davon habe ich schon gehört, dass das nichts bringt, ja, dass das banal ist …«

Er wandte sich ab und lief weiter. Einer der Titel hatte sich jedoch in seinem Kopf festgesetzt … und fast magisch zog es ihn zurück zu der Buchhandlung. Da er vom Tankgeld seiner Mutter noch ein paar Mark übrig hatte, investierte er sie in das betreffende Buch. Anschließend setzte er sich in ein Café, gab die letzten drei Mark für eine Tasse Kaffee aus, begann in dem Buch zu lesen – und der Inhalt ließ ihn nicht mehr los. Praktisch von der ersten Seite an war er gefesselt. Er fuhr nach Hause und las noch bis spät in der Nacht das Buch komplett durch. Noch in jener Nacht traf er eine unumstößliche Entscheidung, die sein Leben verändern sollte: **Ich schaffe es!**

Der junge Mann schwor sich in dieser Nacht, dass er das Ruder herumreißen würde. Wenn es so viele andere vor ihm geschafft hatten, von der Schattenseite des Lebens zur Sonnenseite zu wechseln, warum sollte das nicht auch ihm gelingen? Zwar hatte er ein relativ geringes Selbstwertgefühl, aber war er denn wirklich so viel schlechter als andere? Er war leidlich intelligent, er konnte arbeiten wie ein Pferd – und er hatte eine Menge Ideen. Aber anscheinend hatte er viele Fehler gemacht, viele Regeln gebrochen, gegen viele Erfolgsgesetze verstoßen. Einige begangene Fehler hatte er bereits während des Lesens erkannt, und da er sich in der Nacht geschworen hatte, das Ruder herumzureißen, begann er schon am nächsten Morgen damit, sein Leben positiv zu verändern …

Dieser junge Mann, dieser jämmerliche Versager war … **ich!** Die vorherigen Abschnitte geben den Zustand wieder, in dem ich mich 1985 befand. Ich war damals 22 Jahre alt. Mit 19 Jahren hatte ich mich mit einem Geschäft selbstständig gemacht, um dann in kürzester Zeit noch drei weitere Geschäfte zu eröffnen, und zwar in vollkommen unterschiedlichen Branchen. Zunächst liefen sie auch alle recht gut an, doch aufgrund der Dekonzentration meiner Kräfte und dem Verstoß gegen einige wichtige Erfolgsgrundsätze war ich schließlich fast pleite.

Jene Geschichte habe ich bereits in vielen hundert Seminaren erzählt, auch in meinen Büchern andeutungsweise wiedergegeben, doch noch nie hatte ich den Mut und die Kraft, auch zuzugeben, so weit am Boden gewesen zu sein, dass mir seinerzeit der Gedanke gekommen ist, meinem Leben ein Ende zu setzen. Ich schämte mich – und schäme mich noch heute – für diese Gedanken, die damals in mir aufkamen. Der Leser, der nie in einer ähnlichen Situation war, wird möglicherweise nicht nachempfinden können, wie man zu einer solch törichten Einstellung gelangen kann. Aber der Leser, der vielleicht auch einmal eine tiefe Krise in seinem Leben durchleiden musste, hat vielleicht Verständnis dafür. Warum aber veröffentliche ich das hier? Das hat mehrere Gründe:

Ein Grund ist der, dass ich beschlossen habe, in meinem Leben nur absolute Offenheit und Ehrlichkeit zuzulassen. Schon vor Jahren habe ich beschlossen, zu allem zu stehen, für alles verantwortlich zu sein, was ich jemals getan und, wie in diesem Fall, gedacht habe.

Ein zweiter Grund ist der, dass ich vor allem eines festgestellt habe: Die Menschen schätzen diese Ehrlichkeit. Es ist diese Ehrlichkeit, die viele Menschen dazu bewegt, ihr Herz zu öffnen. Des Weiteren habe ich festgestellt, dass es immer wieder Teilnehmer in meinen Seminaren sowie Buchleser gibt, die sich in einer ähnlich verzweifelten Situation befinden, in der ich mich seinerzeit befand. Wenn solche betroffenen Menschen beispielsweise eines meiner Seminare besuchen, »kennen« sie Jürgen Höller nur als den von der Presse so getauften »Mr. Motivation«, haben sie vielleicht einen Fernsehbericht gesehen, in dem meine herrliche Villa mit Schwimmbad, privatem Fitnessstudio und parkähnlicher Gartenanlage gezeigt wird, ebenso meine Autos, meine Maßkleidung – und sie wissen um meine (zugegebenermaßen) horrenden Tagessätze. Viele dieser Menschen können sich dann gar nicht vorstellen, dass sie das Gleiche erreichen wie ich. Sie denken in solchen Augenblicken nur an ihre eigene Situation – und die ist dann so weit von der meinigen entfernt wie die Erde von der Sonne. Die Betroffenen verzagen dann oft, anstatt ins Handeln zu kommen und die von mir vorgeschlagenen Strategien und Techniken umzusetzen.

Aus diesem Grund ist die Ehrlichkeit für mich so wichtig. So habe ich mich denn dazu entschlossen, rückhaltlos meinen Werdegang zu erzählen, um gerade den an sich zweifelnden Menschen vor Augen zu führen, aus welch kleinen Verhältnissen ich komme, welche Selbstzweifel ich besessen, welches mangelndes Selbstbewusstsein ich an den Tag gelegt habe, welche Kämpfe ich führen, welche Misserfolge und Probleme ich überwinden musste, damit meine Träume letztendlich in Erfüllung gehen konnten …

Heute macht es mir nichts mehr aus zuzugeben, dass ich in meinem bisherigen Leben wahrscheinlich mehr Fehler als (fast) jeder andere Mensch machte. Ich hatte mit 19, als ich mein erstes Geschäft eröffnete, keinerlei Wissen davon, wie man Erfolg produziert. Seinerzeit war ich ganz unten, war regelrecht am Boden zerstört, hielt ich mich für einen geborenen Versager.

Und Du fragst Dich, warum ich das alles so offen zugebe und so ausführlich darüber schreibe? Weil die Botschaft, die dahintersteckt, folgende ist:

Wenn ich es, der mit 21 wie kaum ein anderer so tief am Boden war, weil ich die Gesetze des Erfolgs nicht kannte ... ... wenn ich es also geschafft habe, so viel zu erreichen, warum sollte das *jeder andere* nicht auch schaffen?

Wer einmal an die Spitze in seinem Bereich gekommen ist, wie ich das in meinem als Trainer geschafft habe, dann ruft das unweigerlich auch immer Kritiker auf den Plan. Mir wird alles Mögliche vorgeworfen: Meine Aussagen seien banal, es seien Plattitüden. Wieder andere werfen mir vor, dass ich ein positives Denken predige, welches ohne Inhalt sei, dass ich Zuhörern wie Lesern Flausen in den Kopf setzen würde, weil eben **nicht** jeder erfolgreich sein könne, da es ja Probleme gäbe, wenn **alle** erfolgreich wären, usw. Sie kritisieren weiterhin, dass in meinen Seminaren gelacht wird, dass wir dort Spaß haben, dass der Ernst fehlt, der beim Lernen ja wohl angebracht sei …

Es ist nicht schwer, irgendein Tun intellektuell zu zerbröseln. In meinem Fall lächeln etliche Kritiker über meine naive Lebenseinstellung («Alles ist möglich!« – »Du schaffst es!«). Sie ziehen die Augenbrauen hoch über jemanden, der anscheinend das Negative nicht sehen will, weil er vielleicht »zu wenig Geist« hat und somit nicht darum weiß, dass die Welt mehr negative als positive Seiten bereithält. Das Positive, so scheint es, ist für einen Kritiker schrecklich banal, denn allein das Negative, allein das Unglück hat Tiefgang.

Jemandem etwas vorzuwerfen ist relativ einfach. Hinzu kommt, dass es einigen offensichtlich nicht gefällt, wenn ich offen über meine Erfolge erzähle – nur: All das ändert nichts daran, dass die Kritik mehr und mehr verstummt, ja verstummen muss, denn auch der größte Neider kann nicht leugnen, dass ich es als Trainer an die Spitze Europas gebracht habe, dass die von mir aufgebauten Unternehmen zu den erfolgreichsten ihrer Branche zählen und dass ich mein persönliches Glück dabei gefunden habe!

Ich möchte, dass Dir vor allem eines bewusst ist: Ich weiß, wovon ich hier spreche. Mittlerweile habe ich – Gott sei Dank – neben allen Tiefen auch alle Höhen erlebt, die ein Leben zu bieten hat. Somit kann ich also beide Seiten beurteilen. Und ich weiß, was ich falsch gemacht habe, weshalb ich also abgestiegen bin, und mir ist vollkommen bewusst, was ich richtig gemacht habe, denn dann wäre ich ja nicht zur Spitze aufgestiegen.

Dieses Wissen möchte ich weitergeben. Als ich vor einigen Jahren begann, die ersten Seminare zu halten, und schließlich mit Beginn des Jahres 1995 all meine Geschäfte abgab, um mich uneingeschränkt auf meine Seminartätigkeit zu konzentrieren, habe ich meinem Handeln und Tun eine Aufgabe vorangestellt, die dem Ganzen einen Sinn gibt: **Ich möchte möglichst vielen Menschen dabei helfen, erfolgreicher und glücklicher zu sein!**

Ich weiß, dass auch Du »**es**« schaffen kannst! Entscheidend wird sein, ob Du den Glauben an Dich besitzt und die richtigen Strategien und Techniken kennen lernst, damit dieser Glaube nicht verpufft, sondern, zielorientiert eingesetzt, ein positives Ergebnis produziert! Ich jedenfalls glaube an jeden Menschen. Ich glaube an Dich. Ich glaube, dass Du es schaffen kannst. Doch entscheidend ist nicht, was ich von Dir glaube, denn viel wichtiger ist, was Du von Dir glaubst. Wirst Du »**es**« wirklich schaffen?

Das Wort »Ich will« ist mächtig,
sagt's einer leis und still.
Die Sterne reißt's vom Himmel,
das kleine Wort »Ich will«!

Johann Wolfgang von Goethe

Kapitel 4

Erfolg ist das Grundprinzip des Lebens!

Die einen sind im Dunkeln,
die anderen sind im Licht.
Man sieht nur die im Lichte,
die im Dunkeln sieht man nicht.

Bertolt Brecht

Einst lebte eine junge stachelige Raupe in einem unberührten Gebiet, dessen üppige Natur nahezu überquoll. Alle Raupen in dieser blühenden Flur waren sehr fleißig. Den ganzen Tag rackerten und plagten sie sich damit ab, um genügend Fressbares zu finden. Es blieb dabei wenig Zeit, um sich miteinander zu unterhalten, geschweige denn, Spaß zu haben.

Einzig und allein unsere junge Raupe war anders. Sie konnte sich nicht vorstellen, dass der Sinn des Lebens darin bestehen sollte, den ganzen Tag fürs Fressen zu opfern. Sie wollte Spaß haben – und die junge Raupe träumte davon, einmal wunderschön und frei zu sein. Als sie den anderen Raupen davon erzählte, lachten die sie höhnisch aus. Da die junge Raupe jedoch nicht davon abließ, ihren Traum zu träumen, musste sie vor der Führungsrunde der Raupen antreten und dort teilte man ihr mit: »Man ist nun einmal das, was man ist. Wir müssen uns so annehmen, wie wir sind, mit Haut und Haaren. Was zählt, junger Freund, sind alleine die Fakten; alles andere ist nur Träumerei.

Niemand kann aus seiner Haut! Bitte glaube uns, den Führungsraupen, und höre auf zu träumen!«

Die junge Raupe gelobte zwar Besserung, aber sie konnte das, was man ihr sagte, nicht glauben. Sie träumte weiter und glaubte an die Erfüllung ihrer Träume.

Als die anderen Raupen bemerkten, dass sie immer noch träumte und somit gegen die Auflage der Führungsrunde verstieß, teilte man dies der Runde mit. Als sich nun die Raupen aufmachten, um der jungen Raupe ihre Fantastereien auszutreiben, flog plötzlich neben ihnen ein wunderschöner Schmetterling auf und davon. Es war fast so, als ob Gott gelächelt hätte! Die junge Raupe war übrigens spurlos verschwunden – und sie ward nie mehr gesehen …

Erfolg ist das Grundprinzip des Lebens!

Die Überschrift dieses Kapitels könnte auch lauten: »Erfolg ist das Grundprinzip eines jeden Wachstums«, denn Leben ist lediglich ein anderes Wort für Wachstum. Alles in der Natur ist dem ständigen Wachstum der permanenten Veränderung unterworfen. So hat jeder Baum die Aufgabe zu wachsen. Ein Baum wächst pro Jahr mindestens 10 Zentimeter. Wenn er einmal aufgehört hat zu wachsen, **dann stirbt er!**

Gerade zu dem Zeitpunkt, an dem ich dieses Buch schreibe, hat man beim *Hubble*-Teleskop, das in 200 Kilometern Höhe im All schwebt und uns herrliche Bilder des Weltraums liefert, neue Ersatzteile eingebaut. Sie versetzen das Hubble-Teleskop in die Lage, uns Bilder von Sternensystemen zu zeigen, die zehn Milliarden Lichtjahre entfernt sind (für alle, die ihre Kenntnisse in der Physik seit ihrer Schulzeit nicht mehr aufgefrischt haben: Lichtgeschwindigkeit bedeutet ungefähr 300 000 Kilometer pro Sekunde). Und noch fantastischer ist das Vorhaben, das derzeit führende Weltraumforscher verwirklichen: In irgendeiner Wüste unseres Planeten werden zurzeit mehrere Extremlinsen (die übrigens in Deutschland produziert werden) hintereinander geschaltet. Jede Linse hat einen Durchmesser von mehreren Metern und eine Dicke von über einem Meter. Diese Linsen wurden gegossen und benötigten anschließend über ein Jahr, bevor der Kern ausgekühlt war! Anschließend sind sie auf LKWs geladen worden, die dann ihr Gut bei einer Stundengeschwindigkeit von 20 bis 30 Kilometern zum Aufstellungsort transportiert haben (wobei die LKWs über mehrere Monate unterwegs waren). Dort wird nun das stärkste Teleskop aufgestellt, das jemals installiert worden ist. Es wird den Menschen, so die Wissenschaftler, in die Lage versetzen, Bilder von solch unvorstellbarer Entfernung aufzunehmen, dass man glaubt, den **Urknall** beobachten zu können. Kannst Du das noch nachvollziehen? Der Urknall ist Jahrmilliarden von Jahren her – und wir Menschen werden womöglich in der Lage sein, dieses Ereignis zu beobachten. Denkbar ist das durchaus, weil eben das Licht eine bestimmte Zeit braucht, ehe es auf der Erde eintrifft.

Warum ich das Ganze hier erwähne? Wenn wir das Universum beobachten, dann entdecken wir, dass täglich neue Sternensysteme, ja, ganze Galaxien entstehen. Selbst Stephen Hawkins, der von einer Krankheit schwer gezeichnete Physiker aus England, hat seine Meinung mittlerweile geändert. Während er früher die These vertrat, dass das Universum in einer Art umgekehrten Urknall in sich zusammenstürzen würde, ist er heute der Ansicht, dass das Universum **niemals** aufhört zu wachsen.

Wenn aber der Makrokosmos Universum ständig weiterwächst, wenn der Mikrokosmos einer Pflanze weiterwachsen muss, um zu leben, wie kommt dann der Mensch auf die abwegige Idee, er könne auch in Zukunft das bleiben, was er heute schon ist?

Wo standest Du vor zehn Jahren, wo standest Du vor fünf Jahren (in den Bereichen Beruf, Wohlstand, Gesundheit usw.), und wo stehst Du heute?

Wenn Du diese drei Aufgaben ➜ ARBEITSHEFT: AUFGABEN NR. 6–8 beantwortet hast, dann wirst Du sicherlich zu derselben Erkenntnis kommen wie ich: **Es gibt keinerlei Stillstand in unserem Leben!** Es mag Dir in jedem einzelnen Bereich besser, es mag Dir etwas schlechter gehen – Stillstand gibt es nicht! Und deshalb ist eben die Erkenntnis so wichtig, dass Erfolg einfach ein Grundprinzip des Lebens ist. Natürlich müssen wir uns über die Richtung des Wachstums Gedanken machen. Wachsen als Selbstzweck, möglicherweise auf anderer Kosten (etwa der Natur), das geht natürlich nicht an. Doch dass wir uns verändern müssen, darüber gibt es keinen Zweifel.

Solange die Erde existiert,
ist die Evolution niemals stehen geblieben.
Im Gegenteil:
Die Geschwindigkeit der Veränderung nimmt zu!

Bei den Hunderten von Interviews sowie Radio- und Fernsehauftritten, die ich jedes Jahr absolviere, wird mir immer wieder folgende Frage gestellt: **Was bringen sie ihren Seminarteilnehmern eigentlich bei? Geht es beim Thema Erfolg eigentlich immer nur ums Geld?**

Zum einen ist höchst interessant, dass bereits hier eine negative Einstellung zum Geld zutage tritt, denn selbst wenn es in meinen Seminaren um das Thema Geld gehen sollte: Wo ist das Problem? In dem einen Seminar geht es um Gesundheit, im nächsten um Kommunikation, dann um Arbeitsabläufe, schließlich um Management – wo ist das Problem, wenn es in einem Seminar ausschließlich um das Thema Geld geht?

Aber noch interessanter ist es, dass die Fragesteller zwar anscheinend Geld als etwas Negatives ansehen, gleichzeitig aber Erfolg immer mit Geld gleichstellen. Für mich ist Erfolg etwas ganz anderes …

Der Erfolg ist eine Folgeerscheinung.
Niemals darf er zum Ziel werden!

Gustave Flaubert

Was suchen wir denn letztendlich durch den Erfolg zu bekommen? Was steckt hinter dem Erfolg? Und die Antwort, die ich gefunden habe, lautet: Letztendlich wollen alle Menschen das Gleiche: **Glück und innere Zufriedenheit!**

Jeder geht andere Wege, hat andere Strategien, aber letztendlich wollen wir doch alle nur das eine, nämlich **glücklich sein!** Doch wann sind wir glücklich?

- Sind wir glücklich, wenn wir Millionen am Ende unseres Lebens besitzen, aber unsere Ehe zerstört ist?

- Sind wir andererseits glücklich, wenn wir zwar eine glückliche Beziehung führen, aber gleichzeitig unsere Gesundheit ruiniert ist?

- Und können wir glücklich sein, wenn wir gesund sind, eine glückliche Beziehung führen, aber vor dem finanziellen Ruin stehen?

Letztendlich können wir also niemals glücklich sein, wenn wir nur einen Aspekt bzw. nur einige wenige Aspekte unseres Lebens erfolgreich gestalten. Erfolgreich sind wir dann, wenn wir ganzheitlich erfolgreich sind.

- Beruflich: Spaß, Anerkennung und materielle Absicherung.

- Wohlstand: Einkommen, Vermögen, Häuser, Anlagen, Wertsachen.

- Gesundheit: Vitalität, Energie, Frische, Lebenslust.

- Beziehungen: Partnerschaft, Kinder, Freunde, Familie.

- Persönlicher Bereich: Partei, Verein, Spiritualität, Hobby, Abenteuer, Weiterentwicklung.

ARBEITSHEFT, AUFGABE NR. 9: In welchen der oben genannten Bereiche Deines Lebens ist alles okay? In welchen Bereichen dagegen solltest Du etwas verändern?

Es ist schon absolut unglaublich: Wenn Glück letztendlich das Ziel unseres Lebens ist …

- **Was wissen wir über das Glück?**

- **Wie gehen wir vor?**

- **Wie sind unsere Resultate in Bezug auf das Glück?**

Das Materielle allein macht anscheinend nicht glücklich. Wie anders sonst wäre es zu erklären, dass in den Ländern mit dem höchsten Pro-Kopf-Einkommen der Welt gleichzeitig auch die Zahlen der Alkoholiker und Drogenabhängigen, der Spiel- und Tablettensüchtigen – um nur einige Problemgruppen zu nennen – am höchsten ist?

Bedeutet das demzufolge, dass materieller Erfolg unglücklich macht? Nein, auch das ist vollkommener Unsinn. Es ist halt eben nur **ein** Aspekt unseres Lebens.

Ich bin lieber in einem Rolls-Royce unglücklich als in einem VW.

Françoise Sagan

Wer heute unglücklich ist, wird auch morgen noch unglücklich sein, wenn er mehr materiellen Erfolg erzielt. Wer aber heute schon glücklich ist, wird mit höherem materiellen Erfolg das Glück noch ein bisschen steigern. Und wenn wir denn schon unglücklich sind, dann federt materieller Erfolg das Unglück zumindest etwas ab.

Es gibt Menschen, die Angst davor haben, erfolgreich zu sein, weil sie befürchten, er würde sie verändern. Das Zitat: »Geld verdirbt den Charakter« hat wohl jeder schon einmal gehört. Doch dem stimme ich nicht zu. Ich glaube eher an folgende Aussage:

Erfolg verändert den Menschen nicht. Er entlarvt ihn.

Max Frisch

Wer materiell erfolgreich und durch diese Entwicklung überheblich geworden ist, der war es bereits vorher. Der errungene Erfolg hat lediglich seine Eigenschaft der Überheblichkeit, die zuvor verdeckt war, gesteigert und sie deutlicher ans Licht treten lassen. An vielen prominenten Persönlichkeiten können wir es beobachten: Trotz ihres Erfolgs bleiben sie in ihrem Kern, in ihrem Inneren das gleiche Wesen, das sie vorher waren, als sie den Erfolg noch nicht kannten.

Geld verdirbt demzufolge nicht den Charakter, sondern es steigert den Charakter, der bereits da ist. Wer trotz großen Erfolgs nicht selbstherrlich wird, sondern den Menschen zugetan bleibt, ist eine wahre Persönlichkeit und hat den Erfolg verdient. Je höher ein Mensch steigt, desto stärker wird er die Maske ablegen, die er vielleicht getragen hat, und sein wahres Gesicht zeigen.

Wer Erfolg hat, fühlt sich frei und sicher und deshalb ist Erfolg auch so entlarvend, im Guten genauso wie im Schlechten. Eine wirklich bedeutende Persönlichkeit ist man erst dann, wenn man auch im Erfolg nicht vergisst, dass man klein angefangen hat und dass viele andere Menschen ebenfalls noch klein sind. Wirklich erfolgreiche Menschen gönnen anderen Menschen ebenso Erfolg und helfen den weniger erfolgreichen, die Ziele, die sie sich gesteckt haben, auch zu verwirklichen.

In einer Talkshow fragte mich doch tatsächlich der männliche Part des Moderatorenduos, was denn wäre, wenn alle Menschen erfolgreich wären? Ich fragte ihn, was er dabei für Probleme sähe. Und er antwortete: »Ja, wer soll denn dann noch die Toiletten sauber machen?« Ich hätte jetzt den Moderator vor einem Millionenpublikum bloßstellen können. Einerseits werde ich kritisiert, weil ich Erfolg predige, andererseits macht man sich Sorgen, wer dann die Toiletten putzt …

Solche Ansichten bzw. Vorbehalte sind typisch für Deutschland: Noch haben wir keine Probleme damit, dass es etwa zu viele Erfolgreiche gibt, sondern zu wenige – und schon machen wir uns wieder Sorgen, was sein könnte. Ich besitze mittlerweile ein gehörig ausgeprägtes Selbstbewusstsein, doch nichtsdestotrotz bilde ich mir nicht ein, alle Menschen in Deutschland erfolgreich machen zu können. Ich antwortete also dem Moderator: »Lassen Sie uns doch zunächst einmal das ›Problem‹ schaffen; dann finden wir sicherlich auch eine Lösung …«

Wir haben in Deutschland nun wirklich kein Problem damit, dass wir zu viele erfolgreiche Menschen haben. Was wir in Deutschland dagegen benötigen, sind mehr erfolgreiche Menschen! **Wir brauchen mehr Gewinner!** Denn nur erfolgreiche Menschen können unser Land weiter voranbringen. Nur erfolgreiche Unternehmer schaffen Arbeitsplätze, anstatt Arbeitsplätze abzubauen. Nur Gewinner zahlen Steuern, wohingegen Erfolglose Unterstützung benötigen. Nur erfolgreiche Unternehmen können ihre Mitarbeiter aus- und fortbilden und ihnen Perspektiven aufzeigen.

Wir brauchen mehr Gewinner! Damit meine ich nicht, dass wir mehr Sieger benötigen, denn wenn es Sieger gibt, gibt es auch Besiegte. Was ich meine, zielt in eine andere Richtung. Wir brauchen Gewinner, die unheilbare Krankheiten besiegen! Wir brauchen Gewinner, welche die Dummheit besiegen! Wir brauchen Gewinner, welche Kriege besiegen! Wir brauchen Gewinner, die den Hunger besiegen! Wir brauchen Gewinner, welche die Armut besiegen! Wir brauchen Gewinner, die das Unglück besiegen!

Erfolglose Menschen sind unsozial!

Ja, zu dieser Aussage stehe ich, auch wenn sie im Einzelfall weh tun mag. Denn erfolglose Menschen leben auf Kosten der Allgemeinheit. Natürlich gibt es eine Menge Menschen, die unverschuldet in eine Notlage geraten (wobei die Frage zu klären wäre, was »unverschuldet« bedeutet). Doch für diese Fälle gibt es ja, und zwar zu Recht, unsere Sozialsysteme. Leider gibt es aber viel zu viele Menschen, die mit dem »Hängematten-Syndrom« ausgestattet sind. In der Hängematte unseres sozialen Netzes lässt es sich nämlich bequem ausruhen. Zu dem Zeitpunkt, zu dem ich dieses Buch schreibe, hat Deutschland immer noch fast vier Millionen Arbeitslose. Doch jeder Unternehmer, den ich spreche und der expandiert, sucht verzweifelt Mitarbeiter. So sucht beispielsweise die *Bonita-Kleiderkette* händeringend 300 neue Verkäuferinnen – und findet keine! Fleißige Handwerksbetriebe suchen händeringend Fachhandwerker – und niemand meldet sich! Bäckereien klagen seit Jahren über einen Mangel an Lehrlingen – und der Mangel wird ständig größer, weil der weitaus überwiegende Teil der Jugendlichen keine Lust hat, nachts aufzustehen, sondern sich im Notfall halt lieber in die soziale Hängematte legt. In meinem Unternehmen suche ich für nahezu jeden Bereich permanent neue Mitarbeiter – und trotzdem können wir nicht alle Positionen besetzen, die wir gern besetzen würden.

Und was machen wir in Deutschland mit unseren erfolgreichen Menschen? Wir ächten sie, wir misstrauen ihnen, wir beneiden sie! Aber nur erfolgreiche Menschen sind in der Lage, sich ein neues Haus zu bauen, neue Autos zu kaufen, in tollen Hotels zu übernachten, sich feine Kleider zuzulegen. Und wenn solch ein erfolgreicher Mensch ein neues Haus baut, dann bedeutet das Aufträge für zahlreiche Handwerksfirmen. Diese wiederum haben Arbeit für ihre Mitarbeiter und die betroffenen Mitarbeiter ernähren mit ihrem Einkommen ihre Familien und regen durch diverse Ausgaben den Wirtschaftskreislauf an. Was für ein bodenloser Unsinn (insbesondere von unseren Damen und Herren Politikern!), erfolgreiche Menschen zu verteufeln, um im Gegenzug erfolglose Menschen zu bemitleiden! Ganz anders in den USA, in denen man stolz ist auf die erfolgreichen »Vorzeige-Mitbürger«. Kein Wunder, wenn immer mehr erfolgreiche Menschen Deutschland verlassen, weil sie den Neid nicht mehr ertragen können.

Willkommen in Neid-Deutschland!

Da parkt zum Beispiel der Inhaber einer Handwerksfirma seinen Porsche im 30 Kilometer entfernten Nachbarort und fährt mit ihm nur am Wochenende übers Land, weil ansonsten Kunden vor Neid zur Konkurrenz abwandern würden. Das ist nur ein Beispiel, wie es in Deutschland um Gunst und Missgunst bestellt ist.

Weitere Beispiele gefällig? In einem Leserbrief, den ich kürzlich gelesen habe, verlangt der Einsender, Millionären die Einkommensteuer doch gleich zweimal abzuziehen (sie habens ja). Zwei Autoren des *Spiegel* – jenes wunderbaren Magazins, das den Optimismus und den Erfolg propagiert – empfehlen wärmstens, eine 30-prozentige Abgabe zu erheben auf alles, was Reichen Spaß macht! Und der PDS-Spitzenmann Gregor Gysi, mit dem ich in der Talkshow *Nachtcafé* zu Gast war, kommt doch tatsächlich mit der Idee an die Öffentlichkeit, eine Sondersteuer für Porsche-Fahrer zu erheben …

Es kommt noch abenteuerlicher. So schreiben die Journalistin Dorothee Beck und der IG-Metall-Funktionär Hartmut Mein in ihrem Buch *Wasserprediger und Weintrinker* doch tatsächlich, das »Meer der Millionäre und andere Müßiggänger« seien schuld an all dem Elend dieser Welt! Erfolgreiche Tennisspieler sind bei uns »Millionäre in kurzen, weißen Hosen« und Claudia Schiffer ist eine »blonde, hoch bezahlte Schaufensterpuppe«. Was sagte der deutsche Modezar Wolfgang Joop zu diesem Thema? Er sagte: »Kaum bist du ein Star in diesem Land, schon bist du everybody's Arschloch.« Lothar Späth, erfolgreicher Wirtschaftsführer in Jena, mit dem ich gemeinsam bei einem Kongress auftrat, konnte wohl auf ähnliche Erfahrungen wie Wolfgang Joop zurückgreifen. Der ehemalige Ministerpräsident von Baden-Württemberg klagte: »Wenn man Tag und Nacht arbeitet und Erfolg hat, erregt man vor allem Missgunst.«

Es ist deshalb an der Zeit, dass sich ein ganz neuer Gedanke in Deutschland durch- und festsetzt. Er lautet:

Erfolg ist das Grundprinzip des Lebens!

Es wird Zeit, dass sich jemand aufmacht, Menschen Erfolg zu predigen und Sie nicht einzulullen und in die soziale Hängematte zu schicken. Deshalb fordere ich auch die Bundesregierung zu einem ungewöhnlichen Schritt auf (der aber nur logisch ist): **Schafft ein Motivations-Ministerium!** Ein Motivations-Minister sollte keine andere Aufgabe haben als die, die Einstellung der Menschen zum Erfolg und zu einer erfolgreichen Zukunft zu fördern. Wenn ihm dies gelingen würde, dann hätten wir eine ganze Menge Probleme weniger in Deutschland. Doch ich fürchte, dass mein Aufruf auf nicht allzu große Gegenliebe stoßen wird. – Davon einmal abgesehen: Ich kenne derzeit keinen Politiker, der auch nur ansatzweise in der Lage wäre, diesen Posten gut auszufüllen.

Warum widme ich überhaupt dem Themenkreis »Erfolg und Missgunst« so viel Raum? Will ich Dir womöglich davon abraten, erfolgreich zu sein, damit Du Dir nicht den Neid anderer auf Dich ziehst? Nein, keineswegs. Ganz im Gegenteil: Ich möchte, dass Du durchstartest zum Erfolg. Ich möchte, dass Du Dich aufmachst, den Gipfel des Berges zu besteigen und dort die herrliche Aussicht zu genießen. Und ich möchte Dich davor warnen, Dich an der beschriebenen Diskussion über Neid und Missgunst zu beteiligen.

Kennst Du viele Menschen, die sehr neidisch sind und gleichzeitig großen Erfolg haben? Sicherlich nicht, denn Neid ist eine destruktive Energie. Wer neidisch ist, gibt seinem Unterbewusstsein geradezu den Befehl, weiter in diesem Zustand zu verbleiben. Natürlich kannst Du den Erfolg anderer als Ansporn nehmen, um ihm nachzueifern, also erfolgreiche Menschen als Vorbild ansehen. In diesem Fall wird Dein Unterbewusstsein Dich unterstützen und Dir letztendlich dazu verhelfen, Dein Ziel zu erreichen. Wer aber neidisch ist, der erstickt regelrecht die positive Energie, die in ihm steckt – er zieht geradezu den Misserfolg an! Lass deshalb die neidischen Menschen missgünstig sein! Verwirkliche Du Deinen Erfolg! ➜ ARBEITSHEFT, AUFGABEN NR. 11–13.

Strebe das Ideale an, um das Bestmögliche zu erreichen!

Im Übrigen glaube ich, dass jeder Mensch eine bestimmte Aufgabe mitbekommen hat – mitbekommen vom Schicksal, von der Natur, von Gott (wie immer Du diese Kraft auch definieren magst). Ich habe einmal während eines USA-Aufenthalts ein Fernseh-Interview mit José Feliciano gesehen. Dieser begnadete Gitarrist ist seit seiner Geburt blind. In Puerto Rico als eines von elf Kindern aufgewachsen, hatte er praktisch keine Chance, war zudem durch seine Blindheit zusätzlich behindert. Aber bereits im Alter von drei Jahren trommelte er Takte auf den Kochtöpfen seiner Mutter. Er sagte, er glaube fest daran, dass jeder Mensch von Gott eine bestimmte Aufgabe mitbekomme. Der eine habe ein Talent für die Malerei, der andere fürs Reden, der nächste für Musik, wieder ein anderer fürs Organisieren. Leider habe er beobachtet, dass die meisten Menschen ihrem Talent, ihrer Berufung, ihrer Aufgabe nicht nachkämen, sondern merkwürdigerweise etwas ganz anderem als Tätigkeit nachgingen.

Als ich 1997 ein Seminar für circa 120 katholische Amtsträger – Bischöfe, Diakone, Priester – abhalten sollte, bereitete ich mich (wie ich das bei jeder Aufgabe mache) nicht nur gründlich darauf vor, sondern äußerst gründlich, um nicht »aufs Glatteis zu kommen«. So begann ich schon einige Monate zuvor damit, sehr intensiv die Bibel zu lesen. Nun bin ich zwar Katholik, war sogar zwischen meinem 11. und 15. Lebensjahr Ministrant, hatte aber in den letzten Jahren zugegebenermaßen den Bezug zur

Kirche, aber auch zu Gott etwas verloren. Als ich dann jedoch intensiv in der Bibel las, entdeckte ich, dass mein Erfolgssystem mit seinen Erfolgsgesetzen durchaus im Einklang sind mit dem, was im »Buch der Bücher« steht. Seit dieser Zeit habe ich mich wieder verstärkt mit meinem Dasein als Christ beschäftigt und sehe mittlerweile die christliche Lehre als eine der Grundlagen meines Tuns an. Auch das ist etwas Merkwürdiges in Deutschland: Mittlerweile ist es verpönt, zu seinem Bekennen als Christ und zu seinem Glauben an Gott zu stehen. Teilweise müssen sich Gläubige hierfür regelrecht verteidigen und viele Menschen trauen sich heute nicht mehr, sich als Christ zu offenbaren.

In der Bibel heißt es an einer Stelle, jeder Mensch sei nach dem Ebenbild Gottes geschaffen. Jener Gott, der dieses unglaubliche, nicht erfassbare Universum geschaffen hat, muss perfekt sein. Wenn wir demzufolge nach dem Ebenbild Gottes geschaffen werden, dann müssten wir eigentlich auch mit allen Fähigkeiten ausgestattet sein, um ein glückliches, zufriedenes, erfolgreiches und gesundes Leben führen zu können.

Jeder Mensch ist von Geburt an ein Gewinner!

Wie viele Menschen verbringen dagegen ihren Tag damit, mit Müh und Not über die Runden zu kommen. Doch unsere Zeit, die uns hier auf Erden vergönnt ist, so zu verbringen, ist wahrlich keine Heldentat und gibt keinerlei Anlass zum Feiern. Ich glaube fest daran, dass wir nicht geschaffen wurden, um unsere Zeit auf Erden zu vertrödeln, sondern dass wir die Aufgabe haben, etwas zu gestalten, etwas positiv zu verändern. Stell Dir vor, Du wärest alt und würdest folgend Aussage treffen: »Wenn ich mein Leben noch einmal von vorn beginnen könnte, dann würde ich alles ganz anders machen!« Was muss das für eine traurige Erkenntnis für Dich sein! Bitte denk daran: Es ist niemals zu spät, ein »neues Leben« zu beginnen. Jeder Mensch hat sein Leben in der Hand und kann es jederzeit positiv gestalten und verändern! Lebe jeden Tag so, als wäre es Dein letzter Tag! ➔ ARBEITSHEFT, AUFGABEN NR. 14 UND 15.

Ich hoffe wirklich sehr, dass ich mit diesem Kapitel einige Menschen dazu anregen kann, zum Erfolg durchzustarten. Richtigen Ehrgeiz entwickeln die meisten Menschen doch nur noch dann, wenn im Supermarkt plötzlich eine neue Kasse aufgemacht wird …

Jetzt fragst Du Dich möglicherweise, wie man denn nun erfolgreich wird? Ich greife jetzt einmal ausnahmsweise dem ➔ ARBEITSHEFT (AUFGABE NR. 16) vor und mache einige Ausführungen zu der Frage: Wann hast Du Dich entschlossen, **wirklich** erfolgreich zu sein?

1. Mit diesem Entschluss beginnt aller Erfolg! Zunächst einmal musst Du dich entschließen, wirklich erfolgreich sein zu wollen.

2. Dazu gehört unbedingt der Aufbau von Selbstbewusstsein (siehe hierzu auch Kapitel 5).

3. Wichtig ist ebenfalls unerschütterlicher Optimismus (siehe hierzu auch Kapitel 6).

4. Schließlich solltest Du Dir hohe, langfristige Ziele setzen (siehe hierzu auch Kapitel 8).

Die Welt gehört dem, der in ihr mit Heiterkeit nach hohen Zielen wandelt.

Ralph Waldo Emerson

Kapitel 5
Baue Dir ein starkes Selbstbewusstsein auf!

Jedes Kind wird als Genie geboren.

Albert Einstein

Vor einigen Jahrhunderten, so heißt es in einer alten Sage, existierte ein Zauberspiegel. Dieser Zauberspiegel hatte die außergewöhnliche Eigenschaft, die Menschen, die sich darin spiegelten, so wiederzugeben, wie sie in Wirklichkeit waren. Der Zauberspiegel gab also nicht das Aussehen zurück, sondern spiegelte den wahren Charakter, die wahre Persönlichkeit, den echten inneren Kern eines jeden wider.

Eines Tages schaute ein junger Mann, kaum 30 Jahre alt, in diesen Zauberspiegel. Der Mann war arm, setzte wenig Hoffnung auf seine Zukunft und besaß praktisch überhaupt kein Selbstvertrauen mehr. Als er jedoch in dem Spiegel seine wahre Persönlichkeit erblickte, konnte er kaum glauben, was er dort erkannte: Er sah einen Mann, stark, kraftvoll, strahlend, ausgestattet mit hohem Selbstvertrauen. Da er an eine Sinnestäuschung glaubte, ging er dreimal weg und kam dreimal wieder – doch jedes Mal sah er das Gleiche. Da glaubte er, dass dies sein wahres inneres Wesen sei, und ging voller Hoffnung und Mut seines Weges weiter. Ab diesem Zeitpunkt begann er auch, sich so zu fühlen und sich dementsprechend so zu verhalten wie jener Mensch, den er gesehen hatte. Und eines Tages – es waren einige Jahre ins Land gegangen – war er wirklich der geworden, der ihn aus dem Zauberspiegel angeblickt hatte.

Gibt es etwas, das **nahezu** alle Menschen vereint? Neben dem Aspekt, dass die Allermeisten keine Ziele für ihr Leben besitzen, fällt vor allem eine hervorstechende Eigenschaft ins Auge: **Mangelndes Selbstbewusstsein bzw. ein niedrig ausgeprägtes Selbstwertgefühl.** Das ist natürlich den meisten Menschen bewusst und demzufolge suchen sie nach Lösungen. Sie lesen Bücher über Selbstbewusstsein, sie besuchen Psychologen, Psychotherapeuten – doch bei den meisten ändert sich relativ wenig. Es kann sich auch so lange nur wenig ändern, solange wir die Lösung außerhalb unseres Selbst suchen. Natürlich können wir über das Lesen von Büchern, den Besuch von Seminaren, durch die Stunde beim Psychotherapeuten wertvolle Anregungen und Techniken erhalten – **aber den Weg gehen, um unser Selbstbewusstsein zur vollen Blüte zu bringen, den müssen wir selbst!**

Es ist sicherlich den meisten von uns bewusst, dass ein starkes Selbstbewusstsein eine Grundvoraussetzung ist für Erfolg. Zuerst muss ich Ziele haben (siehe Kapitel Nummer 8), und dann muss ich das Selbstbewusstsein besitzen, um sie beharrlich und unerschütterlich zu verfolgen, gleich welche Hindernisse und Probleme auch zwischendurch auftauchen mögen. Doch darum zu wissen, dass einerseits ein starkes Selbstbewusstsein Voraussetzung für großen Erfolg ist, sowie andererseits ein starkes Selbstbewusstsein tatsächlich zu besitzen – das sind meist zwei ungleiche Schuhe. Bevor ich Dir gleich anschließend sieben Methoden nenne, mit deren Hilfe Du innerhalb kurzer Zeit ein starkes Selbstbewusstsein, ein unerschütterliches Selbstvertrauen aufbauen kannst, möchte ich Dir zunächst die wissenschaftlichen Gründe erläutern, die verantwortlich dafür sind, warum der Erste ein starkes und der Zweite ein wenig starkes Selbstwertgefühl besitzt.

Albert Einstein ist der Meinung, **dass jedes Kind als Genie geboren wird.** Dieser Aussage möchte ich zustimmen. Als ich zum ersten Mal meinen kleinen Sohn Alexander im Krankenhaus besucht habe, habe ich mir auch die anderen Babys auf der Wachstation angesehen. Ich konnte keinen Unterschied feststellen, der das eine Kind für späteren Erfolg und das andere für späteren Misserfolg prädestiniert hätte. Alle Kinder werden letztendlich perfekt geboren (lassen wir einmal die Kinder unberücksichtigt, die bedauerlicherweise mit einer körperlichen oder geistigen Beeinträchtigung geboren werden). Doch was geschieht mit ihnen, sobald sie das Licht der Welt erblickt haben? Sie werden in ein bestimmtes Elternhaus, in eine bestimmte Umgebung hineingeboren – und diese Umgebung beginnt das Kind zu beeinflussen, es zu prägen. Nun besitzen wir in unserer geistigen Welt nicht nur ein Bewusstsein, also einen Willen, den Verstand, die Vernunft, sondern eben auch ein Unterbewusstsein. Dieses Unterbewusstsein steuert nicht nur die automatisierten körperlichen Vorgänge (wie etwa den automatischen Herzschlag, die Reinigung des Blutes, die Atmung usw.), doch ist dieses Unterbewusstsein gleichzeitig auch dafür da, Informationen zu speichern sowie geistige und körperliche Vorgänge, die wir immer wieder benötigen, zu automatisieren (siehe dazu mehr in Kapitel 11).

Wenn ein Kind geboren wird, besitzt es nicht nur ein individuelles, unverwechselbares Äußeres, sondern darüber hinaus auch individuelle Talente und Begabungen. Schon weit vor dem Zeitpunkt der Geburt ist festgelegt, ob wir ein Junge oder Mädchen, ob wir groß oder klein werden, welche Haarfarbe und welche Hautfarbe wir haben werden usw. Neben diesen körperlich vererbten Merkmalen haben wir auch bestimmte Talente und Begabungen von Mutter Natur mitbekommen. Diese beeinflussen uns natürlich ein Leben lang. Doch zusätzlich haben wir in unserem Unterbewusstsein, dem Langzeitgedächtnis, alle Informationen, die wir über unsere fünf Sinnesorgane aufnehmen, gespeichert – **und dort bleiben sie ein Leben lang gespeichert!**

Du fragst Dich jetzt vielleicht, warum wir uns dann nicht an alles erinnern können, was wir jemals erlebt haben. Die Antwort: Weil das, was weniger wichtig ist, zwar gespeichert bleibt, aber nicht mehr »an der Oberfläche schwimmt«, sondern tiefer gesackt, sozusagen untergetaucht ist. Dennoch ist und bleibt alles gespeichert! Darum »verlernen« wir auch nichts, was wir einmal verinnerlicht haben, sondern können es lediglich nicht mehr jederzeit bewusst abrufen. Das kann sich jedoch ändern, sobald wir uns mit unserem Inneren entsprechend beschäftigen. Dann ist es uns möglich, bestimmte Informationen in kürzester Zeit hervorzuholen und wieder abrufbereit zu haben. Wer beispielsweise einmal Skifahren gelernt und es danach zehn Jahre nicht mehr ausgeübt hat, der wird bei neuerlicher Betätigung in kürzester Zeit fast wieder seinen alten Fähigkeitsstand erreicht haben.

Je häufiger wir etwas mit unseren Sinnesorganen wahrnehmen, je häufiger wir über etwas nachdenken (denn auch unsere Gedanken werden fortlaufend im Unterbewusstsein gespeichert – und zwar ein Leben lang!), desto leichter fällt es uns, Informationen bewusst abzurufen. Neben der häufigen Wiederholung gibt es darüber hinaus noch einen zweiten Umstand, der dazu führt, dass wir sehr leicht bewusst auf Informationen zurückgreifen können: die Emotion, also unser Gefühl. Je intensiver nämlich das Gefühl ist, wenn wir etwas von außen aufnehmen (oder selbst denken oder selbst tun), desto stärker und besser können wir darauf zurückgreifen. Hierzu einige Beispiele:

- Hast Du Dir schon einmal etwas gebrochen? Wenn ja, kannst Du Dich sicherlich noch genau daran erinnern, wie es passiert ist – obwohl der Vorfall vielleicht schon Jahre her ist.

- Bist Du verheiratet? Kannst Du Dich noch an den Moment erinnern, als Du vor dem Traualtar standest – obwohl es nur ein (hoffentlich) einziges Mal passiert ist und vielleicht schon viele Jahre zurückliegt?

- Kannst Du Dich an die Geburt Deiner Kinder erinnern?

Natürlich kannst Du Dich an diese und viele andere Dinge erinnern, an Situationen also, die in dieser Form nur **ein einziges Mal** passiert sind. Warum? Weil Du bei der Speicherung dieser bestimmten Situation emotional so intensiv präsent warst, dass Du sie nie wieder vergisst.

Aus diesem Grunde habe ich auch in meinen Seminaren »emotionale Metaphern« eingebaut. Da wird etwa barfuß über bis zu 1300 Grad heiße, glühende Kohlen gelaufen oder, ebenfalls barfuß, von einem Stuhl in Scherben gesprungen oder mit dem Kehlkopf extrem harte, verrostete Stahlstangen verbogen. Wer auch immer ein solches Erlebnis ein einziges Mal hatte, wird es nie wieder vergessen. Er wird sich stets daran erinnern, dass er **Unmögliches möglich gemacht hat.**

Leider gilt das Prinzip des Unterbewusstseins nicht nur für positive, sondern auch für negative Ereignisse, Begegnungen usw. Das heißt, es werden auch alle negativen Erlebnisse gespeichert und, wenn nötig, abgerufen. Stell Dir bitte einmal das Unterbewusstsein wie ein leeres Glas vor: Wenn Du in ein leeres Glas Wasser hineinfüllst, kommt nur Wasser heraus – und eben kein Champagner! Wenn Du das Pech (oder was auch immer) hattest, in eine Familie hineingeboren zu werden, in der man Dir permanent eingeredet hat, Du seiest zu dumm, zu schwach, zu klein etc., dann darfst Du Dich nicht wundern, dass Du heute ein gering ausgeprägtes Selbstbewusstsein besitzt. Die Harvard University in den USA hat in einer Untersuchung festgestellt, das der durchschnittliche US-Amerikaner bis zum 18. Lebensjahr 150 000 negative Suggestionen auf diese Weise mitbekommt und speichert («Das schaffst Du nicht!«, »Du bist zu klein!«, »Du bist zu dumm!«, »Du bist zu jung!«, »Du bist ein Junge!«, »Du bist ein Mädchen!«, »Wir sind zu arm!«, »Du hast kein Talent!«, »Das ist zu gefährlich!« ...). Ab dem 18. Lebensjahr kommen dann täglich weitere 22 negative Suggestionen hinzu – bis an unser Lebensende!

Hast Du dieses Prinzip verstanden? Dein Unterbewusstsein beeinflusst Dich zu 95 Prozent! Dein bewusster Verstand, also Dein Wille, dagegen nur zu fünf Prozent! Du glaubst das nicht? Hast Du nicht auch schon erlebt, dass Du unbedingt einschlafen **wolltest** – aber dein Unterbewusstsein ließ das einfach nicht zu? Und hast Du nicht auch schon erlebt, dass Du vollkommen ruhig und sicher wirken wolltest (etwa bei einer Rede oder beim Ansprechen einer tollen Frau bzw. eines interessanten Mannes) – aber dein Unterbewusstsein ließ Dich vor Aufregung erröten, die Hände feucht werden, die Knie »Beifall klatschen«? In diesen Fällen war dein Unterbewusstsein einfach stärker als dein Bewusstsein. Viele zur Intellektualität neigende Menschen wollen diesen Umstand nicht wahrhaben, sondern sind der Meinung, sie könnten mit ihrem bewussten Verstand alles beeinflussen. Doch dem ist nicht so ...

Bewusstsein wie Unterbewusstsein verhalten sich wie der Kapitän eines Schiffes (= Bewusstsein) und sein Maschinist unter Deck (= Unterbewusstsein). Der Kapitän gibt die Befehle ein – und der Maschinist führt aus! Dabei prüft der Maschinist nicht, ob der Befehl richtig ist. Er wird es nicht wagen, einen anderen Kurs einzuschlagen als den, den der Kapitän vorgegeben hat. Der Maschinist besitzt weder die Fachkenntnis, noch hat er die Befugnis, eine Entscheidung des Kapitäns aufzuheben und eigenmächtig zu handeln. Er hat stets die Aufgabe, die Befehle **schnell und genau** auszuführen, und zwar automatisch, ohne jede Prüfung!

Genauso verhält sich Dein Unterbewusstsein! Doch was geben ihm die meisten Menschen ein? Hier ein paar Beispiele:

- Ich schaff das nie!

- Hoffentlich geht mein Geschäft nicht Pleite!

- Ich kann mir nicht vorstellen, dass sich diese tolle Frau (dieser interessante Mann) mit mir unterhalten wird.

- Ich bin ein Versager!

- Ich war schon immer ein Pechvogel.

Und dann wundern wir uns, wenn unser Unterbewusstsein genau diese Befehle ausführt!

Das Unterbewusstsein ist ein Ausführungsorgan!

Was in Deiner Vergangenheit durch Deine Umwelt in Dein Inneres gelangt ist, dafür kannst Du nichts. Da Du jetzt aber über die Vorgänge, die mit Deinem Unterbewusstsein zusammenhängen, wesentliche Erkenntnisse und das notwendige Wissen besitzt, kannst Du sehr wohl darüber entscheiden, **was Du ab sofort in Dein Inneres lässt!** Wer nur Müll in sein Unterbewusstsein hineinfüllt (füllen lässt), der darf sich nachher nicht wundern, wenn nur Müll (sprich Misserfolg) von dort hinauskommt.

Der Bär im Käfig

Ein Bär lebte sein Leben lang in einem Zirkus. Er war schon dort geboren worden. Der Dompteur hatte ihm einige Kunststücke beigebracht und über viele Jahre hinweg absolvierte Meister Petz treu und brav seine Auftritte in der Manege. Zwischen seinen Auftritten lebte der Bär im Käfig und der hatte gerade so viel Platz, dass er zehn Schritte vor und zehn Schritte zurücklaufen konnte, da dann jedes Mal der Käfig zu Ende war.

Nun war der Zirkus in Konkurs gegangen, und der alte Dompteur konnte den Bär nicht mehr behalten. So beschloss er, seinen langjährigen Partner freizulassen. Er fuhr mit ihm in die tiefste Wildnis und ließ ihn dort am Rande eine Waldlichtung frei. Anschließend lenkte der Dompteur seinen Wagen auf einen Hügel und stieg dort aus, um den Bären durch einen Feldstecher zu beobachten. Er sah, wie der Bär erst ein wenig misstrauisch schaute, dann aber forsch zu laufen begann. Erst vorsichtig einen Schritt, dann vorsichtig den zweiten, dann immer schneller und schneller, nun den siebten Schritt, den achten, den neunten, endlich den zehnten Schritt – doch dann machte der Bär kehrt und lief wieder zehn Schritte zurück …

Das Unterbewusstsein des Bären war ein Leben lang darauf programmiert, im Käfig zehn Schritte vor und zurück zu laufen. Der Bär konnte sich gar nicht mehr vorstellen, mehr als zehn Schritte zu tun. Und so ist es auch bei vielen Menschen: Sie sind ein Leben lang so programmiert worden, dass sie sich gar nicht mehr vorstellen können, erfolgreich und glücklich zu sein!

Alles, was wir erleben – und auch denken und selber tun! –, wird sofort gespeichert und ein Leben lang gespeichert haben. Diese Erkenntnis verdanken wir dem kanadischen Neurologen Dr. Wilder Penfield. Bei Tumoroperationen am offenen Gehirn musste er seine Patienten bei Bewusstsein lassen, um nicht zu tief in bestimmte Bereiche zu schneiden. Also betäubte er die Patienten nur örtlich, so dass sie jederzeit ansprechbar waren. Während der Operation unterhielt er sich mit ihnen, damit er feststellen konnte, wie tief er in die einzelnen Bereiche eindringen durfte und wann Einhalt geboten war. Als er nun bei der Operation mit einer Metallsonde bestimmte Gehirnzellen stimulierte, hatten seine Patienten plötzlich Erinnerungen an teilweise weit zurückliegende Ereignisse. So konnte sich eine 35-

jährige Frau an sämtliche Einzelheiten der Feier anlässlich ihres fünften Geburtstags erinnern. Sie erinnerte sich an den Kuchen, den es gab, an das Kleid, das sie trug, daran, welche ihrer Freunde und Freundinnen anwesend waren, ja, sie konnte sogar den Geruch und den Geschmack der köstlichen Erdbeertorte nachempfinden. Dr. Penfield kam daraufhin zu dem Schluss, dass jeder Sinneseindruck, den wir aufnehmen, im Unterbewusstsein gespeichert bleibt.

Jetzt möchte ich Dir die versprochenen acht Methoden aufzeigen, mit deren Hilfe Du ein starkes unerschütterliches Selbstbewusstsein entwickeln wirst …

1. Methode: Setze Dir Ziele!

Setze Dir **große** Ziele (siehe hierzu Kapitel 8) und teile sie in möglichst **viele** kleine Etappen auf. Diese einzelnen Etappen sollten messbar sein und von Dir schriftlich festgehalten werden. Nur wenn Du deine Ziele in messbare Etappen einteilst und schriftlich festhältst, kannst Du später feststellen, ob Du die Zwischenziele auch erreicht hast. Je mehr Ziele Du erreichst, desto stärker wird Dein Selbstbewusstsein aufgebaut. Ich kenne praktisch keine Methode, die das Selbstbewusstsein so fördert wie das Erlebnis von Erfolg.

Als mein kleiner Sohn Alexander etwa ein Jahr alt war, lag ich einmal auf unserer Wohnzimmercouch und las. Er krabbelte am Boden und spielte mit seinen *Lego*-Bausteinen. Schließlich zog er sich an unserem Wohnzimmertisch hoch – und stand zum ersten Mal auf seinen Beinen. Er gluckste und gluckste, bis ich auf ihn aufmerksam wurde. Ich schaute auf – und blickte in ein strahlendes Kindergesicht. Natürlich freute ich mich riesig – ich war der festen Meinung, dass es kein Kind auf der Welt gab, das mit einem Jahr bereits so stehen konnte – und gab meiner Freude und Anerkennung Ausdruck. Mittlerweile ließ er den Tisch los und plumpste auf sein Hinterteil. Doch die Freude und die Anerkennung, die er von mir bekam, motivierten ihn derart, dass er in den nächsten fünfzehn Minuten mindestens acht- bis zehnmal aufstand und sich hinstellte. Er hatte etwas geschafft – und das gab ihm Anerkennung und damit die Kraft, es immer wieder zu tun.

Setze Dir große Ziele.
Teile sie in kleine, messbare Einheiten ein
und halte sie schriftlich fest!

2. Methode: Schreibe Deine Erfolgserlebnisse auf!

Dir messbare Ziele zu setzen und diese zu erreichen ist zwar toll – **wenn Du Dir aber diese Erfolgserlebnisse nicht bewusst machst, dann werden sie Dein Selbstbewusstsein nicht stärken.** Viele Menschen habe Erfolge, aber sie nehmen sie nicht wahr – und somit tragen diese Erfolge nicht wesentlich zur Stärkung ihres Selbstbewusstseins bei. Besagtes Nichtwahrnehmen lässt einen Vergleich mit einem bestimmten Vitamin zu, mit Vitamin E: Vitamin E wird vom Körper nur absorbiert, wenn es mit ein bisschen Fett verdaut wird.

Schreibe einfach abends Deine drei bis fünf größten Erfolge des zurückliegenden Tages auf. Benutze hierfür Deinen eigenen Stift, mit dem Du Deine Erfolge in eine speziell dafür vorgesehene Kladde schreibst. Auf diese Weise erhältst Du im Laufe der Zeit ein richtiges »Erfolgstagebuch«. Darüber hinaus machst Du Dir mit dem Aufschreiben am Ende eines jeden Tages bewusst, was für Dich positiv verlaufen ist. Du konzentrierst Deine Aufmerksamkeit also nicht auf das, was nicht funktioniert hat, sondern auf das, was funktioniert hat. Durch das Aufschreiben erzielst Du außerdem einen Verstärkungseffekt für Dein Unterbewusstsein. Die Botschaft lautet: Ich habe etwas nicht nur erlebt, nein, ich wiederhole das jetzt noch einmal, indem ich es aufschreibe.

Zu diesem Zweck habe ich (unter anderem) den *Erfolgsplaner* entwickelt, durch den Du **automatisch** täglich daran erinnert wirst, Deine Erfolgserlebnisse aufzuschreiben. Auf diesen Erfolgsplaner bin ich richtig stolz, denn ich habe immer nach einem Instrument gesucht, das es meinen Seminarteilnehmern bzw. Buchlesern ermöglicht, Erkenntnisse aus Gehörtem bzw. Gelesenem auch konsequent in die Tag umzusetzen. Wenn Du Dich über den *Erfolgsplaner* informieren willst (oder ihn gleich bestellen möchtest), dann klick Dich doch einfach in meine Homepage ein (www.juergenhoeller.com) oder wende Dich an mein Büro (Adresse auf Seite 278). Neben dem Effekt, dass Du dadurch Deine Erfolgserlebnisse **garantiert** regelmäßig aufschreibst, ist der *Erfolgsplaner* übrigens auch ein Planungsinstrument, das es Dir erleichtert, Deine Ziele in der täglichen Arbeit umzusetzen. Wichtig bei der ganzen Sache ist jedenfalls, dass Du nicht einfach abends an Deine Erfolgserlebnisse »denkst«, sondern sie auch schriftlich festhältst.

Während des Vietnamkrieges hatten die Vietkong einen äußerst erfolgreichen Trick, um aus den Gefangenen Informationen herauszulocken. Indem sie ihnen in Aussicht stellten, ihnen die Folter zu ersparen, haben sie sie dazu gebracht, täglich schriftlich niederzulegen, dass ihre Welt des Kommunismus die richtige sei. Sie begannen die gefangenen Soldaten zu kleinen Schritten anzuhalten. Wenn ein Soldat sagte, dass er das nicht könne, weil es seiner Überzeugung nicht entspräche, so baten sie ihn, mit seinen Worten dennoch etwas Ähnliches aufzuschreiben. Da die Gefangenen naturgemäß Angst vor der Folter hatten, ließen sie sich darauf ein. Der psychologische Trick dabei: Durch den Schriftakt wurde jeder einzelne Gefangenen mehr und mehr von den Idealen des Kommunismus überzeugt, bis schließlich die meisten von ihnen nach einigen Monaten tatsächlich das glaubten, was sie täglich aufgeschrieben hatten ... Schreiben hat eine der stärksten suggestiven Kräfte, die ich kenne.

Besagten Effekt nutzen wir nun zum Aufbau und zur Stärkung des Selbstbewusstseins: Indem Du täglich Deine Erfolge aufschreibst, Dir also täglich nochmals bewusst machst, welche Erfolge Du an diesem Tag erzielt hast, wirst Du Schritt für Schritt dein Selbstvertrauen stärken. Bitte schreibe täglich auch folgenden Satz zusätzlich auf:

**Ich besitze ein starkes,
unerschütterliches Selbstvertrauen,
das von Tag zu Tag
mehr und mehr wächst!**

Auf den hier behandelten Komplex zielt auch die AUFGABE NR. 17 DES ARBEITSHEFTS, mit der nach den größten Erfolgen Deines Lebens gefragt wird.

3. Methode: Sei dankbar!

Ein Mensch, der es nicht gelernt hat, dankbar für das zu sein, was das Leben ihm schenkt, ist niemals zufrieden – und ist somit **niemals glücklich!** Nur wenn wir es lernen, Dankbarkeit zu empfinden, wird uns ein tiefes Gefühl der inneren Zufriedenheit durchfluten. Doch gerade in den Wohlstandsländern der Welt breitet sich zunehmend Undankbarkeit aus. Die äußert sich dann in Unzufriedenheit – ein Umstand, der sich unter anderem wie folgt äußert:

- Wer heute bei uns nur ein »kleines« Auto hat, fühlt sich bereits arm.

- Wer kein eigenes Haus besitzt, sondern zur Miete wohnt, fühlt sich benachteiligt.

- Wer keine 10 000 Mark im Monat verdient, fühlt sich schlecht.

- Wer nicht zweimal im Jahr in exotische Urlaubsländer fahren kann, hat es nicht geschafft.

Natürlich ist es schön, all diese Dinge zu besitzen, zu erreichen – **aber eine Garantie, dass wir dadurch glücklich werden, die gibt es nicht!**

Bist Du heute unglücklich mit dem, was Du hast?
Habe morgen mehr –
und Du wirst immer noch unglücklich sein!

ARBEITSHEFT, AUFGABEN NR. 18–20: Auf was bist Du alles stolz, für was dankbar – und was waren die schönsten Stunden Deines Lebens?

Ich lege Dir wirklich **dringend ans Herz,** dass Du am Ende eines Tages **auch die drei bis fünf Dinge aufschreibst, für die Du an diesem Tag dankbar bist.** Du wirst dabei feststellen: Auch wenn der Tag noch so »beschissen« (man verzeihe mir dieses Wort) gewesen sein mag, so gibt es immer noch einiges, für das Du dankbar sein kannst. Hierzu einige Beispiele:

- Du hast eine Menge Geld in den Sand gesetzt. – Gibt es nicht noch ein Restvermögen, das es Dir ermöglicht, auch weiterhin so zu leben wie bisher?

- Du hast Dein Auto zu Schrott gefahren. – Hast Du nicht doch noch die Möglichkeit, Geld zu investieren und Dir ein neues Auto zu leisten?

- Du hast deine Arbeitsstelle verloren. – Bist Du nicht dankbar dafür, dass Du gesund bist und die Fähigkeit besitzt, eine neue Arbeitsstelle zu suchen?

- Du bist Sozialhilfeempfänger. – Kannst Du nicht dankbar dafür sein, dass es Dir immer noch besser geht als 98 Prozent der gesamten restlichen Weltbevölkerung – und wovon wohl jeder gern mit Dir tauschen würde?

Diese Beispiele habe ich nicht etwa deswegen gewählt, um eine zynische Note ins Spiel zu bringen bin, sondern weil es mir um etwas sehr Elementares geht: Wir vergessen oft, wie schön das Leben doch ist und wie gut es das Leben mit uns meint – was immer auch an negativen Dingen passieren mag! Ich habe einmal einen Rollstuhlfahrer kennen gelernt, der vor Jahren eines meiner Seminare besuchte. Weil er mir Leid tat, drückte ich mein Bedauern über seinen Zustand aus. Da sah er mir tief in die Augen und bat mich, dass ich nie wieder Mitleid mit einem Behinderten haben solle. Mitgefühl ja, aber um Gottes Willen kein Mitleid. Er erzählte mir, dass er einen Motorradunfall gehabt habe, durch den er querschnittsgelähmt geworden sei. In den Monaten während seines Krankenhausaufenthaltes war er vollkommen verzweifelt, nachdem es gewiss war, dass er als Querschnittsgelähmter sein Leben im Rollstuhl würde verbringen müssen. In dieser Zeit dachte er des Öfteren an Selbstmord. Doch schließlich überwand er seine depressive Phase und nahm sein Leben wieder in die Hand. Heute besitzt er ein gut laufendes Geschäft, hat eine bezaubernde Frau, viele Freunde, treibt regelmäßig Behindertensport (und zwar recht erfolgreich, wovon seine Wettkampfauszeichnungen zeugen) und behauptet von sich, dass er heute glücklicher sei als vor seinem Unfall: Eilte er früher nur von Ziel zu Ziel, ohne etwas von der Schönheit des Lebens zu bemerken, so nimmt er heute vieles sehr bewusst wahr, so den Duft blühender Blumen, den Gesang von Vögeln und die beruhigende Stille des Waldes.

Schreibe Dir also jeden Abend – und zwar ebenfalls in eine entsprechende Kladde – die Dinge auf, für die Du dankbar bist. Du solltest also auch diese Übung schriftlich durchführen, damit die Dinge, für die Du dankbar bist, in Deinem Unterbewusstsein gespeichert werden. Wenn Du auf diese Weise all das dankbar positiv Erfahrene in Dein Inneres lässt, wirst Du im Laufe der Zeit merken, wie Du innerlich immer glücklicher wirst. Diese Übung habe ich übrigens auch in meinen *Erfolgsplaner* integriert.

Die erwähnten beiden Übungen zu Erfolg und Dankbarkeit sind auch ganz wichtig für jene Leser, die Kinder haben. Kerstin und ich sind gläubige Christen, und so haben wir beispielsweise mit unserem Alexander bereits im Alter von etwa zweieinhalb Jahren damit begonnen, abends zum »lieben Gott« zu beten. Wir beten dabei aber nicht etwa irgendeinen Text herunter, den er gar nicht versteht, sondern er macht sich Gedanken darüber, für was er dem lieben Gott an diesem Tag dankbar sein sollte. Mittlerweile – er ist natürlich älter geworden – machen wir uns abends Gedanken darüber, welche Dinge er über Tag erfolgreich vollbracht hat …

Bitte beachte hierbei vor allem eines: **Verwechsle Dankbarkeit nicht mit Trägheit.** Damit meine ich Folgendes: Jene allabendliche Dankbarkeit sollte nicht dazu führen, dass Du Dich zufrieden zurücklehnst. Es geht mir lediglich darum, dass Du dankbar für das bist, was Du hast – **gleichzeitig jedoch unzufrieden bist mit den Zuständen, die Du ändern möchtest.**

Ich genieße in meinem Leben das Privileg, Hunderte erfolgreiche und teilweise berühmte Menschen aus den verschiedensten Bereichen des öffentlichen Lebens kennen zu lernen. Fast alle, so konnte ich feststellen, fallen zunächst durch einen bestimmten Wesenszug auf: **Unzufriedenheit.** Ihre Unzufriedenheit richtete sich gegen die verschiedensten Lebensbereiche und -umstände. Die folgenden Punkte stellen deshalb nur den Auszug einer umfangreichen Liste dar, die mit »Unzufriedenheit« überschrieben ist.

- Sie waren unzufrieden mit ihren negativ geprägten Lebensumständen.

- Sie waren unzufrieden mit ihrem mangelhaften Selbstbewusstein.

- Sie waren unzufrieden mit ihrem Einkommen.

- Sie waren unzufrieden mit ihrem Vermögen.

- Sie waren unzufrieden mit der Position, die sie gerade inne hatten.

- Sie waren unzufrieden, weil ihr Job sie nicht mehr herausforderte.

Leider wird uns allzu oft in der Erziehung geradezu »eingebläut«, dass man zufrieden zu sein hat. »Man kann nun einmal nicht alles im Leben haben; sei zufrieden mit dem, was du hast« war eine Redensweise meiner Eltern, die sie zu allen möglichen und unmöglichen Gegebenheiten anbrachten. Das kann jedoch nicht alles sein und deshalb sollte einer Deiner Leitsätze sein: Sei dankbar für das, was Du besitzt – **aber sei niemals zufrieden.** Die Amerikaner beschreiben dies treffend mit folgendem Ausdruck:

Stay hungry!

4. Methode: Pflege einen positiven Umgang

Wissenschaftler haben festgestellt: 80 Prozent des menschlichen Verhaltens wird bestimmt durch die Imitation anderer Menschen. Das Ganze läuft natürlich nicht bewusst, sondern auf einer »höheren« geistigen Ebene ab. Ein Kind beispielsweise muss seine Eltern imitieren, um möglichst schnell in seinem kleinen Leben zurecht zu kommen. Wenn es alle Erfahrungen selbst machen müsste, dann würde es ein Leben lang benötigen, um gerade einmal mit den notwendigsten Dingen passabel umgehen zu können. Durch die Fähigkeit der Imitation aber lernt ein Kind rasend schnell – **leider lernen wir aber nicht nur positive, sondern auch negative Eigenschaften, Verhaltensweisen, Charaktermerkmale, Gewohnheiten anderer Menschen.**

Später dann, wenn wir älter werden, sind nicht mehr nur die Eltern unsere Vorbilder, die wir unbewusst imitieren, sondern dann sind es, stellvertretend, unsere Freunde, unsere Lehrer, später unsere Vorgesetzten, unsere Partner usw.

Zeige mir deine Freunde
und ich zeige dir, wer Du bist!

Amerikanische Studien haben ergeben, dass der Umgang, den wir pflegen, eine der wesentlichen Faktoren für Erfolg oder Misserfolg darstellt. Wer sich beispielsweise mit Versagern abgibt, darf sich nicht wundern, selbst ein Versager zu sein (oder zu werden). Wer sich mit Rechtsradikalen umgibt, der wird auch rechtsradikale Ansichten gewinnen. Wer sich mit christlich orientierten Menschen umgibt, der wird sich in der Regel schon recht bald auch mit christlichem Gedankengut auseinander setzen (falls er es nicht schon verinnerlicht hat). Und wer sich mit erfolgreichen Menschen umgibt, der wird irgendwann selbst erfolgreich sein! Pflege also einen auf Dich positiv wirkenden Umgang.

➜ ARBEITSHEFT, AUFGABEN NR. 21–23. Welche Menschen haben einen negativen bzw. einen positiven Einfluss auf Dich? Welche Erkenntnisse gewinnst Du daraus und welche Entscheidungen triffst Du nun aufgrund Deiner Erkenntnisse?

Als meine Freunde mir immer wieder sagten, dass aus mir nie ein großer Redner werden würde, beschloss ich, etwas zu tun: Ich machte mich auf und suchte mir neue Freunde ...

5. Methode: Beschäftige Dich mit den »richtigen« Medien

Natürlich wirst Du auch von den Medien beeinflusst, die Du täglich benutzt. Wer beispielsweise Fernsehmagazine, Radiosender und Zeitungen bevorzugt, die in ihrer Berichterstattung überwiegend negativ orientiert sind, der darf sich nicht wundern, wenn die Eindrücke hieraus sein Unterbewusstsein negativ programmieren. Achte also ganz genau darauf, welche Medien Du auswählst. ➜ ARBEITSHEFT, AUFGABE NR. 24.

6. Methode: Autosuggestion

Autosuggestion, also Selbstbeeinflussung, ist eine der **besten, effektivsten und schnellsten Methoden,** um sein Selbstwertgefühl positiv aufzubauen. Leider habe ich festgestellt, dass viele Menschen ein so geringes Selbstbewusstsein besitzen, dass sie nicht einmal in der Lage sind, selbst diese Methode zu nutzen – sie würden sich schlicht und einfach dafür schämen (wozu es absolut keinen Grund gibt). Andere wiederum sind einfach zu faul, zu phlegmatisch, um Übungen dieser Art regelmäßig durchzuführen.

Es wurde wissenschaftlich eindeutig festgestellt, dass wir durch die gesprochene Autosuggestion unser Unterbewusstsein sehr wirkungsvoll beeinflussen. Die Methode ist ganz einfach: Du erhältst nachfolgend einen Text, den Du bitte mindestens einmal am Tag fünfmal nacheinander laut und deutlich vor einem Spiegel zitierst. Schaue Dir dabei tief in die Augen und sprich voller Emotion. Wenn Du jene Übung über 30 Tage regelmäßig durchgeführt hast, wirst Du bereits nach dieser kurzen Zeit feststellen, wie enorm sich Dein Selbstbewusstsein aufgebaut hat. Bitte glaube es mir: Diese Autosuggestion ist unglaublich wirkungsvoll – **aber eben nur, wenn Du sie auch regelmäßig ausübst …**

Autosuggestion zur Steigerung des Selbstbewusstseins

**Ich bin fest entschlossen,
eine selbstbewusste Persönlichkeit zu sein!**

**Ich weiß, dass ich individuelle Stärken,
Talente und Begabungen besitze.**

**Täglich arbeite ich mit meinem Unterbewusstsein
und aktiviere dadurch alle Kräfte und
Fähigkeiten in mir.**

**Ich konzentriere mich auf meine Ziele,
denn ich weiß, was ich will und was ich kann!**

**Täglich wächst mein Selbstbewusstsein und durch
meine charismatische Ausstrahlung bin ich
eine einflussreiche, ausdrucksstarke Persönlichkeit.**

Ich fühle mehr und mehr,
wie meine Kräfte und mein Selbstvertrauen
in mir wachsen.

Ich glaube an mich und meine Ziele
und ich erreiche Sie ...
Ganz bestimmt – g a n z b e s t i m m t !

7. Methode: Höre Mental-Kassetten

Der Kern dieser Methode ist bereits einige tausend Jahre alt. Schon die alten Ägypter und die alten Griechen praktizierten den so genannten **Tempelschlaf.** Kranke Menschen kamen abends in die Tempel der Priester, erzählten ihnen ihre Krankheiten und Beschwerden und legten sich anschließend schlafen. Die Priester gingen nachts zu den Kranken und »besprachen« sie ein bis zwei Stunden mit positiv angelegten Suggestionen. Vielen dieser Kranken wurde allein durch diese **Suggestion** geholfen. Hier drängt sich natürlich die Frage auf: **Warum half dieses »Beflüstern«?**

Die Ströme des menschlichen Gehirns haben gewisse Rhythmen (die sich mithilfe eines EEGs messen lassen). Je nach Erregungszustand reicht die Skala von 0 bis maximal 35. Bei 0 sind wir praktisch tot, während wir bei 35 den stärksten Erregungszustand und damit auch den hellsten Wachzustand erreicht haben. Hier zur Information die verschiedenen Ebenen:

- Beta-Zustand: 15 bis 35 Herz: Normaler Wachzustand, leichte bis starke Erregung.

- Alpha-Zustand: 7 bis 14 Herz: Entspannter Zustand. Körperlich entspannt, geistig wach.

- Theta-Zustand: 4 bis 6 Herz: Tiefe Entspannung, Meditation, leichter Schlaf.

- Delta-Zustand: 0 bis 3 Herz: Traumloser Schlaf, Zustand der tiefen Entspannung.

Man hat nun festgestellt, dass im Beta-Zustand, also dem wachen »Normalzustand«, Suggestionen eine wesentlich geringere Wirkung haben als beispielsweise im Alpha-Zustand. Dieser Alpha-Zustand wird übrigens auch bei der Hypnose benutzt, wobei der Alpha-Zustand etwas vollkommen Normales ist: Jeder Mensch erlebt ihn mindestens zweimal pro Tag (zumindest beim Einschlafen und Aufwachen). Tatsächlich ist es jedoch so, dass sich jeder Mensch täglich mehrere Male in diesem Alpha-Zustand befindet. Am häufigsten erreicht wird der Alpha-Zustand während des Fernsehens (weshalb auch die Flut der TV-Werbespots ständig zunimmt, da im Alpha-Zustand das Unterbewusstsein am stärksten beeinflussbar ist).

Wie stark das Unterbewusstsein beeinflussbar ist, ist besonders anschaulich bei der Hypnose zu beobachten. So wurde etwa bei einem Experiment dem Hypnotisierten suggeriert, dass er nach dem Aufwachen ein glühendes Fünfmarkstück auf seinen Unterarm gelegt bekommt. Nachdem man ihn aufgeweckt hatte, legte man ihm ein Fünfmarkstück auf den Unterarm. Augenblicklich schrie der Proband auf und schleuderte das Fünfmarkstück weg. Wenige Minuten später bildete sich eine Brandblase an der Stelle, auf der die Münze gelegen hatte. Das Merkwürdige bei dieser Angelegenheit: Das Geldstück hatte eine ganz normale Zimmertemperatur …

Ein anderes Beispiel: Wenn man einem Hypnotisierten »einsuggeriert«, er tränke gerade Unmengen von Flüssigkeit, so produziert der Betroffene bis zu einem Liter mehr Urin, als er eigentlich ausscheiden dürfte bezogen auf die (normale) Flüssigkeitszufuhr.

In Hypnose kann man Menschen auch »einsuggerieren«, dass sie vollkommen schmerzunempfindlich sind. So suggerierte einmal ein Hypnotiseur während einer Demonstration einem Probanden, dass dessen Auge völlig schmerzunempfindlich sei. Kurz darauf stach er mit einer spitzen Nadel in die empfindliche Bindehaut des Probanden – der Hypnotisierte zuckte nicht einmal. Dieses Phänomen macht man sich mittlerweile in der Medizin häufig zunutze. So gibt es zum Beispiel viele Zahnärzte, die das Problem haben, dass ihre Patienten Narkotika nicht vertragen und mit einem Allergieschock reagieren würden (der immerhin bis zum Tod führen kann). Dank der Hypnose können selbst größte Operationen durchgeführt werden, ohne dass der Hypnotisierte auch nur den geringsten Schmerz dabei verspürt.

Im Alpha-Zustand ist das Unterbewusstsein so formbar wie Wachs.

Nikolaus B. Enkelmann

Nun wollen wir diesen Effekt der starken Beeinflussbarkeit im Alpha-Zustand für uns nutzen. Dazu benötigst Du dann allerdings keine Priester mehr, sondern es genügt – ein Walkman! Des Weiteren besorgst Du Dir so genannte Mental-Kassetten. Dabei handelt es sich um Kassetten, die eine etwa 30-minütige Laufzeit haben. Beim Abspielen solch einer Kassette werden Dir – bei entspannender Musik – bestimmte Suggestionstexte zu Gehör gebracht. Beides – Musik und Sprache – bringt Dich zunächst in den entspannten Alpha-Zustand, in dem dann die Suggestionen hervorragend wirken.

Bei diesen Mental-Kassetten handelt es sich, so könnte man sagen, um eine Weiterentwicklung des bekannten autogenen Trainings. Ich würde Dir empfehlen, solch eine Kassette mindestens einmal am Tag anzuhören, und zwar unmittelbar vor dem Einschlafen. Es ist dabei völlig in Ordnung, wenn Du vom Alpha-Zustand in den tieferen Schlafzustand fällst. Denk daran: **Auch beim ägyptischen (griechischen) Tempelschlaf waren die Menschen nicht wach – und trotzdem wirkten die Suggestionen.** Übrigens steigern viele Spitzensportler, die ich betreue, mittels dieser Mental-Kassetten ihre Leistungsfähigkeit. So versicherte einmal die 400-Meter-Staffelweltmeisterin Grit Breuer während eines Fernsehinterviews, dass sie ohne meine Mental-Kassetten gar nicht mehr einschlafen könne. Auch die österreichische Skispringer-Ikone Andreas Goldberger vertraut auf die Methode, wie er in einem Interview bekannt gab.

Zur **Steigerung Deines Selbstbewusstseins** empfehle ich Dir folgende Mental-Kassette von mir: *Erfolgreich und selbstbewusst.*

**Die meisten Menschen verhalten sich wie Raupen.
Sie können sich nicht vorstellen,
einmal ein wunderschöner Schmetterling zu sein!**

Eine weitere Methode ist mit »Unbändiger Optimismus« überschrieben. Da diese Methode so eminent wichtig ist, wird sie im nächsten Kapitel (»Be happy«) behandelt.

Ich bin mir sicher: Wenn Du jene sieben Methoden regelmäßig anwendest, wirst Du bereits in kürzester Zeit außerordentliche Erfolge erzielen. Und ab dem Moment, in dem Du Erfolge erzielst und auch das entsprechende Feedback von außen erhältst, wächst Dein Selbstvertrauen – **und schon befindest Du Dich auf einer positiv verlaufenden Kettenspirale, auf einer, die nach oben führt.**

Erst wenn Du einmal so weit bist wie jener Mitmensch, dessen Selbstvertrauen so übersteigert war, dass er den Ausspruch:

»Wer mich nicht kennt, hat nicht gelebt!« zu seinem Markenzeichen machte – erst dann wäre es an der Zeit, die Methoden zur Steigerung Deines Selbstwertgefühls wieder etwas zurückzufahren …

Das, was Du über Dich denkst,
das bist und wirst du!

Kapitel 6
Be happy

Every day is a holiday.

Henri Walek

Eine Achtzigjährige blickt zurück und sagt: »Wenn ich mein Leben noch einmal leben dürfte, dann, tja, dann ...

- würde ich viel mehr Fehler machen;
- würde ich viel mehr entspannen;
- würde ich viel verrückter sein als in diesem Leben;
- wüsste ich nur wenige Dinge, die ich wirklich sehr ernst nehmen würde;
- würde ich mehr Risiko eingehen;
- würde ich mehr reisen;
- würde ich mehr Berge besteigen, mehr Flüsse durchschwimmen;
- würde ich mehr Sonnenuntergänge betrachten;
- würde ich mehr Eis und weniger Salat essen;

- hätte ich mehr echte Probleme und weniger eingebildete.

- Sehen Sie, ich bin einer dieser Menschen,
 die immer vorausschauend und vernünftig lebten,
 Stunde um Stunde, Tag für Tag.

- Oh ja, es gab schöne Momente,
 und wenn ich noch einmal leben dürfte, hätte ich mehr davon.

- Ich würde eigentlich nur noch welche haben.

- Nur schöne, einen nach dem anderen.

- Wenn ich mein Leben noch einmal leben dürfte,
 würde ich bei den ersten Frühlingsstrahlen barfuß gehen
 und vor dem Spätherbst nicht damit aufhören.

- Ich würde vieles einfach schwänzen.

- Ich würde mehr Achterbahn fahren.«

Diese Geschichte, entdeckt in einer Anzeige von *Harley-Davidson*, die im *manager magazin* (6/98) stand, brachte mich wirklich zum Nachdenken: Natürlich ist es eminent wichtig, dass wir uns Gedanken um die Zukunft machen. Es ist für jeden Erfolgreichen eine Selbstverständlichkeit, dass er sich Ziele setzt, Pläne schmiedet, Strategien für die Zukunft entwirft. Und dennoch: **Wir leben heute!** Was *Harley-Davidson* mit diesem Text ausdrücken wollte, ist problemlos nachzuvollziehen: Jeden Tag sollte man möglichst viele Dinge tun, die uns Spaß machen und Befriedigung geben (und natürlich möglichst viel *Harley* fahren). Wenn wir solchen Dingen nicht nachgeben, dann ist es vielleicht irgendwann zu spät.

Wer sich immer nur auf seine Ziele konzentriert, ohne auch den Weg dorthin zu genießen, an dem zieht das Leben vorbei. Wann möchtest Du glücklich sein? Wenn … ja, wenn Du ein bestimmtes Ziel erreicht hast? Falsch! Das Ziel gibt Dir die Richtung vor, aber das Glück findest Du auf dem Weg dorthin. Das ist wie bei einem Golfspieler: Wer nur dann glücklich ist, wenn er einlocht, aber auf dem Weg von Schlag zu Schlag vor sich hin schimpft, der wird niemals Spaß beim Golfspielen erleben. So verhält es sich auch mit unseren Zielen: Wer nur dann glücklich ist, wenn er das Ziel erreicht, ist glücklich für eine Sekunde – und vielleicht jahrelang unglücklich, dann nämlich, als er sich auf dem Weg dorthin befand. Wann ist also der beste Zeitpunkt, um glücklich zu sein? Jetzt ist der beste Zeitpunkt, um glücklich zu sein! Hier und jetzt!

Wenn nicht jetzt, wann dann?

Eines meiner Lieblingszitate stammt von Alfred D'Souza: »**Lange Zeit sah es so aus, als würde das Leben endlich beginnen – das wirkliche Leben. Aber es gab immer ein Hindernis, etwas, was noch erledigt, noch abgeschlossen werden musste, eine Schuld, die noch zu begleichen war. Dann würde das Leben beginnen. Schließlich wurde mir klar, dass diese Hindernisse mein Leben ausmachten.**«

Viele von uns müssen wieder lernen, die schönen Dinge des Lebens zu genießen, Spaß an unserem Dasein zu haben – ungeachtet der negativen Dinge, die natürlich auch passieren. Doch hat vielleicht nicht alles, was passiert, einen höheren Sinn. Wenn Du einmal über Dein Leben nachdenkst und Dir alle Höhepunkte und Tiefschläge Deines Lebens noch einmal bewusst machst, dann wirst Du möglicherweise feststellen, dass es gerade die Tiefschläge Deines Lebens waren, welche Dich in Deiner Entwicklung weitergebracht haben.

Von dem berühmten österreichischen Maler und Grafiker Friedensreich Hundertwasser habe ich einmal ein kleines Bild erhalten, auf dem folgende Aufschritt zu lesen ist: »**Each raindrop is a kiss from heaven.**« Ist das nicht eine wunderschöne Quintessenz dessen, wovon in diesem Kapitel die Rede ist? Die Welt ist nun einmal nicht einseitig. Sie ist polar. Es gibt immer zwei Seiten einer Sache. Auf Tag folgt Nacht – aber auf die Nacht folgt auch wieder der helle Tag. Auf Sonnenschein folgt Regen – aber auf Regen folgt auch wieder Sonnenschein! Und: »**Ein Regenbogen kann nur entstehen, wenn Sonne und Regen zusammentreffen!**« Ohne Regentage wüssten wir die sonnigen Tage doch gar nicht schätzen – und in der Natur könnten die Früchte nicht wachsen und könnte die Ernte nicht eingefahren werden, wenn nur die Sonne schiene.

Ein ausschließlich glückliches, erfülltes Leben gibt es nicht. Ich habe jedenfalls noch keinen Menschen kennen gelernt, der keine Probleme hatte. Dagegen gibt es eine Menge Menschen, die ihre Probleme nicht kennen wollen. Wäre es denn wirklich erstrebenswert, wenn Du nur Sonnentage im Leben genießen könntest? Ich glaube nicht, denn erst die Polarität macht uns bewusst, wie schön das Leben auch sein kann. Du liebst warmes Wetter, Sonne und blauen Himmel? Die Menschen, die von Geburt an in Regionen leben, in der diese drei Dinge vorherrschen, etwa im südlichen Mittelmeerraum, schützen sich soweit wie nur möglich gegen die Sonne …

Das, was wir »böse« nennen,
ist nur die andere Seite des Guten.

Johann Wolfgang von Goethe

Sicherlich kennst Du das Sprichwort, das da lautet: »Alles hat zwei Seiten.« So verhält es sich auch mit dem Leben. Das Leben spielt sich nun einmal in Gegensätzen, Zwischenräumen und Übergängen ab. Wenn Du diese Gegebenheit nicht akzeptierst, dann wirst Du niemals gänzlich glücklich sein können. Bist Du dagegen bereit, die Polarität des Lebens zu akzeptieren, dann werden Dir auch die Schatten des Lebens nichts anhaben können, weil das Licht nicht weit entfernt sein kann, da es ohne Licht auch keinen Schatten gibt. Der Dalai Lama hat einmal gesagt: »**Manchmal geschehen schlimme Dinge – schenke ihnen einfach keine Aufmerksamkeit!**« Im Grunde gebe ich ihm Recht. Zum Leben gehören sie nun einmal, die schlimmen Dinge. Man sollte sie akzeptieren, dass es sie gibt, man sollte sie als gegeben hinnehmen, sollte sich auch durchaus mit ihnen auseinandersetzen, aber man sollte nicht den Fehler machen, an ihnen festzuhalten.

Dieses Kapitel wird bestimmt wieder einige Kritiker auf den Plan rufen – wie beispielsweise den Psychotherapeuten Günter Scheich, der das Buch *Positives Denken macht krank* geschrieben hat. Ist der Titel nicht herrlich? Das würde ja im Umkehrschluss bedeuten, negatives Denken mache gesund! Während die Medizin mehr und mehr dabei ist, die Zusammenhänge des geistigen Einflusses auf unseren Körper zu erforschen, gibt es gleichzeitig auch immer mehr Kritiker, die mit ungeheurem Elan die Botschaft verbreiten, positives Denken wirke sich negativ aus. Das ist nicht nur aus meiner Sicht absoluter Unsinn! Schon Buddha erkannte vor mehr als 2500 Jahren: »Herrschaft über das Denken gibt Macht über Leib und Leben.« Man will natürlich niemandem das Recht auf freie Meinungsäußerung absprechen. Wenn man jedoch liest, was die Kritiker des positiven Denkens so von sich geben, könnte man fast zu dem Schluss gelangen, positiv denkende Menschen gehörten hinter Gittern …

Wenn ich beispielsweise in einer Talkshow zu Gast bin, werden auch gern so genannte »Experten« zu solch einer Gesprächsrunde eingeladen. Meist handelt es sich dabei um Diplompsychologen oder Psychotherapeuten. Viele Psychologen gingen schon immer dagegen an, dass Menschen ihr Leben selbst in die Hand nehmen und somit Macht über sich gewinnen. Diese Haltung verstärkt sich in der letzten Zeit zusehends. Der mündige Leser sollte einmal darüber nachdenken, was es für Psychologen und Psychotherapeuten bedeuten würde, wenn immer mehr Menschen ihr Leben in die eigene Hand nähmen, sich optimistisch Ziele setzten, ihr Selbstbewusstsein aufbauten und letztlich erfolgreich wären. Die Folge wäre: **Die Hilfe dieser »Experten« würde immer weniger benötigt …**

Bei solchen Gesprächsrunden wird natürlich gern die offizielle wissenschaftliche Lehrmeinung bemüht. Da sich jedoch positives Denken wie Erfolgssystematik erst in den letzten Jahrzehnten so richtig entwickelt haben (gab es vor zweihundert Jahren vielleicht jährlich fünf Veröffentlichungen zum Thema Erfolg, vor hundert Jahren vielleicht fünf pro Woche, so sind es heute jährlich zigtausend), kann es natürlich noch nicht so viele Untersuchungen geben, die hinsichtlich dieser Bereiche jene fundierte Aussagekraft besitzen, welche wissenschaftlichen Ansprüchen genügen. Ist das vielleicht deswegen so, weil besagte Bereiche nicht so recht ins Weltbild der Wissenschaft passen? Wie erinnern uns nämlich: Einst galt auch die offizielle Lehrmeinung, die Erde sei flach wie eine Scheibe und der Mittelpunkt des gesamten Universums. Dennoch werden in der letzten Zeit häufiger wissenschaftliche Untersuchungen und Studien zum Thema »Positive Grundeinstellung« durchgeführt. Hier eine kleine Auswahl:

- Das Ergebnis einer Studie der University of Pittsburgh (USA) ergab, dass positives Denken den Blutdruck senkt. Wer dagegen an jeder Ecke Gefahren wittert, bei alltäglichen Konflikten mit dem Schlimmsten rechnet und grüblerisch, negativ durchs Leben geht, der sorgt durch seine Einstellung dafür, dass sein Blutdruck ansteigt – und damit auch die Infarktgefahr für ihn.

- Ebenfalls in den USA wurde ein Langzeitstudie zum Thema »Optimismus und Pessimismus« durchgeführt. Die Studie, bei der 1528 Volksschüler involviert waren, hatte eine Zeitdauer von 70 Jahren. Ergebnis: Pessimisten erwarten hauptsächlich Negatives von der Zukunft, erweisen sich als unfähig, Probleme zu lösen, und neigen zu gefährlichen, riskanten Entscheidungen. Eine der wesentlichen Folgen: Die Pessimisten unter den Probanden hatten gegenüber den Optimisten eine wesentlich höhere Selbstmordgefahr und ein stark gesteigertes Unfallrisiko.

- Die Universität von Los Angeles schließlich nahm eine Studie an 90 Jura-Studenten vor. Dabei zeigte sich, dass der Glaube tatsächlich nicht nur Berge versetzt, sondern auch das Immunsystem schützt. Die Untersuchung ergab, dass diejenigen, die an sich selbst glauben, also **Optimisten,** rund 13 Prozent mehr Immunzellen im Körper hatten als jene ihrer Kollegen, die eine pessimistische Grundeinstellung an den Tag legten. Optimismus sorgt also dafür, dass wir gesünder bleiben.

Dr. Martin Seligman, Professor an der University of Pennsylvania, der wohl bekannteste US-Psychologe *(Pessimisten küsst man nicht),* hat es sich zu seiner Lebensaufgabe gemacht, die Zusammenhänge von positivem und negativem Denken zu untersuchen. Aufgrund seiner über viele Jahrzehnte durchgeführten Forschungen kommt er zu dem Schluss, dass sich Optimismus vor allem dann bewährt, wenn man sich in einer schwierigen Phase seines Lebens befindet. Es ist nun einmal so: **Jeder** Mensch, ob nun Optimist oder Pessimist, ist immer wieder schwierigen Situationen ausgesetzt. Optimisten, so Seligman, suchten nach Auswegen und Lösungen, während der Pessimist erstarre und unflexibel sei.

Vor Jahren befand ich mich einmal in einer Talkshow, als der Moderator mit einem besonders gemeinen Trick beweisen wollte, dass positiven Denken nichts bringe. Nachdem ich erzählt hatte, dass ich 14 Tage auf Seminartournee gewesen sei, fragte er mich, ob denn jetzt mein Schreibtisch nicht mit Arbeit überfüllt sei, wenn ich heimkäme. Ich bejahte dies. Er bat mich dann, ich möge mich dann morgen einmal vor den Schreibtisch stellen, meine Augen schließen und positiv denken: »Der Schreibtisch ist leer, der Schreibtisch ist leer, der Schreibtisch ist vollkommen leer.« Danach solle ich die Augen wieder öffnen. Schließlich fragte er mich mit hämischem Grinsen, ob sich dann wohl etwas verändert hätte. Ich verneinte dies. Jetzt triumphierte er: Dies sei der Beweis, dass positives Denken eben nichts bringe, ganz im Gegenteil, mitunter noch Frust ausbreche, weil nicht das, was jemand gewollt hätte, eingetroffen sei (in diesem Fall ein leerer Schreibtisch). Ich musste wirklich an mich halten, um nicht lauthals loszulachen …

Wer positives Denken gleichsetzt mit dem, was jener neunmalkluge Moderator darunter versteht, der hat sich mit diesem Thema bisher nur oberflächlich beschäftigt. Allerdings muss ich zugeben: Es gibt – leider – immer noch Spezies, die positives Denken so oder ähnlich praktizieren oder gar lehren. Aber diese Art hat mit positivem Denken absolut nichts zu tun, ist allenfalls veraltet, gehört verstaut in die Mottenkiste. Wer von einem Seminar über positives Denken nach Hause kommt, die Augen schließt und »positiv« denkt: »Mir geht es gut, mir geht es prima, mein Geldbeutel ist voll, ich bin reich, ich bin schön, ich bin sexy!« und dann die Augen öffnet und feststellt, dass sein 17 Jahre alter Golf immer noch rostet (weil er ihn nicht gepflegt hat), dass seine Blumen immer noch die Köpfe hängen lassen (weil er sie nicht gegossen hat), dass sein Geldbeutel immer noch leer ist (weil er einfach nicht ins Handeln kommt) und dass er keine Schönheit erblickt, wenn er in den Spiegel schaut … solch ein Zeitgenosse braucht sich nicht zu wundern, wenn sein Denken nichts Positives bewirkt. Solch ein Denken hat mit positivem Denken nichts gemein, sondern ist schlicht und einfach »rosaroter Schwachsinn«.

Positives Denken muss immer im positiven Handeln enden!

Positives Denken, vollkommen falsch verstanden, kann durchaus gefährlich sein. Das erinnert mich übrigens an folgenden Witz: Ein Mann fällt aus Versehen aus dem 100. Stock eines Wolkenkratzers. Als er so nach unten saust, schauen ihm seine Freunde entsetzt hinterher. Er fällt und fällt – und fliegt irgendwann auch an den Fenstern des fünften Stockwerks vorbei. Dort sitzt eine Familie beim Mittagessen und schaut ihn konsterniert an. Daraufhin ruft er ihnen fröhlich lächelnd zu: »Schaut doch nicht so bedrückt, bisher ging doch alles gut, oder ...«

Helmut Markwort, Chefredakteur des *Focus,* schrieb einmal in einem seiner Editorials, dass er im Ausland oft darauf angesprochen werde, warum so viele Deutsche pessimistisch, muffelig und griesgrämig seien. Er schrieb weiter, dass er dann eigentlich betrübt sei und sage, dies sei übertrieben, denn viele Deutsche seien durchaus positiv.

Der geistige Kopf des angesehenen Magazins wollte wohl nicht zugeben, dass in Deutschland gute Laune vielen Menschen regelrecht verdächtig ist. Ganz schlimm wird es jedoch, wenn jemand optimistisch und gleichzeitig auch noch erfolgreich ist. Anders beispielsweise in den USA: Menschen mit solch einem Habitus werden dort als Vorbild angesehen, dem nachgeeifert wird. Doch ganz schlimm wird es hierzulande, wenn jemand neben seinem Optimismus und seinem Erfolg gleichzeitig noch jung an Jahren ist. Es kann dann einfach nicht sein, was nicht sein darf! Teilweise ist es schon schlimm, mitunter gar pervers, wenn sich Menschen bei einer Begegnung einen »frohen Tag« wünschen, dabei jedoch Gesichter ziehen, als wenn sie sich gegenseitig gleich anfallen würden. Wir wünschen uns auch »fröhliche Ostern«, auch »fröhliche Weihnachten« – aber bei diesem »Grußwort« drückt die Mimik des jeweils Grüßenden nicht selten aus, dass er schon im Voraus, sozusagen rein prophylaktisch, darauf neidisch ist, dass der andere ja etwas schönere Feiertage verbringen könnte …

Für den Pessimisten ist das Glas halb leer, für den Optimisten ist es halb voll. Wer kennt ihn nicht, diesen Ausspruch? Doch was ist mit dem Realisten? Der hat sich bereits eine halbe Stunde zuvor verflüchtigt, da er absolut keine Lust darauf verspürte, das irgendwann leere Glas spülen zu müssen …

Wenn wir in einem philosophischen Wörterbuch unter dem Stichwort »Pessimisten« nachschauen, dann werden wir dort in der Regel Folgendes finden: »**Pessimismus ist die Weltanschauung, die Dinge von einer negativen Seite betrachtet.**« Pessimismus ist also weitaus mehr als nur eine Denkweise – es ist eine **Weltanschauung!** Der Pessimist sieht die Welt also durchaus nicht so, wie sie ist, nein, er sieht sie mit seinen eigenen negativen Augen, seinem negativen Filter. Während in Deutschland Depressionen und Melancholie, Missgunst und Neid voll gepflegt werden, ist es verpönt, optimistisch und positiv zu sein. Natürlich werden jetzt einige einwenden, dass es doch eine Menge negativer Dinge auf dieser Welt gibt. Es gibt immer noch Kriege, es gibt immer noch Armut, es gibt immer noch vor Hunger sterbende Kinder, es gibt unheilbare Krankheiten, es gibt Kindermissbrauch usw. Ja, all das gibt es. Doch ändert Mitleid, ändert negatives Denken etwas an diesen Zuständen? Wohl kaum! Verändern an solch negativen Umständen hin zum Positiven wird letztlich nur derjenige etwas, der mit Optimismus, mit einer positiven Grundeinstellung die Dinge anpackt und ins Handeln kommt …

Neben Neid und Missgunst ist hierzulande auch die Angst vor der Zukunft weit verbreitet. So haben viele Menschen Angst vor dem neuen Jahrtausend, Angst um ihren Arbeitsplatz, Angst auch davor, ob sie in dieser schnelllebigen Zeit mit ihrem Unternehmen erfolgreich sein können. Dabei sind die Aussichten für die Zukunft durchaus viel versprechend. Um wie viel schöner ist doch unsere heutige Welt als jene, die noch vor hundert Jahren existierte! So ist dank der Entwicklung im Agrarbereich der Prozentsatz derjenigen Menschen, die heute hungrig zu Bett gehen müssen, ungleich geringer als in der damaligen Zeit. Und vor rund zweihundert Jahren gab es nur wenige, weil privilegierte Menschen, die Zugang zur Bildung hatten, also lesen, schreiben und rechnen konnten. Heute sinkt dagegen die Zahl der Analphabeten auf dieser Welt kontinuierlich. Ist das kein Fortschritt? Ja, es gibt Hunger, Krieg, Unterdrückung, doch wie sah es im 19. Jahrhundert in weiten Teilen der Welt mit der Achtung vor der Würde des Menschen aus, von dem puren Zynismus der Nationalsozialisten ganz zu schweigen! Auch in der Medizin ist der Fortschritt spürbar. So wurden die Pocken weltweit ausgerottet, die Lepra nahezu und die Tuberkulose – jene landläufig so genannte Schwindsucht führte noch vor rund hundert Jahren unweigerlich zum Tod – ist heute in weit über 90 Prozent der Fälle absolut heilbar. Dann: Vor nicht einmal 60 Jahren starben die Menschen an teilweise kleinsten Verletzungen und gegen eine seinerzeit oftmals tödlich verlaufende Lungenentzündung setzen die Mediziner heute das Penicillin ein! Und es ist noch gar nicht so lange her, da mussten viele Frauen im Wochenbett sterben, einfach nur, weil sich die Ärzte vor der Geburt nicht die Hände wuschen …

Wie lange ist es her, dass unsere Vorfahren in vollkommener Dunkelheit lebten – heute sind die Innenstädte in vielen Teilen der westlichen Welt des Nachts taghell erleuchtet. Wie lange ist es her, dass Briefe monatelang unterwegs waren – heute erreicht unsere E-Mail-Nachricht den Empfänger in Sekunden, kommunizieren wir mit unserem Handy von jedem Punkt der Erde aus. Wie lange ist es her, dass man tagelang mit dem Schiff von der Alten in die Neue Welt unterwegs war – heute fliegt man mit der *Concorde* in drei Stunden von Paris bis New York.

Und es wird auch – da bin ich mir sicher – irgendwann geschehen, dass die Wissenschaft Methoden entdeckt hat, um den Krebs zu besiegen, um Aids wirkungsvoll bekämpfen zu können, dass alle Menschen ausreichend Nahrungsmittel haben, dass das Analphabetentum gegen Null zurückgegangen ist, dass Kriege unter Völkern nicht mehr stattfinden, dass der weitaus größte Teil der Menschen in Demokratie und Freiheit lebt. Und es wird auch geschehen, dass heute noch arme Länder vom Fortschritt profitieren und eine gesteigerte Lebensqualität besitzen …

Du siehst, ich bin ein unerschütterlicher Optimist. Einige werden mir zwar blauäugiges Denken vorwerfen, aber ich glaube daran, dass das neue Jahrtausend ein fantastisches Jahrtausend wird. Natürlich gibt es eine Menge Probleme, aber ich bin fest davon überzeugt, dass wir sie lösen werden. ➜ SIEHE AUCH DIE AUFGABEN NR. 25–28 DES ARBEITSHEFTES.

Von dem amerikanischen Erfolgstrainer Brian Tracy (den ich übrigens sehr schätze) stammt die Empfehlung, man solle zu einem umgekehrten Paranoiker werden: Der »normale« Paranoiker glaubt, dass die ganze Welt gegen ihn ist. Der »umgekehrte« Paranoiker hingegen glaubt, dass die ganze Welt für ihn ist, alles für ihn macht, ihm immer nur Gutes will.

Werde zu einem »umgekehrten« Paranoiker!

Wer negativ denkt, ist mental krank, wer positiv denkt, ist mental gesund. Warum ist es so wichtig, positiv zu denken? Weil dadurch das **Gesetz der Substitution** zum Tragen kommt. Und dieses Gesetz lautet folgendermaßen: **Du kannst in einer Situation immer nur an eine Sache gleichzeitig denken!** Wer also positiv denkt, kann nicht gleichzeitig auch negativ denken. Und wer positiv denkt, erhält automatisch eine Menge positive Energie. Und wer eine Menge positive Energie besitzt, der kann sehr oft positiv handeln. Und wer sehr oft positiv handelt, der wird letztendlich positive Resultate erzielen! Unser Gehirn ist darauf angelegt, immer nur an eine Sache gleichzeitig denken zu können. Und darum: Wenn Du den Fokus Deiner Aufmerksamkeit auf Positives lenkst, kannst Du nicht gleichzeitig an Negatives denken. Was Du aber denkst, das wirst Du letztendlich sein. Denn dadurch kommt das »**Wie innen, so außen**«-**Gesetz** zum Tragen: So, wie Du **innen** denkst, so wirst Du **außen** die entsprechende Materie anziehen. Alles, was Du »**innerlich**« denkst, das wird sich »**äußerlich**« manifestieren.

In diesem Zusammenhang noch ein Wort zum Jammern. Jammern muss natürlich auch einen Vorteil haben, denn wenn es keinen Vorteil hätte, dann würden nicht so viele Menschen in Klagen verfallen. Welchen Vorteil bringt es also, wenn es einem schlecht geht, wenn man Misserfolg hat? Der Vorteil: **Mitleid!** Mitleid ist nämlich auch eine Form von Aufmerksamkeit. Da manche Menschen wenig Anerkennung bekommen, ist ihnen jedes Mittel recht, um überhaupt Aufmerksamkeit auf ihre Person zu lenken – und da kommt das Mitleid durchaus recht. Bleibt als Quintessenz die Frage: Möchtest Du ein Mensch sein, der durch Mitleid Anerkennung bekommt, oder möchtest Du ein Mensch sein, der aufgrund seiner Erfolge Anerkennung bekommt?

**Wer jammert, hat einen Vorteil:
Er ist nie allein!**

Studien haben übrigens ergeben, dass die privaten Unterhaltungen zwischen jenen Menschen, die das vierzigste Lebensjahr hinter sich haben, zu 54 Prozent mit dem Thema Krankheit zu tun haben. Sprechen wir doch mal offen:

Wenn die Menschen das Klagen wie das Jammern aus ihrer tagtäglichen Kommunikation verbannen würden, dann bliebe wenig übrig …

Hier einige Beispiele zum Nachdenken:

- Das Institut für Demoskopie in Allensbach am Bodensee hat festgestellt, dass seit 1960 die Zahl der Glücklichen ziemlich konstant geblieben ist: Circa 30 Prozent der Deutschen fühlen sich glücklich. Das bedeutet im Umkehrschluss: Etwa 70 Prozent sind unglücklich!

- Und im Herbst 1999 gab es Umfragen bei den Unternehmern und Unternehmen für das kommende Jahr 2000. Man wollte wissen, ob denn die Führungskräfte in der deutschen Wirtschaft optimistischer oder pessimistischer in die Zukunft schauen würden. Das Ergebnis: Rund 37 Prozent der Manager gaben an, optimistischer in das nächste Jahr zu gehen. Das Ergebnis wurde bejubelt, da es doch eine Verbesserung zum Vorjahr war. Doch sollte das Ergebnis eher zum Heulen Anlass geben! Denn es bedeutet: Nur ein gutes Drittel schaut optimistischer in die Zukunft – zwei Drittel dagegen nicht!

- Amerikanische Verhaltensforscher haben herausgefunden, dass Kinder dreimal mehr lachen als Erwachsene. Gleichzeitig haben sie festgestellt, dass Gesundheitsprobleme durch Fröhlichkeit positiv beeinflusst werden.

Wenn wir fröhlich sind und lachen, **brennen wir regelrecht ein Feuerwerk an »Freude und Glückshormonen« ab.**

Jeder Tag, an dem wir nicht lachen, ist ein verlorener Tag!

Charly Chaplin

Warum lachen wir so wenig? Warum brauchen gerade wir Deutsche eigentlich immer besondere Anlässe (Karneval, Partys, Silvester), um fröhlich zu sein? In meinen Seminaren beispielsweise lege ich sehr viel Wert auf Fröhlichkeit. Ich mache Witze, fordere die Leute zum Mitmachen auf, und einmal pro Stunde machen wir gemeinsam eine fröhliche fünfminütige Bewegungspause. Die Teilnehmer sind von dieser Form nicht nur begeistert, nein, sie können selbst an zwölfstündigen Intensiv-Seminaren hochkonzentriert teilnehmen. Das scheint sich herumzusprechen – und hier und da auf wenig Verständnis zu stoßen. Da gibt es nämlich einige Kritiker, denen dann nichts anderes einfällt, um an meinen Seminaren herumzumäkeln … sie seien »banal«, wiesen zu viel Entertainment auf, seien nicht ernst genug. Diese Zeitgenossen müssen es ja wissen, haben doch die meisten von ihnen noch niemals an einem meiner Seminare teilgenommen. Ja, Donnerwetter noch mal: **Muss denn das Lernen immer mit Anstrengung verbunden sein?** Vielleicht glauben wir das, weil wir so erzogen worden sind. Wie war es denn, als wir acht Jahre alt waren, im Kinderzimmer unsere Hausaufgaben machten und dabei fröhlich ein Lied sangen? Hat dann die Mutter vielleicht aus dem Wohnzimmer gerufen: »Warum singst du? Ich denke, Du machst Hausaufgaben?!« Gleich kam von unserer Seite ein beflissenes »Ja« – und dann haben wir unsere Fröhlichkeit eingestellt und damit die Erkenntnis erhalten: Dienst ist Dienst und Schnaps ist Schnaps! Dabei machte der Dienst zuvor sehr viel mehr Spaß …

Freude und Spaß sind die Nahrung der Seele!

Auch wenn man mich für blauäugig halten mag, kann ich es nur wiederholen: **Denke positiv!** Jeder tritt für das ein, was er für richtig hält. Dieses Recht nehme ich auch für mich in Anspruch: Ich glaube an das Schöne dieser Welt, auch wenn das Negative natürlich existiert. Deshalb rate ich Dir nochmals eindringlich: **Denke positiv!**

Der Mensch bewegt sich immer auf das zu, was er haben möchte. Wenn Du positiv denkst, ein Ziel besitzt, dann wirst Du Dich darauf hin bewegen. Wenn Du dann auf dem Weg zu Deinem erklärten Ziel dieses Ziel auf einmal negativ siehst, dann solltest Du Deine Anstrengungen in diese Richtung sofort aufgeben, denn dann wirst Du Dein Ziel niemals erreichen, denn Dein Unterbewusstsein spielt dann nicht mehr mit und ist nicht in der Lage, den richtigen Weg zu Deinem einstmals gesteckten Ziel zu finden.

Da etwas Negatives den Weg nicht ebnen kann, solltest Du Dir deshalb weniger Gedanken darum machen, was Du alles nicht möchtest, was Dir nicht gefällt, was Du ablehnst, sondern: **Mache Dir Gedanken darüber, was Dir gefällt, was Du möchtest, was schön ist – und konzentriere Dich darauf!** Schon der römische Dichter Horaz erkannte: »**Carpe diem!**« Auch für Dich sollte gelten: **Nutze den Tag!** Dabei hilft auch, wie schon gesagt, tägliches Lachen, denn das Lachen ist eine Art Fitnesstraining für die Seele.

Wenn Du jetzt immer noch nicht davon überzeugt bist, dass eine optimistische positive Grundeinstellung zwar nicht alles ist, aber eben die Grundvoraussetzung für allen Erfolg, dann beantworte Dir bitte folgende Frage: Kennst Du einen **wirklich** erfolgreichen Menschen, der ein Pessimist ist?

Du wirst sehr schnell feststellen, dass Optimismus das Merkmal der erfolgreichen und Pessimismus das Merkmal der erfolglosen Menschen ist. Zwar gibt es, ich weiß, keine Regel ohne Ausnahme, aber hier geht es nicht um den berühmten Ausnahmefall, sondern um die überwiegende Mehrheit.

**Positives Denken bedeutet nicht,
dass keine negativen Gedanken mehr kommen,
sondern dass sie nicht bleiben!**

Und noch eine Frage: Wenn Du die Menschen Deiner Umgebung einmal vor deinem geistigen Auge erscheinen lässt und sie einordnest nach Pessimisten und Optimisten – mit welchen Zeitgenossen bist Du lieber zusammen? Und wer hat einen größeren Bekanntenkreis, wer ist beliebter? Sind es die Pessimisten oder die Optimisten? Pessimisten sind nun einmal Menschen, die von zwei Übeln beide wählen! Und während sie den Riss in der Hose beklagen, freut sich der Optimist über den Luftzug …

Wie schon mehrfach erwähnt, trainiere ich auch viele Spitzensportler. Ein Fußballtrainer, den ich sehr bewundere und der außergewöhnliche Erfolge erzielt hat (und sicherlich noch erzielen wird), ist Christoph Daum von Bayer Leverkusen. Ich habe ihn und seine Mannschaft mehrmals im Bereich Motivation und mentales Training coachen dürfen. Im Laufe einer Meisterschaftssaison finden allein 34 Bundesligaspiele statt (wozu noch, wie im Falle Bayer Leverkusen, etliche Spiele auf internationaler Ebene hinzukommen). Was glaubst Du, in welchem Wechselbad der Gefühle sich ein Trainer und seine Mannschaft dabei befinden? Einmal gewinnen sie einige Spiele, dann kommen zwei Niederlagen nacheinander – und schon geht das Geschrei bei den Fans los, »unterstützt« von der Kritik in den Medien. Wenn ein Erfolgstrainer wie Christoph Daum dabei keinen unerschütterlichen Optimismus hätte, dann könnte er diesen Beruf gar nicht ausüben. Und welche Trainer sind die erfolgreichen? Ganz einfach diejenigen, die ihre Mannschaft begeistern, mitreißen, motivieren können. Gewiss nicht diejenigen, die davor warnen, dass man absteigen könnte. Es sind immer diejenigen, die sagen: **Wir schaffen es!**

Schon vor mehr als eineinhalb Jahrtausenden erkannte der abendländische Kirchenvater Augustinus: **In Dir muss brennen, was Du in anderen entzünden willst.** Was brennt noch in Dir? Welches Feuer lodert noch? Oder ist es nur noch ein kleines Flämmchen? Wann hast Du das Wort Begeisterung das letzte Mal überhaupt in den Mund genommen? Kannst Du überhaupt noch begeistert sein? Kannst Du noch aus Dir herausgehen? Kannst Du noch übersprudeln vor Lebensfreude, wie das unsere Kinder noch tun? ➜ ARBEITSHEFT, AUFGABE NR. 32.

Solltest Du zu den Lesern gehören, die immer noch mehr dem Pessimismus anhängen, dann denk daran: **Wenn es Dir gut geht – mache Dir keine Sorgen, denn es geht vorbei!**

Wenn ich wüsste,
dass morgen die Welt unterginge,
würde ich heute
noch ein Apfelbäumchen pflanzen.

Martin Luther

Kapitel 7
Sei »ver-rückt«!

Der Verstand sagt uns, was möglich ist, aber nicht, was sein wird.

Jean Fourastié

Eines Tages kam ein junger Mann zu seinen Eltern und teilte ihnen mit, dass er sein Studium abbrechen wolle, um zusammen mit seinem Freund neuartige Computersoftwareprogramme zu produzieren. Die Eltern waren natürlich nicht sehr begeistert über diese Entscheidung, gaben ihrem Sohn aber 20000 US-Dollar Startkapital und ihre Garage als erstes »Firmengebäude«. Der junge Mann und sein Freund trugen Jeans, T-Shirts, hatten eine Menge Pickel – und sie hatten eine Vision: Eines Tages steht auf jedem Schreibtisch ein Computer (der natürlich mit ihren Programmen laufen sollte)! Bei diesem neuen Typ von Computer handelte es sich um die heute weltweit verbreiteten Personalcomputer. Das Weltunternehmen *IBM* verzichtete damals darauf, in die Entwicklung und Verbreitung jener Art Computer zu investieren, weil, so die Auffassung seines Managements, kein großer Markt für PCs entstehen würde. Nur wenige Jahre später hatte jedoch der PC-Absatz explosionsartige Ausmaße angenommen, so dass sich die *IBM*-Verantwortlichen gezwungen sahen, mit ihrem Unternehmen ebenfalls in dieses Geschäft einzusteigen. Anstatt aber ein eigenes Betriebssystem zu entwickeln, übernahmen sie – clever, wie sie waren – einfach das Betriebssystem dieser noch so jungen Firma und gaben ihr – geschäftstüchtig, wie sie waren – pro Betriebssystem ein paar (lächerliche) Dollar Lizenzgebühren. Im Gegenzug verpflichtete sich *IBM*, in jedem Rechner ausschließlich dieses Betriebssystem namens *MS-DOS* einzusetzen. Die *IBM*-Manager freuten sich seinerzeit – heute freut sich diese Firma namens *Microsoft* und ihr Mehrheitseigner Bill Gates, der reichste Mann der Welt!

Stell Dir einmal vor, Du wärst damals der Vater bzw. die Mutter von Bill Gates gewesen ... Dein Sohn kommt nach Hause und erzählt Dir, er habe sein Studium geschmissen, um ein Produkt zu entwickeln und zu verkaufen, das zum damaligen Zeitpunkt noch keiner kannte und, wie es schien, auch keiner brauchte. Verrückt? Natürlich! Und das ist das Credo dieses Kapitels:

Du musst lernen, wieder »ver-rückt« zu sein!

Nur fünf Prozent aller Menschen kann man zu den erfolgreichen zählen. 95 Prozent sind demzufolge nicht sonderlich erfolgreich (und tragen das ja auch nach außen). Diese 95 Prozent kann man auch bezeichnen als **die Masse.** Aus dem Physikunterricht wissen wir: Je größer eine Masse ist, desto träger ist sie! Jene Masse bewegt sich also träge vor sich hin und keiner muss sonderlich viel denken. An der Spitze der Masse gibt es einige wenige, die entscheiden, und die Übrigen trotten hinter der Spitze her, langsam, behäbig. Richtungsänderungen nimmt die Masse kaum wahr, denn eine große Masse kann nur langsam eine neue Richtung einschlagen.

Alle Individuen in dieser Masse denken und tun das Gleiche. Und weil sie das Gleiche tun, erzielen sie auch die gleichen Resultate – **nämlich nichts oder zumindest sehr wenig!** Nun gibt es zwei Möglichkeiten für Dich:

- Du machst das, was alle machen, um auch das Gleiche zu bekommen, was alle bekommen: **Nichts!**

- Du machst irgendetwas anderes, als es die breite Masse macht! **Damit hast Du die Chance, erfolgreich zu sein!**

Das, was alle tun, das, was die Masse tut, nennt man »normal«. Das bedeutet nichts anderes, als der Norm der Masse zu entsprechen. Doch bedenke: Das, was heute normal ist, war vielleicht vor kurzer Zeit noch anormal, und das, was heute anormal ist, wird morgen möglicherweise normal sein. Heute ist es normal, dass im Privatfernsehen bereits abends um 22 Uhr Paare beim Geschlechtsakt zu bewundern sind (wobei außer den Geschlechtsteilen alles zu sehen ist). Bei einer Talkshow hatte ich einmal das Vergnügen, Hildegard Knef kennen zu lernen. Sie erzählte, dass sie mehr als 20 Jahre lang Probleme damit hatte, weil sie in den fünfziger Jahren in einem Film einmal für zehn Sekunden nackt zu sehen war. Nackt zu sehen – verstehst Du? Das hat nichts gemein mit den Sexpraktiken, die heute einige Fernsehsender präsentieren (und die natürlich auch von zahlreichen Kindern gesehen werden). Aber das ist für viele Zeitgenossen ja mittlerweile ganz normal …

Wenn Du aber etwas anders machst als alle anderen, als die Masse, dann bist Du in deren Augen eben **»a-norm-al«.** Vielleicht behauptet sie auch, Du seiest **»ver-rückt«.** Da hat sie ja auch recht, die Masse: **Du bist »ver-rückt« von der Masse, denn Du machst ja etwas vollkommen anders!**

Was also tust Du jetzt? Willst Du so sein wie der Großteil der anderen, willst Du nicht anecken, willst Du normal sein? Dann wirst Du auch das gleiche Ergebnis erzielen wie jener Großteil: Nichts!

Wenn Du Dich aber entschließt, irgendwelche Dinge anders zu machen, ungewöhnlich zu sein, außergewöhnlich, unvernünftig, dann musst Du doch zugeben, dass man Dich zu Recht als »**ver-rückt**« bezeichnet, oder? – Bemerkung am Rande: Wenn Du mich irgendwann bei einem Seminar persönlich kennen lernen solltest, dann sage bitte nicht, ich sei vollkommen normal, also so, wie die meisten anderen – ich würde das als Beleidigung auffassen …

Wenn Du jedoch bereit bist, »**ver-rückt**« zu sein, dann mache Dich auf folgende vier Phasen gefasst, die alle erfolgreichen Menschen (zu denen Du ja auch gehören willst) durchleben …

1. PHASE

Du machst etwas anders – und Du wirst dafür ausgelacht. Sie werden sich lächerlich machen über Dich und Dich nicht sonderlich groß beachten.

2. PHASE

Du hast durchgehalten und der erste Erfolg wird sichtbar: Nun wirst von denen beneidet, die nicht den Mut aufgebracht haben, etwas anderes zu sein oder etwas anderes zu tun. Gerade in Deutschland wirst Du sehr schnell jene 2. Phase erleben …

3. PHASE

Du hast wider allen Neides durchgehalten und hast Dich mit Deiner Idee etabliert. Nun wirst Du nicht mehr beneidet, denn das reicht jetzt nicht mehr aus: Du wirst nun **bekämpft!** Der Grund: **Es kann nicht sein, was nicht sein darf!** Wenn sie Dich nicht bekämpfen würden, dann müssten sie sich ja fragen: »Warum habe ich, obwohl ich die gleiche Chancen gehabt hätte, diese Idee nicht umgesetzt?«

Unbeirrt bist Du Deinen Weg gegangen, hast durchgehalten und gehörst jetzt zu den Besten in deinem Bereich: Jetzt kommen die Gleichen, die Dich ausgelacht haben, die Dich beneidet haben, die Dich bekämpft haben, klopfen Dir auf die Schulter und beglückwünschen Dich zu deinem Erfolg (und vergessen dabei nicht zu erwähnen, dass **sie** immer an Dich geglaubt hätten und Du Dich doch bitte bei Gelegenheit an sie erinnern solltest …).

Du musst »ver-rückt« sein!

Warum? Damit Du bei der Geschwindigkeit, mit der sich die Welt derzeit verändert, reale Chancen hast, Dein Überleben zu sichern. Wie schnell ein Unternehmen, eine Firma, ein Geschäft »gestorben« sein kann, mögen die folgenden wenigen Beispiele aufzeigen …

- *Reisebüros.* Von den heute existierenden Reisebüros werden in zehn Jahren 50 Prozent pleite sein, sofern sie noch das Gleiche machen wie heute. Viele ihrer potenziellen Kunden klicken sich bereits jetzt ins Internet ein, wählen sich dort ihre Urlaubsziele aus und buchen die Reise selbst ein. Sie müssen so nicht mehrmals ihr Reisebüro aufsuchen, etliche Kataloge schleppen, um dann dabei zu sein, wie ein Angestellter des Reisebüros lediglich die Reise entgegennimmt und die Buchung in den Computer eingibt. Das kann jeder selbst – und spart dabei noch ein paar Prozente!

- *Buchhandlungen.* Auch die Hälfte der heute existierenden Buchhandlungen werden in zehn Jahren pleite sein, vorausgesetzt, sie haben in der Zwischenzeit nichts Wesentliches verändert (und Buchhändler haben die letzten Jahrzehnte so gut wie nichts verändert ...). Mittlerweile klicken sich Millionen Menschen auf aller Welt ins Internet ein, um sich dort bequem über ihre Bucheinkäufe zu informieren, ihre Adresse einzugeben – um 24 Stunden später ihr Buch in Händen zu halten. Warum Zeit opfern und in einen Buchladen gehen? Sicherlich nur dann, wenn der Buchladen zu einer vollkommen neuen Welt umgestaltet worden ist ... Sollte es nur noch darum gehen, ein Buch auszuwählen, werden wir das im Zeit und Kosten sparenden Internet tun. Lediglich dann, wenn wir etwas erleben können, wenn uns ein ungewöhnlicher Service im Buchladen erwartet – lediglich dann werden wir eine Buchhandlung auch in zehn Jahren besuchen!

- *Autohändler.* Schon heute bestellen viele Internet-Benutzer in den Vereinigten Staaten ihre neuen PKWs übers Internet. Auch diese Entwicklung wird über uns hereinbrechen. Wer sagt uns denn nicht, dass die Hersteller eines Tages einige Zentren haben werden, die genügend Wagen für Probefahrten bereitstellen – und ihre Autos dann selbst übers Internet verkaufen?

Will ich Dir mit diesen Beispielen (von denen ich Hunderte anfügen könnte) Angst machen? Ja! Denn ich möchte, dass Du ab sofort »**ver-rückt**« bist! Gehe neue Wege, gehe ungewöhnliche Wege!

**Wir leben in ungewöhnlichen Zeiten.
Und die verlangen nach
ungewöhnlichen Mitteln und Wegen!**

Während früher neue Produkte Jahre, teilweise sogar Jahrzehnte benötigten, um entwickelt zu werden und zur Produktion zu reifen, so dauert dieser Prozess heute nur noch wenige Jahre, teilweise Monate, ja mitunter nur noch Tage! Wer hier nicht »**ver-rückt**« ist, nicht flexibel ist, der geht unter. Wäre beispielsweise jemand 1985 ein erfolgreicher Plattenproduzent gewesen, dann hätte er sicherlich zum Kreis der Millionäre gezählt. Aber hätte er auch weiterhin das Gleiche gemacht, was wäre dann nach einigen Jahren geschehen? Richtig! Er wäre pleite gewesen! Heute sind CDs der Renner in den Verkaufsregalen! Hier drängt sich natürlich die Frage auf, wann die CDs vom gleichen Schicksal ereilt werden wie einst die Schallplatten – deren Produzenten noch vor über einem Jahrzehnt weltweit einen Umsatz von zig Milliarden erzielten!

Ein Hoch auf die Verrückten, Außenseiter,
Rebellen, Unruhestifter und Querköpfe –
auf die Menschen, die die Dinge anders sehen!
Sie pfeifen auf Vorschriften
und sie haben keinen Respekt vor dem Status quo.
Man kann sie zitieren,
ihnen widersprechen, sie verherrlichen, verleumden.
Nur ignorieren kann man sie nicht,
denn sie verändern die Welt
und treiben die Menschheit voran.

Diese Sätze stammen ursprünglich aus der Werbekampagne »Think different« von *Apple* Computer. Ich habe sie dem Vorwort des Buches *Gesetze für Revolutionäre* von Guy Kawasaki entnommen, einem erfrischenden, herrlichen, ungewöhnlichen, verrückten Buch! Natürlich wird man Dich kritisieren, Dich auslachen, wenn Du ungewöhnliche, neue Wege gehst. Doch was interessiert es Dich? Schon Goethe erkannte: »Was nicht umstritten ist, ist auch nicht sonderlich interessant!« Mach es einfach wie der berühmte amerikanische Präsident Abraham Lincoln: Er ignorierte Kritik vollkommen. 1865 sagte er in einer Ansprache, dass er es sich zur Regel gemacht habe, Berichte über ihn, in denen er angegriffen werde, einfach nicht zu lesen. Er wolle sich nicht durch etwas provozieren lassen, auf das er nicht angemessen reagieren könne. Lass also die Spötter, die Lacher, die Kritiker tun, was sie tun wollen – und gehe Deinen Weg! Was glaubst Du, was ich ausgelacht, kritisiert (und auch beneidet) worden bin, als ich die Vision veröffentlichte, im Jahr 2000 vor 15 000 Menschen in der Dortmunder Westfalenhalle ein Seminar abzuhalten! Der Tenor der Reaktionen war praktisch vorgegeben …

- Das ist unmöglich!

- Großveranstaltungen bringen doch nichts!

- Das hat es noch nie gegeben!

- Das geht vielleicht in Amerika, aber nicht in Deutschland!

Und was ist passiert? Am 5. Februar 2000 war die Dortmunder Westfalenhalle restlos ausverkauft!

Kritikern wurde noch nie ein Denkmal gesetzt.
Den Kritisierten dagegen schon oft!

Viele Menschen besagter **Masse** leben einfach ewig im Gestern. So schwärmen sie etwa davon, was sie vor 20, 30, 40, 50 Jahren für tolle Erfolge erzielt, was sie für Leistungen erbracht haben, wie sie bewundert, wie sie anerkannt waren. Und diese Menschen merken gar nicht, dass sie dadurch in der Vergangenheit leben, anstatt das Leben jetzt zu genießen und durch »ver-rückte« neue Ideen die Zukunft nach ihren Vorstellungen wunderbar und fantastisch zu gestalten.

Den größten Anteil innerhalb jener **Masse** nehmen Arbeiter und kleine Angestellte ein. Wenn diese Menschen ihren bisherigen Trott beibehalten, haben sie keine Zukunft. Machen wir uns doch nichts vor: Arbeiterjobs werden in den nächsten 20 Jahren mehr und mehr verschwinden. Das weiß jeder. Und wie steht es mit den Angestellten? Auch hier ist die Antwort einfach: Die zunehmende Technologie sowie der wachsende internationale Konkurrenzdruck werden dafür sorgen, dass auch in den kaufmännischen Bereichen Millionen von Menschen ihre Arbeitsstelle verlieren werden. Das allein ist nicht tragisch, aber tragisch ist: **Wenn sie dann nicht lernen, »ver-rückt« zu sein, oder sich weiterbilden oder etwas Ungewöhnliches tun, dann werden sie nicht nur ihre Stelle verlieren, sondern danach auch arbeitslos bleiben!**

In seiner Autobiografie »Du kannst es« beschreibt Ignacio López, der ebenso geniale wie umstrittene Manager in Sachen Automobile, eine einfache, aber wirkungsvolle, ja »ver-rückte« Idee: Der alte Zulieferer lieferte dem Automobilwerk Fußmatten, die aus grauen Fasern bestanden. Da es keine grauen Fasern in der Natur gibt, mussten sie eingefärbt werden. Und nun kam die ver-rückte Idee: Die Manager um López machten dem Zulieferer den Vorschlag, die Matten aus grauen und weißen Fasern zu fertigen, was dann letztendlich ein besseres graues Aussehen ergab als zuvor und darüber hinaus noch die Kosten erheblich senkte. Du wirst jetzt vielleicht fragen, was das Ganze denn schon bei ein paar Fußmatten ausmache. Eine Menge! Die Einsparungen entsprachen nämlich dem Jahresgehalt von 80 Mitarbeitern!

Ist es Zufall, wenn sich etliche erfolgreiche Menschen, wenn sich viele Genies darin einig sind, dass der Mut, einfach anders zu handeln, anders zu denken als alle anderen, eine der wesentlichsten Ursachen für Erfolg ist? Deshalb denke daran: Wenn Dir eine ungewöhnliche Idee kommt, dann schmettere sie nicht sofort ab mit negativen, destruktiven Gedanken wie: »Das klappt ja doch nicht!« oder: »Das geht nicht so einfach!« oder: »Ich habe nicht die Mittel dazu!«. Wenn Du in dem Moment, in dem Dir eine geniale Idee kommt, gleichzeitig damit anfängst, sie zu bewerten, ist sie bereits nicht mehr vorhanden. Das ist wie bei einem Brainstorming: Wenn bei einem Brainstorming innerhalb einer Gruppe von jemandem eine Idee vorgetragen wird und nur ein Einzelner ist dabei, der diese Idee abtut oder verwirft, abfällig oder negativ bewertet, dann ist diese Idee gestorben. Deshalb gibt es beim Brainstorming eine oberste Regel: **Alle** Ideen, die vorgetragen werden, sind aufzuschreiben! Die Bewertungsanalyse erfolgt erst später.

Es waren gerade die »ver-rücktesten« Ideen, aus denen oft die tollsten Sachen entstanden. Manchmal musst Du geradezu **»querdenken«,** um zu neuen Ergebnissen zu kommen. So dachten vor einigen Jahren mit Sicherheit einige quer, als sie ein Fahrrad bauten, das nicht nur auf den Straßen verwendet werden sollte, sondern vor allem dort, wo es keine Straßen gab – **geboren war das Mountainbike!** Ein anderer dachte quer, indem er die Frage aufwarf, warum eigentlich Schlittschuhlaufen nur im Winter möglich sein solle – es war die Geburtsstunde der **Inlineskates!** Und durch Anwendung der »kreativen Umkehrmethode« entwickelte sich schließlich aus dem Surfbrett – **das Snowboard.**

Nimm irgendetwas aus Deinem Tätigkeitsbereich heraus und frage Dich, ob und wie Du das nicht auch anders oder besser einsetzen bzw. lösen könntest. Denke dabei einfach an unsere Kinder, da sie uns in vielen Belangen um Längen voraus sind. Kinder sind noch, Gott sei Dank, »ver-rückt«. Sie spielen beispielsweise fröhlich im Regen, wobei sie jauchzend in Wasserpfützen springen und stapfen, während wir Erwachsenen – die natürlich meinen zu wissen, wie das Leben ist – uns oftmals so gar nicht mit Regenwetter anfreunden wollen. Kinder haben noch diese heitere Begeisterung und diese natürliche Spontaneität. **Hast Du beides noch?**

Kennst Du die Geschichte von »Des Kaisers neuen Kleidern«? Man hat den Untergebenen des Kaisers erzählt, dass sie verrückt seien, wenn sie die unsichtbaren Kleider des Kaisers nicht sehen würden. Also tun alle so, als hätte der Kaiser Kleider an. Der Einzige, der die Dinge so sieht, wie sie sind, ist ein kleiner Junge, und er ist der Einzige, der sich zu sagen traut, dass der Kaiser nackt ist. Vielleicht sind wir Erwachsenen viel zu kompliziert, viel zu tiefsinnig. Vielleicht können wir das Leben gar nicht mehr genießen, gerade weil wir so tiefsinnig sind. Vielleicht gehen uns die besten Chancen des Lebens flöten, weil wir immer logisch vorgehen, nirgends anecken wollen, weil wir keine Kritik herausfordern möchten. Aber was heißt schon normal? Heute ist es normal, »schwarz« zu arbeiten und dafür Geld einzustecken (bis hin in die höchsten Kreise der größten Parteien). Heute ist es normal, abends nicht mehr allein in der Stadt spazieren zu gehen, weil man Angst haben muss, überfallen zu werden. Heute ist es normal, dass jemand ein Auto zerkratzt und wir geflissentlich zur Seite schauen, kurz mit den Achseln zucken und schließlich weiterlaufen, weil wir keine Scherereien haben wollen. Und heute ist es normal, wenn wir von Karnevalssonntag bis Karnevalsdienstag feiern – dagegen anormal, wenn wir an diesen Tagen arbeiten …

Hast Du das große Privileg, Kinder zu haben? Ich habe Kinder und bin darüber sehr glücklich, denn sie eröffnen mir wieder und wieder eine vollkommen neue Welt. Obwohl ich glaube, »ver-rückter« zu sein als viele andere, so bin ich doch noch ach so normal im Vergleich zu meinen Kindern. Ein Kind ist fröhlich, ist traurig, mitunter fast beides zugleich; es lebt einfach im Hier und Jetzt. Es macht sich keine Gedanken, was gestern noch schief gelaufen ist, macht sich keine Sorgen darüber, was morgen sein könnte. Weil Kinder so sind, sind sie in der Regel wesentlich glücklicher als Erwachsene. Aber wer möchte schon von anderen Erwachsenen als »kindlich« angesehen werden? Wenn beispielsweise ein Erwachsener entlassen wird, kann er meist die Blamage, dies vor der Familie, vor Freunden, vor Nachbarn zugeben zu müssen, kaum ertragen. Seinen Kinder, denen er es schließlich beichtet, entfährt dagegen ein: »Hurra! Endlich hat der Papa mehr Zeit für uns!«

Zum Schluss des Kapitels möchte ich Dir einige kurze Anregungen unterbreiten, die Dir zeigen, auf welche Art und Weise Du wieder »ver-rückter« sein kannst – und zwar nicht im Beruf, sondern dieses Mal im privaten Bereich …

- Wie wäre es zum Beispiel mit einem **Kinder-Tag?** Hierfür wird pro Woche ein bzw. ein halber Tag ausschließlich für Deine Kinder reserviert. Gemeinsam diskutiert ihr zunächst, was unternommen werden soll – wobei die Kinder das letztendliche Stimmrecht besitzen. Während der vereinbarten Zeit bist Du ausschließlich für Deine Kinder da! Du hast kein Handy dabei, keine Berichte, nichts – nur die Kinder zählen!

- **Der Partner-Verwöhn-Tag.** Einen Tag lang verwöhnst Du Deinen Partner von früh bis abends, und zwar in jeder nur erdenklichen Hinsicht. Wenn Du Dir bei allem redlich Mühe gibst, dann wird Dein Partner Dir bestimmt vorschlagen, sich revanchieren zu wollen. Also wird er Dich dann einen Tag lang verwöhnen? Ihr werdet beide dabei wieder ganz neue Seiten an Eurer Beziehung entdecken … sie wird wieder aufregend, vital, leidenschaftlich – ebenso schön, wie es am Anfang Eurer gemeinsamen Zeit war …

- Von welchem **Abenteuer** träumst Du noch? Im Hundeschlitten durch Alaska fahren? Einem Tandem-Fallschirmsprung? Einer Wanderung durch die peruanischen Anden? Was hält Dich ab, es zu tun? Wenn Du es immer wieder hinausschiebst, etwa auf das nächste Jahr, dann wieder auf das nächste Jahr – irgendwann hast Du kein nächstes Jahr mehr …

- **Lerne wieder einmal Neues, tue etwas Verrücktes:** Wie wäre es mit Gokart-Fahren, Inlineskaten, Malen, Motorradfahren, Kochen, Schlittschuhlaufen, Skifahren, Surfen, neue Computerprogramme lernen (was ich gerade mache …), mit Tanzen, Tennisspielen, Zimmern. Was Du schon immer einmal machen wolltest – tue es! ➜ ARBEITSHEFT, AUFGABE NR. 33.

**Niemand weiß, was in ihm drinsteckt,
solange er nicht versucht hat, es herauszufinden!**

Ernest Hemingway

Kapitel 8
Verwandle Angst in Mut!

Die Größe Deiner Persönlichkeit ist abhängig von der Größe Deiner Angst.

Als ich vor einigen Jahren routinemäßig meine Zähne untersuchen ließ, erlebte ich eine Überraschung: Meine Weisheitszähne waren, so der Zahnarzt, nicht zu sehen. Er ließ sofort Röntgenaufnahmen meines Gebisses erstellen und teilte mir dann mit, dass die Weisheitszähne quer in den Kiefer gewachsen seien und unbedingt entfernt werden müssten, da sie meine übrigen Zähne zusammenschieben würden. Anschließend riet er mir, dass ich mir zum Zeitpunkt der Operation einige Tage Zeit nehmen sollte, da ich dann voraussichtlich Schmerzen haben würde und auch mit einer Schwellung rechnen müsse, die möglicherweise bis zu einer Woche anhielte.

Ich machte also einen Termin für einige Monate später aus, da zu dieser Zeit mein Terminkalender etwas Luft hatte. Mir graute es vor diesem Termin, denn ich hatte bereits in jungen Jahren sehr schlechte Erfahrungen mit Zahnarztbesuchen gemacht …

Als der Termin immer näher rückte, packte mich vier Wochen zuvor zum ersten Mal das Grauen. Doch ich beruhigte mich wieder: Die Kieferoperation war ja erst in vier Wochen, oder? Zwei Tage später musste ich jedoch erneut an den Termin denken – und fast schlagartig gingen mein Puls und Blutdruck nach oben. Aber der Termin war ja erst in knapp vier Wochen, oder?

Einige Tage später fuhr ich durch die Straße, in der die Praxis meines Zahnarztes liegt, und sofort hatte ich wieder diese entsetzlichen Bilder vor Augen. Angst packte mich. Aber verdammt noch mal: Ich hatte immerhin noch drei Wochen Zeit!

Wiederum eine Woche später, als ich fröhlich pfeifend durch den Supermarkt ging, entdeckte ich meinen Zahnarzt – ich wollte ihm zwar noch ausweichen, aber er hatte mich schon gesehen und fröhlich gegrüßt. Schaudern erfasste mich und ich spürte eine Gänsehaut an meinem Rücken hochsteigen … Als ich, in Gedanken versunken, mit meinen Einkaufstüten bepackt, den Supermarkt verließ, wobei ich mir in den lebhaftesten Bildern ausmalte, welch grauenhafte Prozedur mir bevorstand, hätte mich fast ein Wagen erfasst – und mich wahrscheinlich auf wenig erstrebenswerte Weise von meinen negativen Gedanken erlöst …

Eine Woche noch bis zum Termin. In der Nacht wache ich schweißgebadet auf: Um Gottes willen, ich muss zum Zahnarzt! Doch dann, nachdem ich klar denken konnte, die Entwarnung: Ich habe ja noch eine Woche Zeit!

Die letzte Woche war die Hölle. Es verging kaum eine Stunde, in der ich nicht an diesen Termin dachte. Als dann der »Tag der Entscheidung« gekommen war, saß ich angespannt und nervös, dabei zitternd vor Angst, im Wartezimmer. Schließlich war es so weit: Mein Kiefer verlor durch Operation meine Weisheitszähne. Fast zwei Stunden dauerte die Prozedur …

War es grauenhaft? Ja, natürlich! Wie lange war es grauenhaft? Vier Wochen! Aber die Operation hat doch nur eine Stunde gedauert? Stimmt, doch meine negativen Bilder von der Operation riefen Angstvorstellungen in mir hervor – und diese Angst begleitete mich vier Wochen. Meine Angst begleitete mich also über vier Wochen lang und ließ es – mal mehr, mal weniger – nicht zu, dass ich im Hier und Jetzt sein konnte und produktive Dinge erledigte.

Und das ist die Metapher dieser Geschichte: Wir haben Angst vor allen möglichen Dingen und verschenken dadurch wertvolle Energie und wertvolle Lebenszeit, die wir produktiver und sinnvoller einsetzen könnten. Warum aber verspüren wir Angst, warum ist sie plötzlich da? Sind Ängste überhaupt sinnvoll? **Durchaus.** Stell Dir einmal vor, einer Deiner steinzeitlichen Vorfahren tritt auf eine Lichtung und sieht, wie in einigen hundert Metern Entfernung ein Säbelzahntiger, aus dem Wald kommend, ebenfalls die Lichtung erreicht. Wenn ihn da nicht die Angst, das Grauen packt und er die Flucht ergreift, würdest Du vielleicht heute gar nicht existieren …

Angst ist also durchaus etwas Positives, denn sie setzt Automatismen in Gang, die Dich schützen, aber auch mitunter solche, **die Dich vorantreiben**. Mich hat beispielsweise viele Jahre angetrieben, nicht nochmals so mittellos, nicht nochmals so krank, nicht nochmals so am Boden zu sein, wie das in meinen jungen Jahren der Fall war. Nie wieder wollte ich diesen Schmerz erleben – und diese Angst vor einem Rückfall in vergangene Zeiten hat mich viele Jahre angetrieben. Ich wäre heute nicht das, was ich bin, wenn ich diese Angst nicht gehabt hätte.

Angst ist wie Gift: Zu viel ist tödlich,
doch ein bisschen
davon wirkt oft wie Medizin!

ARBEITSHEFT, AUFGABE NR. 34: Welche Ängste hast Du derzeit noch? Hast Du welche gefunden? Gut, in Ordnung. Du hast keine gefunden? Du bist also frei von Angst? Ich bin mir gar nicht sicher, ob das so gut ist. Denn wenn ich an meine großen Visionen denke, die ich habe, überfällt mich neben Begeisterung und positivem Gefühl auch ein klein wenig Angst, ob ich sie denn tatsächlich verwirkliche. Deshalb bin ich der Meinung:

Wer keine Angst mehr hat,
für den sind seine Ziele zu klein geworden.

Sollte dies der Fall sein, solltest Du also keine Ängste mehr haben, wie wäre es denn ganz einfach damit, wenn Du Dir schwerer erreichbare Ziele setzt als die, die Du bisher vor Augen hattest? Du meinst, das ginge nicht? Frage Dich nie, nie, n i e, frage Dich niemals, **ob** etwas geht, sondern frage Dich immer nur, **wie** etwas geht!

Wenn Ängste zu stark werden oder wenn wir zu viele Ängste haben, wirken sie kontraproduktiv. Woher stammt nun übersteigerte Angst? Ihr Ursprung ist schwer festzumachen, doch meiner Meinung nach hat Angst immer auch etwas mit einem mangelhaften Selbstwertgefühl zu tun: Je geringer das Selbstbewusstsein, desto größer die innere Unsicherheit! Und je größer die innere Unsicherheit ist, desto mehr Aggression setzen wir ein. Dann gilt nicht selten das Motto: Ich muss kämpfen, um meine Ziele zu erreichen. **Doch aus Kampf wird oftmals Krampf!**

Ich kenne und erlebe das oftmals bei meinen Weltklassesportlern: Wenn viele damit anfangen, verbissen zu kämpfen, dann verkrampfen sie und erreichen somit oft das Gegenteil. In dem Moment, in dem einen Athleten die Angst befällt, ist es bereits mit der Leistung geschehen: Wer Angst hat, einen Elfmeter zu schießen, der »vergeigt« mit ziemlicher Sicherheit seinen Strafstoß. Wer Angst vor einem Endlauf hat, der wird versagen. Und wer Angst hat vor einem Dreifachsprung bei seinem Eiskunstlaufvortrag, der wird auch unweigerlich hinfallen. Jemand, der kämpft, fühlt sich im Prinzip machtlos. Und wer sich machtlos fühlt, bekommt wiederum mehr Angst – ein Teufelskarussell, ein negativer Kettenkreislauf, der unweigerlich immer tiefer in die Angst führt. Dahinter steckt meist **mangelndes Vertrauen in das Leben als solches.**

Angst kommt von Angustus und bedeutet: Enge im Bewusstsein.

Angst ist so alt wie der Mensch. Ob wir nun die Bibel mit dem Buch *Hiob* nehmen, auf dessen Schilderungen im 1. Kapitel der Begriff »Hiobsbotschaft« zurückgeht, ob wir auf Schriften des Islam zurückgreifen, etwa auf die eines der geistigen Führer dieser Religion, der schreibt: »Die Angst beraubt den Fuß der Kraft zum Vorwärtskommen, und sie nimmt Deinem Intellekt die Fähigkeit zu denken ...« – Angst scheint allgegenwärtig zu sein. Und: Angst lähmt! Das Fatale ist: Die Angst sorgt dafür, dass oftmals genau das passiert, was jemand befürchtet hat! Hier kommt jener psychologische Grundsatz ins Spiel, der da lautet: **Beachtung bringt Verstärkung. Das, was nicht beachtet wird, schwächt sich ab!**

Wer an die Hölle glaubt,
fährt hinab!

Martin Luther

Somit kommt etwas Machtvolles ins Spiel: die **Self full-filling Prophecy, die »sich selbst erfüllende Prophezeiung«**. Damit ist Folgendes gemeint: Du hast Angst vor etwas – und damit fokussierst Du Deine Aufmerksamkeit genau auf das, was Du vermeiden möchtest. Dein Gehirn stellt sich diese Sache bildhaft vor, und da Dein Unterbewusstsein ein Ausführungsorgan ist, wirst Du unbewusst genau das anziehen und verwirklichen, was Du befürchtet hast. Menschen haben heute Angst vor allem Möglichen: Angst vor Krankheit, Unfällen und Tod, vor Katastrophen und Krieg, vor Einsamkeit und Versagen, vor Bedrohungen jeglicher Art – ja, Angst kann sich sogar in der Vorstellung offenbaren, über eine (selbst niedrige) Brücke fahren zu müssen: In einer Fernsehsendung war einmal ein Gast zu sehen, dessen Angst sich zu einer regelrechten Phobie steigerte: Er hatte panische Angst, über eine Brücke zu fahren. So hatte er schon kilometerlange Staus verursacht, weil er kurz vor der Brücke sein Auto einfach abgestellt hatte; er war einfach nicht in der Lage gewesen, auch nur einen Meter weiterzufahren. Du lachst darüber? Dieser Mensch war vollkommen verzweifelt und seine Lebensqualität tendierte dadurch gegen Null. Durch eine 30-minütige Anti-Phobien-Technik und einem 30-Tage-Trainingsprogramm ist es dem Gast dann gelungen, seine Phobie vollkommen zu überwinden. Heute kann er über das Ganze entspannt erzählen, aber seinerzeit war das für ihn die Hölle.

Vielleicht hat jetzt der ein oder anderer Leser so seine Zweifel, dass es überhaupt möglich ist, Ängste, ja sogar eine ausgewachsene Phobie überwinden zu können, dazu noch in relativ kurzer Zeit. Gehen wir deshalb der Sache weiter auf den Grund: Was ist Angst? Ist es etwas Reales? Nein! Es ist etwas rein Fiktives. Angst existiert nur in der Fantasie! Wo Du eine Todesangst vor Höhe besitzt, verspürt der andere den besonderen Nervenkitzel, wenn er beim Fallschirmsprung 4000 Meter im freien Fall zur Erde fliegt – wofür er sogar noch teures Geld zahlt! Angst hat keine realen Wurzeln. Der eine fährt gedankenlos über die Brücke, der Nächste hat panische Angst davor. Wenn Angst jedoch keine objektiven Wurzeln hat, sondern immer subjektiv entstanden ist, dann ist es prinzipiell möglich, jederzeit die Angst ins genaue Gegenteil umzukehren: in Stärke!

Verwandle Deine Angst in Mut!

Weil der Mensch schon seit Urzeiten Angst vor allem Möglichen hatte, hat er auch schon früh damit begonnen, sich Schutz und Garantien für alles Mögliche zu sichern. Bestes Beispiel dafür sind die Versicherungsgesellschaften. Jedes Jahr gibt es zahlreiche neue Möglichkeiten, sich gegen und für etwas zu versichern – doch sicher fühlen sich die meisten nie, oder? Ähnlich verhält es sich auch mit anderen Sicherheiten. So besitzt die Bundesrepublik eines der weitgreifendsten und sichersten Sozialnetze der Welt – doch gleichzeitig sind die Deutschen diejenigen, die in der ersten Reihe auszumachen sind, wenn es um Zukunftsangst geht. Doch ganz egal, wie viele und wie große Sicherheiten jemand ein- und aufgebaut hat – auf »Nummer sicher« kann niemand gehen, denn es wird nie genug sein! Die einzige Möglichkeit, der Angst zu entfliehen, ist die, die Angst anzunehmen, sich ihr zu stellen – und trotzdem zu handeln!

Mut hat der, der trotz Angst handelt!

Ab sofort hat Angst in Deinem Leben endgültig keinen Platz mehr! (➜ ARBEITSHEFT, AUFGABE NR. 36) Damit dem so ist, unterbreite ich Dir jetzt einige Lösungsansätze …

1. Die NLP-Technik (Neurolinguistisches Programmieren)

Leider kann ich diese Technik nicht theoretisch beschreiben, sondern sie nur im Seminar durchführen. Diese NLP-Technik ist so fantastisch, dass die Ergebnisse mich selbst immer wieder überraschen.

Keine Herausforderung ist in Wirklichkeit so groß, wie es Deine Angst ist, die Du davor hast!

Ich selbst litt vor Jahren unter einer starken Höhenangst. So war ich nicht einmal in der Lage, auf eine Leiter zu steigen, um bei mir im Haus eine Glühbirne der Deckenlampe zu wechseln. Diese Höhenangst habe ich vor Jahren mittels dieser NLP-Technik besiegt. Heute springe ich Fallschirm, fahre Ballon und klettere bei Outdoor-Trainings in 20 Metern Höhe auf Baumstämmen herum …

2. Die Metapher-Technik

Stell Dir bitte einmal folgende Situation vor: Du stehst barfuß vor einem etwa fünf Meter langen, zwei Meter breiten und 20 Zentimeter hohen »Teppich« aus glühender, circa 1000 Grad heißer Kohle. Da es in meinen Seminaren keinen Zwang gibt, musst Du natürlich diesen Teppich nicht überqueren – aber die meisten tun es dann doch! Außerdem werden die Seminare immer von sehr vielen Teilnehmern besucht und so bekommt es nicht einmal jemand mit, wenn einer darauf verzichtet, über jene glühenden Kohlen laufen.

Bei dieser Mutprobe geht es nicht einmal so sehr darum, etwas Unmögliches als etwas dennoch Mögliches darzustellen. Es gibt Experten, die auf wissenschaftliche Erklärungen verweisen, nach denen keine Verletzungsgefahr besteht, wenn jemand barfuss über glühende Kohlen läuft oder sogar barfuß von einem Stuhl in Glasscherben springt. Ich kann diese Erklärungen zwar nicht nachvollziehen, aber selbst wenn sie stimmen würden: Es geht um wesentlich mehr! Es geht darum: Wenn Du das getan hast, dann hast Du Deine Angst besiegt!

Du hast Deine Angst in Mut verwandelt!

Stell Dir vor, Du wärest gerade über glühende Kohlen gelaufen oder in gefährliche Scherben gesprungen. Wirst Du jetzt unglücklich sein? Wohl kaum! Vielmehr werden Dir Gedanken wie die folgenden kommen: »Wenn ich das möglich gemacht habe, wenn ich das geschafft habe – was soll es dann in meinem Leben noch geben, vor dem ich Angst habe?«

»Vielleicht kann ich jetzt die Probleme in meiner Firma, die mir bisher unlösbar erschienen, erfolgreich angehen! Vielleicht kann ich meine Beziehung retten, die derzeit so schwierig verläuft! Vielleicht kann ich dann einen gesunden, vitalen, vor Kraft strotzenden Körper entwickeln! Vielleicht schaffe ich es, das Rauchen aufzugeben! Vielleicht komme ich weg von meiner Alkoholsucht!«

Nach solch einem Erfolgserlebnis ist ein »Vielleicht« nicht angebracht. Jenes »Vielleicht« macht nun einem: »Ich schaffe es!« Platz. Und genau darauf zielt diese Metapher des »Über-Kohlen-Laufens«, des »Sich-selbst-Überwindens« ab: Ich werde die Barriere, die Mauer zwischen dem jetzigen Ist-Zustand und dem wunderbaren Traum-Zustand überwinden, ja einzureißen. So lautet die Botschaft …

Eine der größten Entdeckungen,
die der Mensch machen kann …
eine der größten Überraschungen
liegt in der Erkenntnis,
etwas tun zu können,
obwohl seine Angst ihm sagt,
er könne es nicht tun!

Henry Ford

3. Die »Stier bei den Hörnern packen«-Technik

Jemand hätte gern eine Gehaltserhöhung. Er würde damit wunderbare Sachen machen können: sich im Fitnessstudio anmelden, seiner Frau jeden Monat einen extra Strauß Blumen schenken, ihr und sich einen zusätzlichen Kurzurlaub einmal pro Jahr gönnen. Wunderbar – die Sache hat nur einen Haken: Er muss zuvor ein Gespräch mit seinem Chef führen, muss ihn fragen, ob er ihm eine Gehaltserhöhung gewährt. Doch allein bei dem Gedanken daran beschleicht ihn Angst. Seine Bedenken wachsen: Warum sollte der Chef gerade ihm eine Gehaltserhöhung geben? Die Zeiten sind schon hart und sie werden immer härter und er kennt andere, die eine Gehaltserhöhung wollten, denen jedoch die Bitte eiskalt abgeschlagen worden ist. Vielleicht würde ihm sein Chef die Bitte um Gehaltserhöhung sogar übel nehmen und das Ganze würde seinen weiteren Karriereweg negativ beeinflussen?! Also beschließt er, dass er seinen Chef erst gar nicht fragt.

Bleiben wir bei diesem Beispiel: Wer seinen Chef niemals um etwas fragt, der bekommt automatisch immer ein Nein! Was wäre denn das Schlimmste gewesen, was hätte passieren können, wenn er den Chef gefragt hätte? **Natürlich ein »Nein«, aber nur zu 50 Prozent, denn bei einer 50-zu-50-Chance nimmt ein »Ja« die andere Hälfte der Bandbreite ein!**

Nicht fragen bedeuten also **automatisch** zu 100 Prozent ein »Nein«. Fragen dagegen eröffnet zumindest die 50-prozentige Chance auf ein »Ja«!

Mache das, wovor Du am meisten Angst hast, und Du verlierst sie!

Mark Twain

Der Weg aus der Angst geht immer nur über die Angst! Darum ist es ja so wirkungsvoll, genau das zu tun, wovor die meiste Angst herrscht. Wer etwa Angst vor Spinnen hat, der sollte – eine entsprechende Vorbereitung natürlich vorausgesetzt – schließlich den Kontakt mit Spinnen suchen. Wer Angst vor großen Höhen hat, der sollte – nach gründlicher Vorbereitung – gerade diese großen Höhen suchen. Und wer Angst vorm Fliegen hat, der muss einfach fliegen. Oder, wie es in Spanien bei den Stierkämpfern hieß: **Den Stier immer bei den Hörnern packen!** Warum diese Redewendung so plastisch ist? Weil davor (vor dem Hörnerpacken) die meisten Toreros die größte Angst haben …

4. Die Relativierungstechnik

Wenn am Boden ein Brett liegt, dass zehn Zentimeter breit und zehn Meter lang ist, würdest Du darüber laufen und Dir gleichzeitig sicher sein, während der gesamten Strecke nicht den Boden zu berühren? Sicherlich, sofern Du nicht fußkrank wärest oder an Gleichgewichtsstörungen leiden würdest. Und jetzt stell Dir vor, das Brett würde sich in 20 Metern Höhen befinden (und darunter wäre kein Sicherheitsnetz gespannt). Würdest Du das Gleiche jetzt auch tun? Die meisten wahrscheinlich nicht und die wenigen, die das wagen würden, wahrscheinlich mit großer Angst. Aber was ist anders geworden? Das Brett ist immer noch das gleiche Brett wie das, als es noch auf dem Boden lag! Ganz einfach: Die Sichtweise, die Relation zum Brett hat sich geändert.

Nun die Sache einmal anders aufgezogen: Stell Dir mal vor, Du wärest allein im Wald unterwegs und plötzlich würde Dir aus hundert Metern Entfernung ein hungriger Wolf entgegenlaufen. Wie würdest Du Deine Angst messen, wenn Du eine Skala zur Verfügung hättest, die von 1 bis 10 reicht? Der weitaus größte Teil der Leser würde wohl die 10 wählen. Aber in Deiner rechten Hand hast Du einen Stock, versehen mit einer messerscharfen Stahlspitze. Wie ist es jetzt? Vielleicht noch 9? Und Du bist nicht allein unterwegs, sondern mit einem Partner und der hat ebenfalls einen Stock. Jetzt 7 oder 8? Und gleichzeitig trägt jeder von Euch beiden in der linken Hand eine Fackel. Liegt die Angstskala jetzt noch bei 5 oder 6? Und nehmen wir an, ihr wäret nicht zu zweit, sondern zu sechst, alle gleich ausgestattet. Jetzt bei 3 oder 4? Und nehmen weiter wir an, ihr hätte keine spitzen Stöcke, sondern Gewehre und Pistolen. Wahrscheinlich wäre immer noch eine gehörige Portion Angst vorhanden – aber gibst Du mir Recht, dass sie weitaus geringer wäre als dann, wenn Du Dich allein im Wald befändest?

Was ist der Sinn der Relativierungstechnik? Setze Deine Angst im Verhältnis zu Deinen Gegenmitteln! Denn die Angst (= Wolf) ist eine Sache – aber Deine Gegenmittel (= Stöcke, Fackeln, Waffen usw.) sind die andere Seite der Medaille. Angst zu haben, wenn etwas möglicherweise Negatives auftaucht – das ist normal. Doch anstatt in Angst zu erstarren wie das Kaninchen vor der Schlange (und dann gefressen zu werden), ist es besser, sich zu überlegen, welche Mittel Du an der Hand hast, welche Mittel Du aktivieren kannst, von welcher Seite Du Hilfe erwarten kannst, um eine Gefahr zu besiegen, ein Problem zu lösen, eine Krise zu meistern.

Reich ist der, der keine Angst kennt!

5. Die »Na und, was macht es schon, wenn ...«-Methode

Vor einiger Zeit hatte ich während der Pause eines Seminars mit einem Kleinunternehmer aus dem Handwerk ein Gespräch. Er hatte panische Angst davor, dass im nächsten Jahr die allgemeine

Baukonjunktur noch rezessiver sein könnte als in den Jahren zuvor. Diese Angst hatte er schon die letzten vier Jahre permanent – und sie war immer stärker geworden. Und das Ergebnis? Sein Umsatz ging jedes Jahr weiter zurück. Er bekam also quasi die Bestätigung, den Beweis dafür, dass seine Angst begründet gewesen war.

Sein Fehler? Immer wieder fragte er sich: »Um Gottes willen, was passiert, wenn die Konjunktur weiter nachlässt?« Und dann bekam er natürlich die entsprechende Antwort: »Wenn die Konjunktur weiter absinkt, dann bekomme ich noch weniger Aufträge!« Und weiter geht dann der interne Dialog: »Und was passiert, wenn die Kundennachfrage geringer wird?« Und er bekommt die entsprechende Antwort: »Dann machst Du weniger Umsatz!« Das Spielchen ließe sich jetzt weiter fortsetzen, bis er irgendwann die Antwort erhält: »Du gehst Pleite!« Wie bereits ausgeführt, bringt Beachtung Verstärkung. Wer sich also auf Negatives konzentriert, der zieht das Negative an. Das ist leicht gesagt, aber wie schaffen wir es, wenn die negativen Gedanken auftauchen, davon loszukommen?

Du kannst es nicht verhindern,
dass negative Gedanken kommen,
aber Du kannst sie
durch neue, positive Gedanken ersetzen.

Hierfür gibt es die »Na und, was macht es schon, wenn …«-Technik. Bezogen auf unseren Kleinunternehmer würde das bedeuten: »Na und, was macht es schon, wenn die Konjunktur im nächsten Jahr leicht zurückgehen sollte?« Er würde sich anschließend eine Antwort geben, die er folgendermaßen formulieren würde: »Ganz einfach: Dann mache ich halt …« Das hört sich für Dich zu banal an? Probier diese Technik aus, und Du wirst erleben, wie sie Dir hilft …

Na und, was macht es schon, wenn ...
Ganz einfach: Dann mache ich halt ...

ARBEITSHEFT, AUFGABEN NR. 37 UND 38: Wie packst Du den »Stier bei den Hörnern«? Welche Erkenntnisse hast Du aus dem Kapitel gewonnen« Welche Entscheidungen triffst Du jetzt?

Armut kommt von »Arm an Mut!«

Kapitel 9

Ohne Glaube geht wenig, ohne Wissen nichts ...

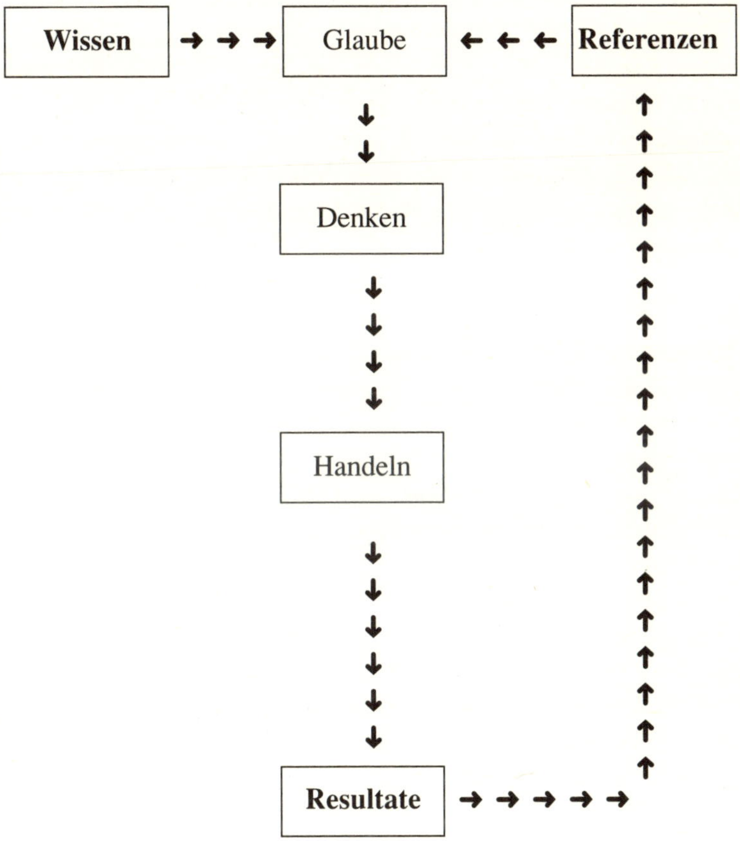

Bitte schaue Dir die Abfolge auf der letzten Seite einmal »rückwärts« an. Dabei wirst Du Folgendes feststellen: Die Resultate, die Ergebnisse (egal, ob positiv, ob negativ) werden erzielt durch Dein Handeln bzw. auch durch Dein Nicht-Handeln (wobei auch das Nicht-Handeln eine Art von Handlung ist). Dein Handeln wird durch Dein Denken verursacht. Bleibt uns also nur noch die Frage zu klären: **Was beeinflusst unser Denken, was bildet unsere Glaubenssätze?**

Wenn wir als Babys zur Welt kommen, dann haben wir noch keine Glaubenssätze. Wir wissen nicht, was gut oder was schlecht ist. Und wir wissen auch nicht, was erfolgreich oder erfolglos macht. Aber vom ersten Moment an, an dem wir zur Welt kommen, beginnt uns die Umgebung zu beeinflussen. Zunächst einmal unsere Eltern, unsere Geschwister und andere Verwandte; später dann Kindergarten und unsere Freunde; dann kommen bereits die Medien (Fernsehen); es folgen Schulkameraden und Lehrer; schließlich Arbeitskollegen und Vorgesetzte, Freunde und Partner usw. All diese Menschen beeinflussen uns. Da unser Unterbewusstsein keinen Filter besitzt, wird all das, was auf uns einwirkt, gespeichert – und bleibt gespeichert. Und all das, was im Unterbewusstsein gespeichert ist, entfaltet in unserem Verhalten die entsprechende Wirkung.

Von jenen Menschen unserer direkten Umwelt haben wir also deren persönliche **Meinungen** aufgenommen bzw. nehmen sie auf. Zu Beginn werden diese Meinungen noch keine große Wirkung haben. Aber von dem Zeitpunkt an, an dem wir eine Meinung zum ersten Mal wahrnehmen, von diesem an wirkt das **Gesetz der Resonanz …**

Vielleicht kennst Du den Effekt … Du bestellst Dir ein neues Auto, beispielsweise einen roten »VW-Golf«. Ab diesem Zeitpunkt hast Du das Gefühl, die falsche Entscheidung getroffen zu haben, denn es scheinen fast nur noch rote »Golfs« herumzufahren. Jener Effekt beruht auf besagtem Gesetz der Resonanz: **Das, auf das Du Deine Aufmerksamkeit lenkst, wird an Bedeutung in Deinem Leben gewinnen!** Ähnlich verhält es sich mit Meinungen: Sobald Du einmal die Meinung eines anderen aufgenommen hast und Du diese Meinung aus dem Mund anderer vernimmst, wird sie in Deinem Gehirn wiederholt gespeichert und damit an Bedeutung gewinnen. Nach einiger Zeit, vor allem dann, wenn Du mit besagter Meinung in der Tageszeitung, im Fernsehen, im Hörfunk konfrontiert wirst, formt sich aus jener Meinung schließlich ein feststehender Glaube. Während Du bei einer Meinung die Einstellung hast: »Das könnte sein …«, so hast Du bei einem Glaubenssatz die Einstellung: »Genau so ist es, aus, basta, Punktum!« Nun wissen wir aber (und so habe ich es beispielsweise auch in meinem Buch *Sprenge Deine Grenzen* sehr ausführlich beschrieben), dass sich unser Glaube stets verwirklicht. Das, was wir innerlich glauben, wird sich im **Außen** manifestieren. Hier kommt das **Gesetz »Wie innen, so außen«** zum Tragen.

Aus Deinem Glauben heraus wirst Du stets entsprechende Handlungen vollziehen. Ein Beispiel: Wenn Du der feststehenden Meinung bist (Glaube), dass Dir Erfolgsbücher weiterhelfen, dann wirst Du auch jede Menge Literatur zu diesem Thema lesen. Andere hingegen, die vielleicht den Glauben haben, dass in Erfolgsbüchern lediglich Schwachsinn steht, werden sich bestimmt keine entsprechende Literatur kaufen und demzufolge auch nicht lesen (und schließlich auch danach nicht handeln).

Aus Deinem Handeln wie Deinem Nicht-Handeln entstehen letztendlich die Resultate Deines Lebens: entweder Erfolge oder Misserfolge. Doch ganz egal, was entsteht – diese Resultate sind dann eine Referenz (aus Erfahrung), also ein Beweis dafür, dass Dein ursprünglicher Glaube richtig war. So erzeugt jedes Resultat also eine Erfahrung, die Deinen Glauben bestätigt, und der Kreislauf geht von Neuem los: **Glaube erzeugt Denken, das Denken erzeugt Handeln – und das wiederum erzeugt die Resultate, die wiederum der Beweis dafür sind, dass der**

Glaube richtig war. Wenn nun alles in Deinem Leben optimal verläuft, wenn Du beruflich bereits an der Spitze bist, kein höheres Einkommen mehr erzielen möchtest, Dir einen gesünderen, vitaleren Körper gar nicht vorstellen kannst, Dir noch mehr Harmonie in der Familie aufs Gemüt schlagen würde – dann, **aber nur dann** solltest Du absolut nichts an Deinen Glaubenssätzen ändern. Obwohl ich allein in diesem Jahr circa 200 000 Menschen in meinen Seminare schulen werde, ist mir jedoch kein einziger Teilnehmer begegnet, welcher der Meinung war, er wolle nichts mehr in seinem Leben verbessern. Und da Du dieses Buch liest, gehe ich davon aus, dass es auch in Deinem Leben noch Bereiche gibt, die Du positiv verändern möchtest. Demzufolge lautet also die Frage: **Wie schaffe ich es, meine Glaubenssätze zu verändern?**

Und die Antwort darauf lautet: Indem Du Dich auf die Aufnahme des Wissens konzentrierst! Denn nur das Wissen, das Du aufnimmst, verändert Deinen Glaubenssätze. Die Erfahrungen hingegen, die Du machst, sind lediglich eine Bestätigung Deiner alten Glaubenssätze. Indem Du also neues Wissen aufnimmst und diesen Vorgang permanent wiederholst (also verstärkst), werden sich Dein Glauben, Dein Verhalten und demzufolge auch Dein Ergebnis verändern. Jeder Mensch ist also in der Lage, sich zu ändern, wenn er den Preis dafür zahlt. Dieser Preis ist mit einem Wort umschrieben: **Lernen!**

Nichts ändert sich,
außer wir ändern uns!

Nikolaus B. Enkelmann

Neben der Aneignung von Wissen solltest Du unbedingt darauf achten, mit welchen Menschen Du Dich umgibst, denn jeder Mensch überträgt ständig seine Meinungen, seine persönlichen

Glaubenssätze auf seine direkten Mitmenschen. Achte deshalb auf Deinen Umgang! Wie sagte doch Arnold Schwarzenegger, als er zum ersten Mal bei den Kennedys zu Gast war? Er sagte: »Ich bin gern mit erfolgreichen Menschen zusammen. Wenn du nur mit Flachköpfen rumhängst, bist du selbst bald ein Flachkopf!«

Hüte Dich vor allen Dingen, Dich mit Menschen zu umgeben, die »**es**« nicht geschafft haben. Solche Menschen sollten nicht die Möglichkeit haben, Dir zu sagen, was zu Du tun und zu lassen hast. Und für Dich besteht kein Zwang, auf solche Menschen zu hören. Gerade dann, wenn Du eine führende Position bekleidest, hast Du sogar die Pflicht, **nicht** auf sie zu hören!

ARBEITSHEFT, AUFGABE NR. 39: Rechne doch bitte einmal zusammen, wie viel Geld Du bisher in Deinem Leben für Autos, Schmuck und Urlaubsreisen investiert hast. Eine ganze Menge, nicht wahr? Jetzt bist Du wohl selbst überrascht, was sich da im Laufe der Jahre so addiert, oder? ARBEITSHEFT, AUFGABEN NR. 40–42: Und nun addiere doch bitte einmal die ungefähre Summe, die Du bisher in Deinem Leben für Deine persönliche Weiterentwicklung investiert hast.

Von dem bekannten US-Erfolgsautor Napoleon Hill stammt das Zitat: »Allgemeinbildung, ganz egal, wie groß Umfang oder Vielseitigkeit auch sein mögen, dient weniger der Anhäufung von Geld als angenommen.« Da haben wir bereits einen Schlüssel: Wir können zwar Abitur machen, studieren – aber das wird uns herzlich wenig helfen, um langfristig erfolgreich zu sein und an die Spitze zu kommen. War wir benötigen, sind vor allem zweierlei Arten von Wissen:

- **Ein spezialisiertes Fachwissen!**

- **Die Fähigkeit, sich selbst und andere zu begeistern und zu motivieren, also Persönlichkeitswissen!**

In 50 bis 100 Jahren wird sich niemand mehr daran erinnern, welches Auto Du gefahren bist, welches Haus Du besessen und welche Uhr Du getragen hast. An was aber wird man sich erinnern? Man wird sich erinnern an das Werk, das Du geleistet hast, an den Nutzen, den Du gestiftet hattest. Man wird sich also an etwas erinnern, das über Dein Leben hinausgeht! Und wie erreicht man das? **Durch dauerhaftes Lernen!**

Als ich in einem meiner letzten Urlaube die fantastische Biografie *Der Größte* über Muhammad Ali gelesen habe, bestätigte dieses Buch praktisch wieder meine wichtigsten Erfolgsgrundsätze, die ich vermittle. Hier ein Zitat aus der Biografie: »Ich glaubte zwar daran, dass es mit mir weiterhin aufwärts gehen würde, aber ich wusste auch, dass ich all meine Gedanken und Handlungen auf das Training und die boxerische Weiterentwicklung konzentrieren musste, wenn ich mich in dieser Welt behaupten wollte.« Im Klartext heißt das nichts anderes, als dass Muhammad Ali vor allem eines wusste: Er musste sich weiterentwickeln! Und deshalb musste er … **lernen!**

Ein Konzern, der dieses Prinzip vollständig verstanden und umgesetzt hat, ist die *Walt Disney Company*. Bevor beispielsweise jemand einen sechswöchigen Ferien- bzw. Aushilfsjob in einem Vergnügungspark von *Walt Disney* antritt, erhält der Betreffende eine dreitägige Schulung – bei voller Bezahlung! Natürlich wirst Du Dich jetzt fragen, was das denn für ein Job sei, für den man drei Tage ausgebildet wird, um ihn dann maximal sechs Wochen auszuüben. Es ist der Job des … **Parkplatzanweisers!** Für die *Disney Company* sind eben das Knowhow und die Ausbildung der Mitarbeiter das Grundkapital ihres Erfolgs.

Die beste Investition, die Du machen kannst,
ist diejenige in Dich selbst!

Neueste Untersuchungen haben ergeben, dass die Topverdiener in Deutschland mehr Bücher und Fachzeitschriften lesen als je zuvor. Obwohl also die Anforderungen an jene Topleute steigt, finden sie immer noch Zeit – mehr Zeit –, um zu lesen (und somit, um sich weiterzubilden). Deshalb werden auch jedes Jahr immer mehr Bücher und Zeitschriften verkauft. Diejenigen, die **»es«** nicht geschafft haben – das sind meist solche Menschen, die weder Bücher kaufen noch Bücher lesen ... **Ohne Wissen wirst Du aber niemals Deine Träume verwirklichen und so leben können, wie Du es Dir wünschst.**

Wie willst Du beispielsweise jemals von Deinen Zinsen leben können, wenn Du gar nicht weißt, wie man ein Vermögen aufbaut, geschweige denn vermehrt? Und solltest Du durch Zufall, also durch einen glücklichen Umstand, zu Geld kommen – weißt Du dann ausreichend Bescheid über Strategien der Geldanlage, damit Du einen hohen Zinsertrag erwarten kannst? Wenn nicht, benötigst Du das Wissen einer absoluten Kapazität in Sachen Finanzen, ehe Du auf diesem Gebiet positive Resultate erzielen wirst. Und so ist es in allen Bereichen des Lebens: Zuerst benötigst Du Wissen, dann baust Du positive Glaubenssätze auf, handelst entsprechend, ehe Du positive Ergebnisse erzielen wirst. Diese wiederum sind dann die Erfahrung, also der Beweis für Dich, dass Dein Weg der richtige Weg ist. Jetzt darf der positive Kreislauf ruhig von vorn losgehen ...

Vor 200 Jahren war es nur einer privilegierten Minderheit vergönnt, Wissen zu erwerben. **Heute ist Wissen jedermann frei zugänglich.** Du kannst Audio- wie Videokassetten kaufen und darüber verfügen, kannst Seminare besuchen, im Internet surfen, in dem nahezu unbegrenzte Wissensmengen in Sekundenschnelle an jedem Platz der Erde von jedem Ort der Erde frei verfügbar sind. Selbst wenn Du nur über geringe finanzielle Mittel verfügst, so kannst Du jederzeit in öffentlichen Bibliotheken Bücher ausleihen. Deshalb bin ich auch überzeugt davon, dass aufgrund dieser riesigen Wissensquellen, die wir nur »anzuzapfen« brauchen, jeder Mensch den Schlüssel für seinen Erfolg selbst in der Hand hat.

Jeder ist seines eigenen Glückes Schmied!

Das Wissen ist, wie gesagt, frei verfügbar – aber den Weg musst Du selbst gehen! **Jeder kann morgen etwas werden, morgen etwas sein, was er heute noch nicht ist!** Wusstest Du, dass die letzten sechs Präsidenten der Vereinigten Staaten und die letzten beiden Bundeskanzler Deutschlands (Helmut Kohl und Gerhard Schröder) aus der Unter- bzw. Mittelschicht kommen? Und wusstest Du, dass Ronald Reagan und Bill Clinton von ihren trinkenden Vätern misshandelt wurden? Du siehst also, dass selbst bedeutende Politiker durchaus nicht die besten Voraussetzungen hatten, um an die Spitze zu kommen – aber sie glaubten an sich und sie taten alles, was notwendig war, um den Erfolg zu erzielen, den sie sich wünschten.

Mit jedem neuen Wissen, dass Du aufnimmst, bzw. mit jedem Wissen, dass Du **durch Wiederholung vertiefst,** steigerst Du Deinen eigenen Wert! Warum verdient ein Medizinprofessor mehr als ein Oberarzt? Weil er über mehr Wissen verfügt! Warum verdient ein Oberarzt mehr als ein Assistenzarzt? Weil er über mehr Wissen und Erfahrung verfügt! Warum verdient ein Assistenzarzt mehr als eine Krankenschwester? Weil er über mehr Wissen verfügt! Und jetzt nimm mal an, Du müsstest Dich einer dringenden Operation unterziehen: Würdest Du Dich lieber von einem jungen Allgemeinarzt operieren lassen, der gerade frisch von der Uni kommt, oder würdest Du das lieber einem weltbekannten Spezialisten überlassen (mal angenommen, Du könntest es Dir leisten)? Und mal angenommen, der Spezialist wäre um ein Vielfaches teurer als der junge Arzt, würdest Du sein hohes Honorar akzeptieren, wenn es sich um eine komplizierte Operation handeln würde? Natürlich, denn Deine Gesundheit wäre es Dir wert! Das zeigt, wie wichtig es ist, zu einer Kapazität zu werden. Die Menschen vertrauen einer Kapazität, einem Experten! Du musst also zu einem Experten werden! Und wie wird man ein Experte? Indem man lernt!

Je mehr Du lernst, desto mehr wirst Du verdienen!

Harvey MacKay

Das Schöne ist jedoch, dass Lernen nicht nur der Preis ist, den Du für den Erfolg zahlen musst, sondern dass Lernen darüber hinaus noch Spaß macht. In einer Langzeitstudie ist festgestellt worden, dass Jugendliche, die im Laufe ihres Lebens oft Glücks- und Zufriedenheitsgefühle erleben, genau diejenigen sind, die mehr Zeit mit Lernen und weniger mit passiver Freizeitgestaltung verbracht haben. Und im Rahmen einer Studie in Deutschland stellte man fest, dass Menschen dann besonders zufrieden sind, wenn sie Bücher lesen, wohingegen der Glückszustand beim Fernsehen bei weitem nicht diesen Level erreicht. Dann stimmt bedenklich, dass, statistisch gesehen, der deutsche »Otto Normalverbraucher«, ehe er 65 alt wird, zusammengerechnet rund zehn Jahre seines bisherigen Lebens damit verbracht hat, vor dem Fernseher zu sitzen. Wenn man noch berücksichtigt, dass besagter »Otto Normalverbraucher« zuvor circa 27 Jahre seiner Arbeit nachgegangen ist und ihm circa 21 Jahre seine wohlverdiente Nachtruhe wert waren, blieben ihm bis dato lediglich sieben Jahre für alle anderen Beschäftigungen …

In diesem Zusammenhang ein paar statistische Daten, die ich während meines letzten USA-Aufenthalts gesammelt habe:

- Etwa 80 Prozent aller US-Familien haben im letzten Jahr weder ein Buch gekauft noch hat auch nur ein Mitglied dieser Familien eines gelesen!

- Etwa 72 Prozent aller US-Bürger waren in den letzten fünf Jahren in keiner Buchhandlung.

- Etwa 60 Prozent aller Hochschulabsolventen haben nach ihrem Weggang von der Universität kein neues Buch mehr gelesen.

- Etwa 45 Prozent aller neuen Bücher, die gekauft werden, werden nie gelesen.

- Etwa ein Drittel aller Männer lesen keine Bücher, sondern nur Zeitschriften – und die während der Arbeitszeit …

Es gibt heute Wissenschaftler, die sich ihr ganzes Leben lang nur mit dem Organ Ohr oder nur dem Organ Auge beschäftigen, ja, es gibt sogar Wissenschaftler, die widmen ihre lebenslange Forschungsarbeit ausschließlich der Struktur einer Zelle – **und wissen niemals alles über dieses Thema!** Wieso behaupten dann nicht wenige Zeitgenossen, ihnen könne man in vielen Bereichen nichts vormachen? Dabei wissen solche Maulhelden meist nicht einmal über alle Dinge in ihrem angestammten Bereich Bescheid!

Weil ich von ihnen ein entsprechendes Feedback erhalten habe, weiß ich von vielen Menschen, dass sie durch den Besuch eines meiner Seminare eine Idee bekommen haben, die ihr Leben positiv verändert hat. Diese Idee setzte eine Kettenspirale in Kraft, die dafür sorgte, dass sie schließlich ihr ganzes Leben positiv veränderten. Und nun stell Dir vor, wie weit Du kommen könntest, wenn Du regelmäßig Seminare besuchst, regelmäßig liest, regelmäßig Audiokassetten hörst, regelmäßig Fach- und Wirtschaftszeitungen studierst usw.!

**Um in Zukunft mehr zu verdienen,
musst Du mehr lernen!**

An dieser Stelle möchte ich Dir die Geschichte von Michael Silberberger und Peter Bartels erzählen. Die beiden waren Mitte zwanzig, als sie einen Power-Day bei mir besuchten. In einer Pause sprachen sie mit meinem Assistenten Ronald Schnaus. Sie erzählten ihm, dass ihnen das Seminar hervorragend gefalle. Daraufhin fragte sie Ronald, ob sie denn die Folgeseminare auch gleich buchen wollten. Beide lehnten ab, da ihre Firma keinerlei Geld für Weiterbildung investierte und sie die Kosten nicht selbst tragen wollten. Doch Ronald ließ so lange nicht locker, bis er sie schließlich überzeugt hatte, ein komplettes Seminarpaket zu buchen.

In den nächsten zwölf Monaten besuchten sie insgesamt vier Seminare bei mir. Danach fassten die beiden einen Entschluss: Sie gründeten eine Internet-Stellenbörse unter dem Namen *www.jobsdeutschland.de* … Am 1. Mai 1999 wurde die Firma als Aktiengesellschaft ins Leben gerufen, obwohl sie über keinerlei Eigenkapital verfügten. Also trommelten sie Freunde, Bekannte und weitere Menschen zusammen, die Interesse hatten, bei Ihnen mitzuarbeiten. Die beiden erklärten ihnen ihre Vision, teilten ihnen aber auch zugleich offen mit, über keinerlei Mittel zu verfügen, die sie investieren könnten. Sie boten deshalb allen nur ein Taschengeld an, gaben ihnen aber gleichzeitig die Möglichkeit, sich an der Firma zu beteiligen. Viele nahmen die Herausforderung an! Und Du wirst es kaum glauben: Als sie ein halbes Jahr später mit Emissionsbanken und -häusern über den Börsengang verhandelten, taxierten die Geldinstitute den Wert der Firma zum geplanten Börsengang Mai 2000 (also ein Jahr nach Geschäftseröffnung) auf mehr als 100 Millionen Mark!

Hier nun einige praktische Tipps, die Dir bei der Umsetzung Deiner Ideen zum Vorteil gereichen könnten …

- Jedes Unternehmen sollte **mindestens** 2,5 bis 3 Prozent seines Umsatzes in die Weiterbildung der Mitarbeiter investieren.

- Jedes Unternehmen sollte darüber hinaus **alle Fachzeitschriften abonnieren,** die es in ihrem Marktsegment gibt, und allen Mitarbeitern zugänglich machen.

- Jedes Unternehmen sollte schließlich eine **Betriebsbibliothek** einrichten, die alle interessanten Fach- und Sachbücher sowie Audio- und Videokassetten der Bereiche Management, Marketing, Persönlichkeitsbildung, Verkauf usw. umfasst und die allen Mitarbeitern zugänglich ist. – Falls eine Grundausstattung nötig sein sollte, so steht unser Team gern beratend beiseite. Mittlerweile bieten wir über unseren Weiterbildungs-Shop insgesamt circa 500 Bücher, Audio- und Videokassetten an (die übrigens sämtlich von mir persönlich gelesen und begutachtet worden sind).

- Auch wenn Dein Unternehmen Dir Weiterbildungsseminare ermöglicht, solltest Du **nochmals** 3 Prozent Deines Nettoeinkommens in Deine persönliche Weiterbildung investieren!

- Du solltest Dir alle für Dich relevanten Fachbücher **kaufen,** die Dir zugänglich sind – und sie natürlich auch **lesen.**

- Du solltest ab sofort **während des Autofahren Audiokassetten hören.** Auf diese Weise kannst Du Dir ohne zusätzlichen Zeitaufwand für Dich wichtiges Wissen aneignen. Fahre jedenfalls niemals Auto, ohne gleichzeitig dabei zu lernen! Mache Dein Auto zu einer rollenden Universität!

- Du solltest **täglich eine Stunde lesen!** Auf diese Weise liest Du pro Woche sieben Stunden, wodurch Du auf eine jährliche Leseleistung von über 350 Stunden kommst. Somit liest Du im Jahr zwischen rund 40 bis 60 Bücher. Auf 15 Jahre hochgerechnet, sind das circa 600 bis 900 Bücher. Glaubst Du nicht auch, dass Du all Deinen Mitbewerbern und Kollegen überlegen sein wirst, wenn jeder von ihnen im Schnitt auch nur etwa ein Buch pro Jahr liest?

- Du solltest **pro Jahr zwischen 4 und 6 Kongresse bzw. Seminare besuchen.** Auch wenn Du regelmäßig Bücher liest und Audiokassetten hörst – **der Besuch von Seminaren ist dadurch nicht zu ersetzen.** Bei solchen Teilnahmen klinkst Du Dich zunächst einmal zwei, drei Tage aus Deinem Alltagsleben aus, und während dieser Zeit wirst Du nicht abgelenkt, bist Du voll konzentriert, kannst Du gezielt Fragen stellen nach Sachverhalten, die Dich interessieren, kannst Du Dich in den Pausen mit anderen Teilnehmern unterhalten und Erfahrungen austauschen usw. Mache diese Besuche auf jeden Fall!

- Du solltest ab sofort die **Rausreiß-Technik** anwenden! Wenn Du Dir Taschenbücher kaufst, ist es ratsam, stets einige zuvor herausgerissene Seiten in der Jackentasche mit sich zu führen. Auf diese Weise kannst Du jederzeit, etwa während einer kurzen Wartepause, die betroffenen Seiten herausholen und lesen. Ob Du nun im Sprechzimmer auf Deinen Arzt, ob Du im Flughafen am Gepäckband warten musst – hol Deine Seiten heraus und lese! Es gibt Menschen, die mit dieser Technik jährlich zwanzig Bücher nebenbei lesen.

- Du solltest ab sofort die **Rausreiß-Technik** auf Deine **Zeitungen und Zeitschriften** erweitern. Zunächst einmal empfehle ich Dir, aus den Segmenten Fach-, Management- und Wirtschaftszeitschriften so viele Publikationen wie möglich zu bestellen. Sobald eine Zeitschrift bzw. Zeitung eintrifft, gehst Du sie zunächst durch und reißt alle Seiten heraus, auf denen etwas Interessantes steht. Der Rest landet umgehend im Papierkorb. Hefte nun die entsprechenden Seiten in einem speziellen Schnellhefter ab. Diesen Schnellhefter hast Du stets in Deinem Aktenkoffer bei Dir. Wann immer sich die Gelegenheit ergibt, ob nun im Flugzeug, bei einer Tasse Kaffee, während der Mittagspause – **lies Deine interessanten Artikel!**

- Du solltest Dir die **richtigen Buchautoren** aussuchen. Jährlich erscheinen Zigtausende von Büchern, und da wohl kaum jedes Buch des Bereichs, der Dich interessiert, Dich auch zufrieden stellen kann, solltest Du Dich **vor einem Buchkauf** in jedem Falle über den Autor, dessen Titel Dir zusagen, **gründlich informieren:** Hat er Erfolge vorzuweisen? Kann Dir jemand eines seiner Bücher besonders empfehlen? Wie haben Rezensenten – wichtig hierbei: immer mehrere Kritiken lesen! – seine Bücher besprochen? Falls solche und ähnliche Fragen ein wenig gutes Gefühl bei Dir entstehen lassen, solltest Du von dem jeweils geplanten Buchkauf Abstand nehmen. – Auch an dieser Stelle biete ich Dir Hilfe an. Nimm Dir einfach ein paar Minuten Zeit und besuche meine Homepage im Internet: *www.juergenhoeller.com.* Dort findest Du ausschließlich von mir empfohlene Bücher (zu denen ich darüber hinaus jeweils noch einen Kommentar verfasst und eine Bewertung vorgenommen habe).

Ich hoffe, Dir mit diesen Empfehlungen jene Bereitschaft geweckt zu haben, die für Dein weiteres Vorankommen unerlässlich ist und die da lautet: **lernen, lernen, lernen …**
➜ ARBEITSHEFT, AUFGABEN NR. 43–46.

Eine Investition in Wissen bringt immer noch die besten Zinsen.

Benjamin Franklin

Kapitel 10
Vom Gehirnbesitzer zum Gehirnbenutzer

Wie der Mensch denkt, so ist er!

Aus der Bibel

Vor vielen Jahren besuchte ich einmal ein Seminar meiner Kollegin Vera Birkenbihl, in dem sie über das Thema dieses Kapitels referierte. Sie sagte, dass wir Menschen zwar alle Gehirnbesitzer seien – **aber die wenigsten seien in der Lage, das Gehirn auch zu benutzen!** Seit diesem Seminar interessiert es mich, was das menschliche Denken ausmacht. Ich habe zu diesem Thema praktisch alle relevanten Bücher gelesen, die erhältlich sind, und ich habe in der Alten wie der Neuen Welt Seminare und Kongresse zu diesem Thema besucht. Über die Möglichkeiten unseres Gehirns könnte man nicht nur ein Kapitel, nein, man könnte ein ganzes Buch, nein, man könnte so viele Bücher dazu schreiben, dass damit eine ganze Bibliothek gefüllt würde.

Unser Gehirn ist das komplexeste System, das im gesamten Universum bekannt ist. Es übertrifft die Leistungsfähigkeit des stärksten Computers um ein Zigtausendfaches. Aber obwohl es die Qualität unseres Lebens in jeder Sekunde unseres Daseins beeinflusst, ist es für uns weitaus wichtiger, wie unser Computer funktioniert, als uns Gedanken darüber zu machen, wie unser Gehirn richtig funktioniert. In einigen Schulen gibt es mittlerweile Schulstunden, die den Aufbau und die Funktionsweise eines Computers zum Thema haben – **doch warum gibt es eigentlich nicht auch Schulstunden, in denen sich mit Aufbau und Funktionsweise unseres Gehirns beschäftigt wird?**

Wenn ein Kind zur Welt kommt, hat das Gehirn bereits die Größe eines erwachsenen Menschen. Das ist auch der Grund dafür, warum kleine Kinder im Verhältnis zum Körper einen viel zu großen Kopf haben. Die Anzahl der Nervenzellen ist festgelegt – sie wird sich nicht mehr wesentlich verändern. Könnte dies bedeuten, dass die Intelligenz angeboren und damit auch der Werdegang eines Menschen bereits zur Geburt festgelegt ist? Mitnichten! Denn es ist zwar die Anzahl der Nervenzellen festgelegt, aber **entscheidend sind nicht die Nervenzellen, sondern die so genannten neuronalen Verbindungen** zwischen diesen Nervenzellen. Erst durch Denken und Handeln verbinden sich die Milliarden von Nervenzellen untereinander. Du kannst Dir das bildhaft so vorstellen, als ob weltweit Milliarden von Städten existierten, zwischen denen im Laufe der Zeit Abermilliarden Verbindungsstraßen gebaut würden.

Zum Zeitpunkt der Geburt wiegt das Gehirn eines Babys 500 Gramm, während das eines Erwachsenen etwa 1500 Gramm wiegt. Diese zusätzlichen 1000 Gramm entwickeln sich durch die Trillionen an neuronalen Verbindungen, die nach der Geburt entstehen. Zwar existieren bei der Geburt bereits einige neuronale Verbindungen zwischen den Nervenzellen, denn sonst wäre ja überhaupt kein Fundament für spätere Denkvorgänge vorhanden, doch macht das nur wenige Prozent aus. Wenn wir nun von außen Informationen aufnehmen bzw. selbst einen Denkvorgang durch- oder eine Handlung ausführen, werden diese Informationen gespeichert. Gespeichert werden sie aber nicht in den Nervenzellen selbst, sondern auf den erwähnten **neuronalen Verbindungen.** Je mehr **Informationen** wir nun aufnehmen, je mehr **Reize** also auf unser Gehirn wirken, desto mehr neuronale Verbindungen entstehen. Dieses Wissen ist besonders für die Eltern unter den Lesern wichtig, da Kinder gefordert werden müssen.

Der amerikanische Neurologe Marian Diamond führte einmal ein mittlerweile berühmt gewordenes Experiment mit Ratten durch. Dabei bildete er drei Gruppen:

Gruppe 1: Diese Ratten hatten Spielsachen in ihrem Käfig: Laufräder, Leitern, Rutschen, Trapeze usw.

Gruppe 2: Diese Ratten hatten einen Käfig direkt neben den »Spielratten«, konnten diese also beim Spielen beobachten, hatten selbst jedoch kein eigenes Spielzeug.

Gruppe 3: Diese Ratten waren isoliert und hatten weder Spielzeug, noch konnten sie die anderen beim Spielen beobachten.

Und nun das Ergebnis:

Gruppe 3: Die Ratten dieser Gruppe (keine Spielsachen, keine Möglichkeit zum Zuschauen) starben relativ jung und wiesen nur sehr wenig neuronale Verbindungen auf.

Gruppe 2: Die Ratten dieser Gruppe (keine Spielsachen, aber die Möglichkeit zum Zuschauen) starben genauso jung und wiesen genauso wenig neuronale Verbindungen wie die der Gruppe 3 auf.

Gruppe 1: Die Ratten dieser Gruppe (mit Spielsachen) wurden älter und wiesen eine wesentlich größere Menge an neuronalen Verbindungen auf als ihre übrigen Artgenossen.

Die Schlussfolgerung: Es reicht nicht aus »zuzusehen« – Du musst die Sachen tun! Es reicht nicht aus, Kinder nur »zusehen« zu lassen – lass sie mitmachen! Es reicht nicht aus, dass Seminarteilnehmer nur zuhören – sie müssen mitmachen, sie müssen die Dinge miterleben! Die Konsequenz: **Handeln! Handeln! Handeln!**

Ein amerikanischer Psychologe hat einmal zwei Indianerstämme über Jahre beobachtet. Die beiden Stämme lebten so nahe beieinander, dass ihre Reservate praktisch ineinander übergingen. Es gab also exakt identische äußere Bedingungen. Interessant war nur, dass der eine Indianerstamm seine Kinder krabbeln und frei bewegen ließ, während der andere Stamm seinen Kindern solch Krabbeln und Bewegen nicht gestattete. Intelligenztests, die bei dem Stamm durchgeführt wurden, bei dem sich die Kinder frei bewegen durften, ergaben gegenüber dem anderen Stamm einen um 25 Punkte höheren Intelligenzquotienten. **Lasse also deine Kinder so viel wie möglich bewegen** (und enge sie nicht ständig in Laufställe ein!). Um es nochmals festzuhalten: Die Menge der neuronalen Verbindungen zwischen den Nervenzellen ist entscheidend dafür, wie leistungsfähig Dein Gehirn ist. Und die Leistungsfähigkeit Deines Gehirns hat logischerweise einen direkten proportionalen Zusammenhang mit Deinem Erfolg. Um möglichst viele neuronale Verbindungen zu erhalten, ist es deshalb notwendig, Dein Gehirn zu »fordern«.

Hast Du schon einmal von den Nonnen von Mankato in Minnesota gehört? Diese Nonnen werden alt, sehr alt, außergewöhnlich alt. Sie werden im Durchschnitt um viele Jahre älter als der Normalbürger. Aber noch erstaunlicher ist: Jene Nonnen haben wesentlich weniger Alzheimer, Schlaganfälle und (meist altersbedingte) Geistesschwäche (Demenz) als allgemein üblich. Die Neugier des Wissenschaftlers trieb dann den Gerontologen David Snowdon vom *Sanders Brown Center of Aging* der University of Kentucky dazu, sich mit dem Phänomen dieser Ordensgemeinschaft näher zu befassen. Nachdem sich 678

Schwestern bereit erklärt hatten, ihr Gehirn nach ihrem Tod Snowdon für wissenschaftliche Studien zu überlassen, konnte der Forscher nach vier Jahren und 500 untersuchten Gehirnen eine ungewöhnlich hohe Zahl an neuronalen Verbindungen feststellen!

Bedeutet das denn nun, dass Menschen, die über außergewöhnlich viele neuronale Verbindungen verfügen, weder Alzheimer noch ähnliche Krankheiten bekommen? Nein, so ist es nicht! Aber anscheinend ist das Gehirn in der Lage, dass es – vorausgesetzt, es sind genügend neuronale Verbindungen vorhanden – erkrankte Bereiche regelrecht »umgehen« kann. Stelle Dir vor, Milliarden von Städten sind durch Straßen miteinander verbunden. Nun sind durch Erdbeben etliche Straßen in einem bestimmten Gebiet zerstört. Jetzt wird der »Verkehr« einfach um dieses zerstörte Gebiet geleitet. So etwas kann natürlich nur funktionieren, wenn vorher ausreichend Verbindungsstraßen gebaut worden sind.

Je höher die Anzahl der neuronalen Verbindungen, desto weniger können Alzheimer und Demenz ausrichten!

Doch warum haben die Schwestern von Mankato so außergewöhnlich viele neuronale Verbindungen? Die Nonnen trainieren regelmäßig ihr Gehirn. Geistiges Nichtstun ist bei ihnen verpönt. **Die Schwestern bilden sich regelmäßig weiter!** In ihrer Freizeit lösen sie Denksportaufgaben, diskutieren, schauen sich Quizsendungen an, veranstalten selbst Quizabende usw. Aber das Wichtigste: **Alle führen ein Tagebuch!**

Meine Empfehlung an Dich lautet denn auch, dass Du auf der Stelle damit beginnst, ein Tagebuch zu führen – allerdings kein Tagebuch, das als Hort irgendwelcher Belanglosigkeiten herhalten muss, sondern ein Tagebuch, das Dich fördert, Dein Selbstbewusstsein aufbaut, deine innere Zufriedenheit steigert und Dich schließlich zu Deinen Zielen führt. Genau zu diesem Zweck habe ich auch den schon erwähnten *Erfolgsplaner* entwickelt.

Da das Ganze so wichtig ist, fassen wir die bisher gewonnenen Erkenntnisse über unser Gehirn noch einmal zusammen: Je mehr das Gehirn belastet wird (durch Denken und Tun!), desto größer ist die Denkleistung. **Deshalb ist Intelligenz nicht angeboren!** Beispiele gefällig?

- In den USA wurde 1964 ein Programm zur Unterstützung benachteiligter Vorschüler gestartet (Head-Start-Program), wobei die Betroffenen ihren Intelligenzquotienten (IQ) schon nach wenigen Wochen um 10 Punkte verbesserten!

- Wissenschaftler an der University of Irvine in Kalifornien spielten Testkandidaten jeweils über zehn Minuten Mozart-Sonaten für zwei Klaviere in D-Dur (KV 448) vor – und der IQ steigerte sich in diesen wenigen Minuten um 8 bis 10 Punkte!

- Französische Wissenschaftler beobachteten 65 Kinder, die in Waisenhäuser lebten und einen IQ von durchschnittlich 85 hatten (normal sind 100). Nachdem die Kinder adoptiert worden waren, untersuchte man sie einige Jahre später erneut auf ihren IQ. Das Ergebnis: Je »höher« der gesellschaftliche Status einer Familie war, in der sie lebten, desto höher war mittlerweile auch ihr IQ. Bei vielen Kindern hatte er sich auf 100 angehoben, bei vielen weiteren lag er allerdings auch weit über 100. Dagegen bewegte sich der IQ bei den Kindern, die in sozial schwächeren Familien lebten, immer noch um den zuvor festgestellten Level.

Es liegt demnach an uns, die Leistungsfähigkeit unseren Gehirns zu verbessern! Ist das nicht fantastisch? Es liegt aber auch an uns, jene Leistungsfähigkeit »herunterzufahren«. Wissenschaftler haben nämlich festgestellt, dass die Leistungsfähigkeit des Gehirns um 20 Punkte abnimmt, sobald wir auch nur 14 Tage geistig nichts tun. Wenn aber nun die Leistungsfähigkeit unseres Gehirns durch Nichtdenken und Nichttun abnehmen kann, dann, so meine feste Überzeugung, kann sich die Leistungsfähigkeit unseres Gehirns bei entsprechender Belastung steigern! Deshalb wage ich, ganz unwissenschaftlich, folgenden Vergleich: **Das Gehirn ist mit einem Muskel vergleichbar!**

Wenn wir einen Muskel nicht regelmäßig bewegen und trainieren, dann erschlafft er. Hast Du schon einmal einen Gips getragen? Nach bereits vier Wochen hat sich die entsprechende Muskulatur um bis zu 80 Prozent verringert! Wenn Du anschließend die Muskulatur wieder belastest, wirst Du jedoch in kürzester Zeit Deinen Muskel wieder aufgebaut haben. Wie funktionieren nun die Zusammenhänge? Nehmen wir einmal an, Du gehst in ein Fitnessstudio und bekommst dort von einem Trainer eine Übung mit einer Hantel gezeigt. Du bewegst also Deinen Bizeps gegen den Widerstand der Hantel. Dein »intelligenter« Körper, der sich gegen ähnliche »Angriffe« schützen will, baut jetzt etwas mehr Muskulatur auf, als vorher da war. Wenn Du nun regelmäßig den Muskel gegen Widerstand trainierst, wird er immer leistungsfähiger. Und genauso verhält es sich mit Deinem Gehirn: Je regelmäßiger Du Dein Gehirn forderst, trainierst, ihm Widerstände bietest, desto mehr neuronale Verbindungen muss es herstellen und desto leistungsfähiger wird Deine Denkfähigkeit. Gehirntraining besteht dabei neben verschiedenen geistigen Aktivitäten vor allem aus Denken und Visualisieren – weshalb Du Dir oft bildhaft Dinge vorstellen solltest, am besten Deine Ziele und die idealen Schritte Deines Lebens!

Jedes Problem ist ein geistiger Widerstand!

Sieh also in Zukunft Probleme positiv an, denn sie sorgen dafür, dass Du geistig wächst! Jedes Problem regt Dein Gehirn an, neuronale Verbindungen herzustellen. Wissenschaftler haben festgestellt, dass ganz bestimmte Gedanken, die Du anstellst, von ganz bestimmten Bereichen Deines Gehirns gesteuert werden. Das macht Dein Gehirn, damit sich der jeweilige Bereich (neuronale Verbindungen) in dieser Gehirnregion weiterentwickelt und ausbaut, je häufiger er zum Einsatz kommt. Vergleiche das einmal mit folgender Assoziation: Wenn Du etwas denkst, tust, auch wenn Du Sinneseindrücke aufnimmst, dann entsteht zwischen zwei Städten eine kleine Verbindung – nennen wir es einen Trampelpfad durch einen Wald. Nun denkst Du diese Sache wieder und wieder. Aus dem Trampelpfad wird ein breiter Weg, der in der Folgezeit mit Schotter aufgefüllt wird, um dann eines Tages geteert zu werden, bis er zweispurig ausgebaut wird, ehe irgendwann eine vierspurige Autobahn entsteht, schließlich eine sechsspurige. Je öfter Du also gleiche Sachen denkst und tust, desto stärker wird die jeweilige Region!

Wenn Du demzufolge negative, pessimistische Gedanken hast, dann stärkt es genau die Bereiche Deines Gehirns, die diese geistigen Vorgänge steuern. Das bedeutet natürlich: Wenn die entsprechenden Gehirnbereiche stärker werden, werden sie Dich auch stärker beeinflussen – deine negativen Gedanken werden stärker. Dagegen sind andere Bereiche Deines Gehirns für positive, aufbauende, konstruktive Denkmuster zuständig. Wenn Du diese Bereiche trainierst, also die dafür zuständigen Gedanken entstehen und sie sich entwickeln lässt und die dafür zuständigen Sinneseindrücke von außen aufnimmst, dann werden diese Bereiche immer stärker – **und werden, sozusagen im Umkehrschluss, für das ständig häufiger werdende Entstehen der entsprechenden Gedanken sorgen.**

Achte darauf, dass Du die positiven Bereiche Deines Gehirns ausbaust und stärkst!

Im Jahre 1981 erhielt Professor Roger Sperry den Nobelpreis für seine Forschung über das Split-Brain. Er untersuchte und erkannte Ende der Sechzigerjahre, dass das menschliche Gehirn zwei Gehirnhälften besitzt (eine linke und eine rechte). Diese zwei vollkommen unterschiedliche Gehirnhälften besitzen vollkommen unterschiedlichen Fähigkeiten ...

Linke Gehirnhälfte. Die linke Gehirnhälfte ist die Gehirnhälfte für die Logik, für die Ratio, die Vernunft, den Verstand. Dort ist der Sitz der Sprache, der Logik, der Analyse, und dort sind auch Abstraktion, Details, Lesen, Rechnen usw. zu Hause.

Rechte Gehirnhälfte. Die rechte Gehirnhälfte ist zuständig für unsere Gefühle. Dort sitzen Kreativität, Neugierde, Intuition (der sechste Sinn) und Innovationsdenken, und dort sind unter anderem Kaufanreize und Ganzheitlichkeit zu Hause.

Im deutschsprachigen Kulturkreis hat man festgestellt, dass die Männer sehr stark die linke Gehirnhälfte, also die Verstandesseite heranziehen. Dies hat den Grund, warum für sie immer alles einen »Sinn« haben muss. Sie müssen stets alles logisch erfassen, analysieren und darauf aufbauende, logische Schlussfolgerungen ziehen. Frauen dagegen setzen ihre rechte Gehirnhälfte stärker ein. Deshalb sind sie auch im Vergleich zu den Männern mehr gefühlsorientiert.

Jene unterschiedliche »Denkweise« führt natürlich nicht selten zu Konflikten. Ein Beispiel: Der Mann kommt von der Arbeit nach Hause, wo ihn seine Frau bereits erwartet. Kaum hat er sich hingesetzt, schildert sie ihm aufgeregt und entrüstet von einem Problem. Er hört sich das alles in Ruhe an und unterbreitet ihr schließend einen logisch fundierten Rat. Da springt sie wutentbrannt auf, schreit: »Du verstehst mich nicht!« und verlässt das Zimmer. Was ist passiert? Frauen wollen meist, wenn sie Probleme haben, keine schnellen Lösungen. Für Sie ist es zunächst einmal wichtig, über ein Problem zu reden und dabei ihre Gefühle mitzuteilen. Männer wirken dagegen nahezu kühl und berechnend, das heißt, sie analysieren etwas und suchen nach Lösungen. Diese Vorgehensweise ruft bei ihren Partnerinnen meist dadurch das Gefühl, ihr Mann würde überhaupt nicht auf sie eingehen, hervor. Die Lösung? Der Partner sollte einfach nur zuhören, ohne einen Ratschlag zu erteilen. Wenn er dies tut, wird sich seine Frau geliebt und verstanden fühlen. Sie wird dann entweder selbst auf eine Lösung kommen oder den Mann um einen Lösungsvorschlag bitten – und dann, erst dann kann er einen solchen Vorschlag unterbreiten …

Wie gesagt, findet das Denken in der linken Gehirnhälfte statt. Das bringt einige Auswirkungen mit sich: Wenn wir beispielsweise von unserer Außenwelt etwas aufnehmen, dann überprüft die linke Gehirnhälfte sofort, ob hierzu bereits Speicherungen vorhanden sind. Wenn ja, fragt sie sich, ob sie sie mit den neuen Informationen übereinstimmen. Falls nein, wird die neue Information zensiert …

- Das habe ich noch nie gehört!

- Das macht keinen Sinn!

- Was werden meine Kollegen, meine Nachbarn (mein Arzt, mein Apotheker …) dazu sagen?

Aufgrund der Struktur unseres gesamten Schul- und Ausbildungssystems wird eindeutig die linke Gehirnhälfte stark in Anspruch genommen. In der Schule wird deshalb Kreativität allenfalls am Rande gefördert, während abrufbares Wissen ständig gefordert wird. Dabei gibt es entweder ja oder nein! Wir geben entweder die richtigen oder die falschen Antworten und erhalten dafür entweder eine Belohnung oder eine Bestrafung (Noten!). **Für Neugierde, Kreativität, gar Intuition ist in unserem System so gut wie kein Platz.** So verkümmert im Laufe der Zeit mehr und mehr unsere rechte Gehirnhälfte und wir werden immer logischer, immer vernünftiger, immer erwachsener! Und für Erwachsene macht es eben keinen Sinn, beim Regen mit beiden Füßen in die Pfützen zu springen und Spaß zu haben. Wir benötigen immer einen Grund, einen logischen Sinn, um Spaß zu haben! Wenn wir in den Kalender schauen und wir registrieren, dass in drei Wochen Karneval ist, dann wissen wir, dass Altweiber die tollen Tage beginnen, dass spätestens Rosenmontag die Pappnase aufgesetzt und der Narrenhut hervorgeholt wird und dass dann das ganze Büro Polonaise tanzt. An diesem Tag macht es ja auch einen Sinn, Spaß zu haben und verrückt zu sein! Wer das ganze zwei Tage später (am Aschermittwoch) tun würde, der wäre einfach nicht mehr normal …

Wie gesagt, werden wir in der Schule darauf gedrillt, Wissen aufzunehmen, zu lernen. Das jedoch kommt allein unserer linken Gehirnhälfte, unserem Intelligenzquotienten zugute. Doch der Intelligenzquotient allein bringt uns nicht zum Erfolg. Ich kenne eine Menge Menschen, die einen IQ von 120 besitzen, aber für einen Menschen arbeiten, dessen IQ nicht einmal 100 erreicht! Die rechte Gehirnhälfte kommt somit erheblich zu kurz. Menschen, die improvisieren, die aus dem »Bauch heraus« entscheiden, die tüfteln und erfinden, die schöpferisch tätig sind – solche Menschen scheinen nicht gefragt zu sein hat … Deshalb eine gute Nachricht für die Frauen vorweg: **Das dritte Jahrtausend wird das Jahrtausend der Frauen!**

Im 3. Jahrtausend kommt es immer mehr auf unsere schöpferischen Fähigkeiten an!

Die vorhandene Fähigkeit der Frau, die rechte Gehirnhälfte besser einzusetzen als der Mann, hilft Eva ganz einfach dabei, zukünftig bessere Ideen als Adam zu produzieren. In einer Welt, in der es immer mehr Wettbewerb, immer mehr Druck, immer mehr Vergleichbarkeit gibt – in Zukunft ist jeder Preis über das

Internet weltweit vergleichbar –, in solch einer Welt kommt es eben nicht darauf an, das Gleiche zu machen wie alle anderen, sondern darauf, anders zu sein als die anderen, ungewöhnlich zu sein, auch Neues zu erfinden, einfach … **schöpferisch zu sein!**

Nach dem Drill in der Schule werden wir später dann darauf gedrillt, dass wir uns anzupassen, dass wir das zu tun haben, was man von uns erwartet, dass auf Knopfdruck jede gewünschte Informationen abrufbar zu sein hat. Wenn wir dann jedoch eines Tages das Glück haben, in eine Führungsposition befördert zu werden, ist das Dilemma da, denn als Führungskraft kommt es eben nicht (allein) darauf an, dass wir Wissen aufnehmen und auf Knopfdruck wieder herauslassen – jetzt kommt es vermehrt darauf an, dass wir kreativ sind, dass wir motivieren können, dass wir neue Prozesse anstoßen usw. Aber das haben wir über Jahrzehnte hinweg womöglich nicht gelernt …

Manches, was ich in meinen Seminaren lehre, stammt aus dem NLP-Bereich (Neurolinguistisches Programmieren). Richard Bandler gilt zusammen mit John Grinder als Begründer des NLP. Doch was ist NLP? Um es vereinfacht auszudrücken: **NLP ist die fantastische Fähigkeit, mit unserem Gehirn richtig umzugehen!**

Eine Grundlehre des NLP zielt darauf ab, die richtigen Fragen zu stellen. **Denn die Fragen, die wir uns stellen, produzieren die entsprechende Antworten.** Beispiel: Wenn ich mich frage, warum ich ein schlechter Verkäufer bin, dann erhalte ich eine entsprechende Antwort. Wenn ich dieses Spielchen weiter treibe (wie es heute bei vielen Psychologen geschieht), dann lande ich eines Tages mit Sicherheit in der Kindheit und erhalte wahrscheinlich die Erkenntnis, dass in irgendeiner Art und Weise die Eltern schuld waren … Doch es interessiert nicht, warum jemand ein schlechter Verkäufer ist – **viel wichtiger wäre doch herauszufinden, *wie* jemand ein *guter* Verkäufer wird!** Und so interessiert es auch nicht, warum jemand deprimiert ist – viel entscheidender ist doch herauszufinden, wie der Betroffene diesen Zustand verlassen kann! Eines der entscheidenden Kriterien beim Umgang mit unserem Gehirn ist also, die richtigen Fragen zu stellen.

**Die Qualität der Fragen,
die Du Dir selbst stellst,
entscheidet über die Qualität des Lebens,
das Du führst!**

Hier noch einmal zur Verdeutlichung und Vertiefung die zwei schlimmsten Fragewörter, die es im Bezug auf persönliche Entwicklung gibt:

- **Warum** kann ich nicht …? … schaffe ich nicht …? … bin ich nicht ...?

- **Ob** ich das wohl kann (schaffe)?

Diese beiden **negativ formulierten** Fragemodelle werden auch **negativ formulierte** Antworten produzieren. Sie werden dazu führen, dass Du Dich als Versager fühlst, dass Du nicht glauben kannst, Dein Leben positiv zu gestalten. Hier nun die Zauberwörter, mit denen Du Wunder-Fragen stellen kannst – Wunder-Fragen deshalb, weil sie Dein Leben auf wunderbare Weise verändern werden:

- **Wie** kann ich vorgehen, um …?

- **Was** kann ich tun, um …?

- **Welche** Möglichkeiten habe ich, um …?

Du glaubst, das sei ja zu einfach? Ich habe festgestellt, dass die meisten Erfolgsweisheiten einfach sind. Vielleicht weil sie so einfach sind, werden sie von vielen Intellektuellen zu sehr hinterfragt und zerpflückt – es wäre ja zu einfach, um schön zu sein! Ein intellektueller Mensch (und damit meine ich nicht, dass jeder mit einem Doktortitel gleichzeitig ein Intellektueller ist!) benötigt immer wissenschaftlich abgesicherte Theorien, ehe er etwas glauben kann. Doch die meisten Theorien trüben den Blick dafür, was uns erfolgreich macht! Ich glaube nicht, dass es notwendig ist, negative Erlebnisse der Vergangenheit, also Traumata, ständig in der Praxis des Psychologen nachzuleben. Da wir alles, was wir von außen aufnehmen sowie selbst denken und tun, in die entsprechende Region unseres Gehirns gelangt (in der es ja bereits gespeichert ist), wird das Ganze nochmals verstärkt gespeichert – und somit nur noch schlimmer …

Es ist natürlich eine herrliche Vorstellung, dass ein Problem, ein Trauma verschwindet, wenn ich darüber rede und es verstehe. Und dennoch besteht hier ein Widerspruch: Es gibt eine Menge Probleme auf dieser Welt, die ich durchaus verstehe – **und trotzdem sind sie immer noch da!** Du hast eine Menge Schulden, Du bist fast pleite? Du kannst deine finanziellen Probleme voll verstehen? Das ändert alles nichts an der Tatsache, dass Du aufstehen und irgendetwas **verändern** musst, um deine finanzielle Situation zu verbessern, oder?

Andererseits will ich damit nicht ausdrücken, dass Erkenntnisse nicht gut und wichtig sind. Vielleicht können wir uns darauf einigen, dass es wichtig ist, **zuerst** ein Problem zu verstehen (Erkenntnisprozess) und **anschließend** nach konstruktiven Wegen zu suchen, um das Problem zu lösen. Einverstanden?

Da alle Menschen grundsätzlich über das gleiche Nervensystem verfügen, erscheint es durchaus logisch, dass auch alle Menschen grundsätzlich zu den gleichen Leistungen fähig sind, ja, in der Lage sind, die gleichen bzw. vergleichbare Spitzenleistungen zu vollbringen. Jene Leistungen werden sie allerdings natürlich nur erreichen, wenn sie auch willens und in der Lage sind, die gleichen Techniken und Strategien einzusetzen wie diejenigen, die Spitzenleistungen in ihrem Leben erreichen bzw. erreicht haben. ➜ ARBEITSHEFT, AUFGABE NR. 47.

Ändern Sie Ihre Gedanken –
und sie ändern die Welt!

Norman Vincent Peale

Kapitel 11
Die Macht der Gewohnheit

Säe eine Gewohnheit –
und du kannst eine Tat ernten.
Säe eine Tat –
und du kannst eine Gewohnheit ernten.
Säe eine Gewohnheit –
und du kannst deinen Charakter ernten.
Säe deinen Charakter –
und du erfüllst Deine Bestimmung!

Die kleine Sabine, sieben Jahre alt, hilft ihrer Mutter mit Begeisterung beim Kochen. Insbesondere sonntags, wenn sie Zeit hat, ist sie eine aufmerksame Assistenzköchin. Eines Tages stellt Sabine fest, dass ihre Mutter immer die Enden vom Braten abschneidet, bevor vor sie ihn in den Backherd schiebt. Als sie daraufhin fragt, warum sie das denn mache, antwortet ihre Mutter: »Das weiß ich nicht so genau. So hat das schon meine Mutter, also Deine Oma, immer schon gemacht.« Da die Oma im gleichen Haus wohnt, wird sie von Sabine beim Mittagessen befragt: »Du, Oma, warum hast du denn immer früher, als du mit der Mutti das Essen gekocht hast, die Enden vom Braten abgeschnitten, bevor du ihn in den Ofen geschoben hast?« Die Oma überlegt und antwortet: »Das weiß ich auch nicht so genau, mein Kind, aber das hat meine Mutter, also Deine Uroma, schon immer so gemacht.« Da die Uroma noch lebt, nutzt Sabine beim nächsten Besuch die Chance: »Sag mal, Uroma, warum hast du eigentlich immer früher, wenn du einen Braten gemacht hast, die beiden Enden abgeschnitten, bevor du ihn in den Ofen geschoben hast?« Die 95-jährige Uroma überlegt nur kurz: »Ganz einfach: Damals hatte ich einen Neun-Personen-Haushalt zu verköstigen und der Sonntagsbraten war meistens so groß, dass er nicht in meine Form gepasst hat. Deshalb habe ich die beiden Enden abgeschnitten und sie separat gekocht.«

Heute, während ich diese Zeilen schreibe, ist der 30. Dezember. Morgen ist Silvester, dazu noch der Übergang zum Millennium, und Millionen von Menschen auf der ganzen Welt haben wieder einige jener berühmten »guten Vorsätze«, an die sie sich im nächsten Jahr halten wollen. Viele jedoch kommen erst gar nicht dazu, sie auch umzusetzen. Wird noch Punkt Mitternacht lauthals verkündet: »Das war der letzte Zug an einer Zigarette«, so zünden sie sich noch keine halbe Stunde später den ersten Glimmstängel wieder an. Warum ist das so? Der Wille zur Veränderung war doch da! Warum ist es trotzdem so schwer, seine alten Gewohnheiten zu ändern?

Aus irgendeinem Grund glauben die meisten Menschen, es sei sehr einfach, seine Gewohnheiten zu ändern: »Man muss nur wollen!«, lautet dann oft die Aussage. Doch wir vergessen dabei, dass wir zwar ausführlich und lange lernen, wie man beispielsweise ein Auto fährt, aber wir machen uns leider keine Mühe damit, wirklich zu lernen, wie wir zu Denkweisen und Handlungen gelangen, deren Anwendung uns erfolgreicher machen.

Gewohnheiten werden dadurch gebildet, dass Du irgendetwas tust, das dann in einem bestimmten Bereich Deines Gehirns gespeichert wird. Wenn Du nun dieses Tun ständig **wiederholst,** dann verstärkt sich jener Bereich in Deinem Gehirn, in dem die betreffende Handlung verankert ist. Nach einiger Zeit ist aus diesem erstmaligen Tun eine Gewohnheit geworden. Wie stark Gewohnheiten in unserem Inneren verfestigt sind, zeigt sich beispielsweise bei Menschen, bei denen eine Amputation vorgenommen worden ist. Häufig ist bei ihnen folgendes Phänomen festzustellen: In den ersten Tagen nach der Amputation, etwa der des linken Unterarms, bewegen sie, wenn sie etwas greifen wollen, den linken Oberarm in die entsprechende Richtung. Obwohl ihnen bewusst ist, dass der Arm nicht mehr existiert, ist doch die alte Gewohnheit präsent. Wissenschaftler haben festgestellt, dass es circa 21 Tage dauert, ehe sich solche Amputierte unbewusst einer anderen Gliedmaße bedienen (in dem geschilderten Beispiel also des rechten Unterarms). **Anscheinend dauert es also mindestens 21 Tage, ehe eine neue Gewohnheit in unserem Gehirn programmiert ist.**

Bei einem wissenschaftlichen Versuch »behandelte« man die Hände einiger Menschenaffen so geschickt durch Binden, dass sie nur noch einen Finger frei bewegen konnten. Als man einige Wochen später die Binden wieder löste, bewegten die Affen dennoch nur jenen einen Finger, den sie auch zuvor nur bewegen konnten. Die bewusst herbeigeführte neuronale Verbindung war also mittlerweile von einem »Trampelpfad« zu einer »Autobahn« geworden, so dass sie unbewusst eben nur den einen freien Finger bewegten.

Fazit des Experiments:
Solche Experimente veranschaulichen deutlich, warum es so

**Man muss das gesamte neue Verhalten
so oft wiederholen,
bis sich daraus eine Gewohnheit entwickelt!**

schwer ist, alte Gewohnheiten zu verändern: Der Wille mag zwar vorhanden sein, aber die alte »Datenautobahn« funktioniert noch. Da man alte Gewohnheiten nicht »löschen« kann, müssen also neue Programmierungen im Gehirn vorgenommen, also neue, bessere Gewohnheiten installiert werden, die dann die alten Gewohnheiten ablösen.

Erinnerst Du Dich, falls Du schon mal Zigarettenraucher warst, noch an Deinen ersten Lungenzug? Oder erinnerst Du Dich noch an Deinen ersten Schluck Bier oder an Deinen ersten Schluck Kaffee? Schmeckte der erste Zigarettenzug wirklich? War der erste Schluck Bier auch wirklich köstlich, der erste Schluck Kaffee anregend? Lassen wir einmal die berühmte Ausnahme von der Regel außen vor: Wenn Du Dich genau erinnerst, wirst Du feststellen, dass nichts von allem auch nur entfernt mit Genuss zu tun hatte. Mein erster Lungenzug beispielsweise sorgte für einen Stich in der Lunge – aber ich konnte mir vor meinen Kumpels natürlich nichts anmerken lassen. Und das Merkwürdige ist: Wenn man einmal etwas regelmäßig wiederholt hat (obwohl es einem nicht zusagte, man sich vielleicht sogar geekelt hat) – **nach einiger Zeit hat man sich daran gewöhnt und noch ein wenig später ist die Macht der Gewohnheit nicht mehr zu stoppen.**

Da ein Kind weder als Raucher noch als Trinker, weder als Bewegungsmuffel noch als ein von (einer bestimmten) Sucht besessener Mensch auf die Welt kommt, haben wir uns die schlechten Gewohnheiten regelrecht antrainiert. **Wenn es aber möglich ist, dass wir uns schlechte Gewohnheiten antrainieren, dann muss es auch möglich sein, sich positive Gewohnheiten anzutrainieren!**

Wenn Du zum ersten Mal etwas denkst oder etwas tust, dann muss Dein Gehirn mühevoll eine neuronale Verbindung zwischen den Nervenzellen schaffen. Das ist vergleichbar einer Erkundung des Regenwalds: Der Forscher muss sich mit der Machete mühevoll und langsam einen Weg durch den Dschungel schlagen. Wenn aber ein Gedanke wieder gedacht oder eine Tat wieder ausgeführt wird, dann ist das so, als ob der Forscher im Regenwald den Weg wenige Tage später nochmals geht und mit der Machete den Weg verbreitert, so dass es weniger Hindernisse gibt und er schneller laufen kann. Aller Anfang ist deshalb nun einmal schwer – **doch durch regelmäßige Wiederholung wird ein bestimmter Vorgang immer einfacher, immer besser, immer schneller funktionieren!**

Viele Menschen glauben, dass ihre Schicksalsschläge vom Zufall oder vom lieben Gott oder von wem auch immer bestimmt werden. Selbst wenn es den berühmten »Zu-fall« gibt, so werden doch die meisten Dinge, die passieren, von Dir selbst herbeigeführt – durch Deine regelmäßigen Gewohnheiten! Hast Du zu Beginn dieses Kapitels das Zitat genau gelesen? Das, was der Verfasser aussagen will, ist eindeutig: Es ist die Summe Deiner regelmäßig ausgeübten Gewohnheiten, die schließlich Deinen Charakter ergeben. **Somit ist Dein Charakter verantwortlich für Deine Resultate wie Deine Ergebnisse, für Deine Erfolge wie Deine Misserfolge!** Vielleicht hast Du Deinen Charakter bisher als angeboren oder vererbt, als unabänderlich oder als was auch immer angesehen. Spätestens jetzt weißt Du jedoch, dass Dein Charakter größtenteils nicht angeboren ist, sondern eben »antrainiert« worden ist – vielleicht durch Deine Erziehung, vielleicht durch Deine Umgebung. Wie er nun entstanden ist, ist letztendlich vollkommen egal – wichtig ist vielmehr Folgendes: Da Du nunmehr das Wissen um die Entstehung eines Charakters hast, bist Du in der Lage, **Deinen Charakter selbst zu trainieren, zu gestalten, Dich praktisch selbst zu erziehen!**

Wir sind das, was wir wiederholt tun.
Vorzüglichkeit ist
keine Handlung, sondern eine Gewohnheit!

Dieses Zitat stammt von Aristoteles, dem Lehrer Alexanders des Großen und Gründer der berühmten Philosophenschule Athens, die etwa um das Jahr 335 v. Chr. entstand. Aristoteles schuf die Formale Logik, verfasste bedeutende Schriften zur Ästhetik, zur Ethik, zur Metaphysik, zur Naturgeschichte, zur Politik und gilt neben Sokrates und Platon als Begründer der klassischen philosophischen Tradition des Abendlandes. Was muss dieser Aristoteles doch bereits für eine Weisheit besessen haben, wenn er vor mehr als 2300 Jahren bereits um die »Macht der Gewohnheit« wusste?

Wie stark die Macht der Gewohnheit ist, beschreibt anschaulich die folgende Geschichte …

Larry Bird zählt zu den Legenden des amerikanischen Basketballs. Er war seinerzeit der Star der *Boston Celtics*. Auf dem Höhepunkt seiner Karriere erhielt Larry Bird einen hoch dotierten Werbevertrag für einen Softdrink-Hersteller. Im Rahmen dieses Vertrags sollte er einen Werbespot fürs Fernsehen drehen. Das Drehbuch sah vor, dass er einen Wurf auf den Korb verpatzt, dann einen Softdrink der Firma zu sich nimmt und anschließend, natürlich befreit lächelnd, den nächsten Ball »versenkt«. Soweit zur Theorie.

Als nun gedreht wurde, passierte Folgendes: Larry Bird warf den ersten Ball – und traf in den Korb, obwohl er gerade das eigentlich nicht tun sollte. Er warf ein zweites Mal – wieder in den Korb. Insgesamt neunmal hintereinander versenkte er den Ball, ehe er es schließlich »schaffte«, daneben zu werfen …

Ist das nicht merkwürdig? Jeder Basketball-Fan wäre happy, wenn er von zehn Bällen mehr als einen versenken würde – Larry Bird hatte Schwierigkeiten, von zehn Bällen wenigstens einen nicht zu versenken. So stark kann also die Macht der Gewohnheit sein, jene Macht der konditionierten Reflexe, wie es in der Sprache der Wissenschaftler heißt. Letztendlich könnte man durchaus feststellen: Erfolgreiche Menschen sind so erfolgreich, weil sie erfolgreiche Gewohnheiten installiert haben. Und erfolgreiche Gewohnheiten setzen positiv angelegte Programmierungen voraus, die durch entsprechende Trainingseinheiten, ob nun bewusst, ob unbewusst, »installiert« worden sind.

Erfolgreiche Menschen besitzen einfach mehr positive Gewohnheiten als erfolglose!

Um mehr Erfolg zu produzieren, musst Du also lernen, Deine Grenzen zu überschreiten, Deine negativen Gewohnheiten zu durchstoßen. Alle Denkweisen, Einstellungen, Vorgänge usw., die Du unter der »Rubrik« *Positive Gewohnheiten* in Deinem Inneren installieren willst, damit Du sie auch leben kannst, solltest Du mindestens 30 Mal nacheinander wiederholen. Hier ein paar Beispiele …

- Wenn Du beschließt, in Zukunft Deinen Körper durch sportliches Training mit mehr Energie aufzuladen, dann musst Du das hierfür entsprechende Training an 30 hintereinander folgenden Tagen wiederholen. Falls Du beispielsweise 30 Tage jeden Morgen direkt nach dem Aufstehen joggst, ist es eine Gewohnheit. Willst Du dann am 31. Tag das Training ausfallen lassen, dann wirst Du feststellen: Dein Körper signalisiert Dir, dass ihm etwas fehlt.

- Wenn Du 30 Tage hintereinander stilles Wasser trinkst und am 31. Tag dann wieder einmal an einem »kohlensäurehaltigen« Mineralwasser nippst, wirst Du feststellen, dass es Dir nicht mehr schmeckt – Du kannst Dich fast nicht überwinden, die Kohlensäure zu schlucken.

- Wenn Du 30 Tage hintereinander keinen Kaffee trinkst, stattdessen frisch gepresste Obst- oder Gemüsesäfte, und am 31. Tag dann einen Schluck Kaffee nimmst (ohne dazu etwas zu essen!), wirst Du feststellen, dass Dir Kaffee nicht mehr schmeckt.

- Wenn Du 30 Tage hintereinander zu einem bestimmten Zeitpunkt Deine Autosuggestion vor dem Spiegel ausführst, dann ist es danach eine gewohnte Angelegenheit für Dich.

- Und wenn Du 30 Tage hintereinander nach dem Frühstück den Wirtschaftsteil einer bestimmten Zeitung studierst, dann wirst Du auch das nicht mehr vermissen wollen.

An dieser Stelle möchte ich Dir nun erklären, wie Du Deine **Diamantenliste** in Deinem **Arbeitsheft** am besten einsetzt ... Stets dann, wenn Du beim Lesen dieses Buches einen »Aha-Effekt«, also eine Erkenntnis **(Diamant),** verspürst – stets dann solltest Du jene Idee in Deiner Diamantenliste schriftlich festhalten. Sobald diese Liste keine Idee mehr aufnehmen kann, solltest Du diese Diamantenliste kopieren und sie für einen Zeitraum von 30 Tagen an möglichst vielen Orten aufhängen, und zwar an Orten, an denen Du Dich regelmäßig aufhältst. Für einige Leser wäre vielleicht die Tür des Kühlschranks geeignet, für andere der Spiegel im Badezimmer, wieder andere hätten auf dem Schreibtisch einen passenden Platz etc. Stets dann, wenn Dir diese Liste ins Auge fällt, liest Du sie sofort durch. Den Effekt dieser Handlung wirst Du noch um ein Vielfaches verstärken, wenn Du laut liest. Und das ist der Effekt: Nach 30 Tagen haben sich die betreffenden Erkenntnisse tief und fest in Dein Gehirn eingegraben, sind dort verankert, **programmiert!** Nun wirst Du über Dein Unterbewusstsein diese Erkenntnisse in Deinem Leben anwenden und umsetzen ...

Steter Tropfen höhlt den Stein.

Ovid

Je öfter Du eine einmal gewonnene positive Erkenntnis laut wiederholst, also eine Suggestion vornimmst, desto mehr wird diese Erkenntnis Teil Deines täglichen Lebens. Ebenso verhält es sich mit Handlungen. Die folgende kurze Geschichte verdeutlicht das anschaulich …

Eine Frau spielte eines Tages Golf und erkannte neben sich den berühmten amerikanischen Golfer Arnold Palmer. Sie sprach ihn an und sagte zu ihm, dass sie so gut wie alles geben würde, um so toll spielen zu können wir er. Ohne aufzublicken jagte er den nächsten Abschlag hinaus und meinte: »Nein, das würden sie nicht!« Die Frau schaute verdutzt und sagte dann: »Natürlich, Mister Palmer: Ich würde fast alles geben, um auch so traumhaft Golf spielen zu können wie Sie!« Ohne mit der Wimper zu zucken antwortete Palmer ungerührt: »Nein, gnädige Frau, das würden Sie nicht!« Die Frau fragte ihn, warum er das denn glaube, worauf Palmer antwortet: »Weil sie sonst, genauso wie ich, über dreißig Jahre früh um fünf Uhr aufgestanden wären, um bis zum Frühstück die ersten zweihundert Abschläge zu spielen!«

Arnold Palmer hatte sicherlich eine besondere Begabung für Golf. Wäre er damit allein so erfolgreich geworden? Nein, er hat trainiert, hat damit täglich sein Unterbewusstsein programmiert.

Jedes Genie entfaltet sich nur durch Betätigung!

5 Schritte zur Installation neuer, positiver Gewohnheiten

1. Als Erstes schreibst Du bitte Deine alten, negativen **Gewohnheiten** auf, die Du verändern möchtest!

2. Nun formulierst Du schriftlich den gewünschten **Soll-Zustand,** also Dein **Ziel.** Beispiel: Wenn Deine negative Gewohnheit lautet: »Ich rauche täglich zwei Schachteln Zigaretten« dann könntest Du: »Ich bin Nichtraucher!« niederschreiben.

3. **Schmerz-Motivation.** Da das Gehirn dazu neigt, Dich stets vor Schmerzen bewahren zu wollen, kannst mit der alten, negativen Gewohnheit **Schmerz** verbinden, sobald Du in diese Gewohnheit zurückfallen solltest! Beispiel: Schließe einen Vertrag mit zehn Menschen, die Dich weniger gut leiden können. Halte vertraglich fest, dass Du jedem dieser zehn Menschen ein Monatsgehalt zahlst, wenn in Zukunft jemals einen einzigen Zug an einer Zigarette machst. Du weißt: Spätestens beim Blick auf Deinen Kontoauszug würdest Du unglaubliche Schmerzen erleiden müssen, und so wird allein schon der Gedanke an diesen Moment Dich davon abhalten, Dir auch nur eine einzige Zigarette in den Mund zu stecken.
   Ein weiteres Beispiel. Wenn Du etwa die Angewohnheit hast, gerne »leere Phrasen zu dreschen« («Also, ehrlich gesagt …«), dann kann Dir auch hier die Schmerz-Motivation helfen. Bitte einfach alle Menschen Deiner Umgebung, Dich immer darauf aufmerksam zu machen, sobald Du eine leere Phrase von Dir gibst. Für jeden Hinweis zahlst Du dann stets fünf Mark in die Familienkasse (Kaffee-, Kameradschafts-, Vereinskasse). Hierbei erleidest Du doppelten Schmerz: Zum einen schmerzt Dich die Kritik, zum andern die Strafe.

4. **Freude-Prinzip:** Ein zweites Grundprinzip Deines Gehirns ist in dessen Streben angelegt, Dir stets Lust, Freude, Spaß

zu bereiten. Du solltest demnach mit der neuen, positiven Gewohnheit Freude verbinden! Lege Belohnungen fest, wenn Du die neue Gewohnheit eine bestimmte Zeit durchgehalten hast. Beispiel: Wenn Du eine Woche nicht geraucht hast, was Du Dir vorgenommen hast, genehmigst Du Dir eine wirklich gute Flasche Champagner (die Du Dir vom eingesparten Geld dann locker leisten kannst). Wenn Du zwei Wochen durchgehalten hast, gehst Du mit Deiner Frau in ein Feinschmeckerlokal essen und schlemmst mal so richtig – egal, was es kostet (denn Du hast ja bisher genügend Geld eingespart …).

5. **Visualisierung.** Unterstütze Dein Gehirn bei der Programmierung Deiner neuen, positiven Gewohnheiten auch dadurch, dass Du Visualisierungen vornimmst. Um beim Raucher-Beispiel zu bleiben: Stelle Dir täglich mehrmals mit Deinem »geistigen Auge« in bewegten Bildern vor, dass Du Dich während eines Gesprächs mit Deiner Frau daran erinnerst, seit einem Jahr nicht mehr zu rauchen. Höre dabei die Stimme Deiner Frau, die stolz auf Dich ist, dass Du es geschafft hast, jenes Laster aufzugeben. Und fühle den Stolz, die Freude in Dir, dass Du durchgehalten hast!

Wenn Du diese Übungen konsequent durchführst, wirst Du bald bemerken, wie sich insgesamt Deine Disziplin erheblich verbessert. ➜ ARBEITSHEFT, AUFGABEN NR. 48–52.

Gewinnen ist eine Gewohnheit.
Leider ist Verlieren das auch.

Vince Lombardi

Kapitel 12
Übernimm Verantwortung!

Der Preis der Größe ist Verantwortung.

Winston Churchill

Gott schuf den Menschen, zuerst Adam, dann Eva. Fortan lebten beide im Paradies. Sie lebten im Garten Eden und sie hatten alles, was sie sich wünschen konnten: Liebe, Harmonie, Überfluss in jeglicher Art und Weise. Doch Gott warnte sie eindringlich davor, die Früchte vom Baum der Erkenntnis zu essen. Was dann geschah, ist allgemein bekannt …

Eva verführt Adam dazu, einen Apfel von diesem Baum zu essen. Als Gott dann an jenem Abend den Garten aufsucht, ruft er nach Adam. Der antwortet: »Ich hörte dich im Garten und fürchtete mich; denn ich bin nackt; darum versteckte ich mich.« Da spricht Gott: »Hast du nicht gegessen von dem Baum, von dem ich dir gebot, du solltest nichts davon essen?« Adam antwortet nicht etwa mit einem klaren Ja oder Nein, sondern sagt: »Das Weib, das du mir zugesellt hast, gab mir von dem Baum, und ich aß.« Daraufhin wendet sich Gott Eva zu und fragt sie, warum sie das getan habe. Doch auch Eva kann sich nicht zu einem klaren Ja oder Nein durchringen, und so antwortet sie: »Die Schlange betrog mich, so dass ich aß.« Aber wie sehr sie auch jegliche Schuld von sich weisen – Adam und Eva werden aus dem Paradies vertrieben!

Womit die Bibelgeschichte beginnt, ist danach millionenfach wiederholt worden und auch noch heute gang und gäbe: **Jemand anderem die Schuld zuschieben!**

Bis heute haben wir Menschen nicht aufgehört, bei eigenen Fehlern die Verantwortung für unser Tun nicht zu übernehmen, sondern sie gern irgendwelchen anderen Menschen, irgendwelchen Umständen zu übertragen. Halten wir uns nur einmal Situationen vor Augen, die mittlerweile zum Alltag zu gehören scheinen …

1999 gab es in Deutschland einige schlimme Geschehnisse, bei denen Kinder (leider) die Hauptrolle spielten: In Bad Reichenhall drehte ein schulpflichtiger Junge durch und schoss mit einem Gewehr wahllos auf Passanten, unter anderem auf den Schauspieler Günter Lamprecht und seine Lebensgefährtin, und in Leipzig metzelten Schüler mit unzähligen Messerstichen ihre Lehrerin bestialisch nieder.

Als ich diese und andere schlimme Nachrichten mitbekam, fragte ich mich sofort: »Was, verdammt noch mal, ist mit den Eltern?« Und als ich dann via Fernseher die Eltern hörte, dann waren sie natürlich vollkommen schuldlos. Schuld ist nämlich immer etwas anderes bzw. sind immer andere. Schuld ist etwa das Fernsehen (wobei die wenigsten danach fragen, wer den Kindern denn eigentlich erlaubt, fernzusehen), schuld ist das Schulsystem, schuld ist unsere Gesellschaft, schuld ist die Politik, schuld sind Freunde der Kinder – alles und jeder ist verantwortlich, nur nicht die Personen, die letztendlich die Verantwortung (zumindest) mittragen: die Eltern!

Kennst Du das berühmte Milgram-Experiment? Man sprach ganz normale Menschen an und unterbreitete ihnen den Vorschlag, an einem wissenschaftlichen Experiment teilzunehmen. Ihre Aufgabe sei es, den Probanden mittels Elektroschocks Schmerzen zuzufügen. Als schließlich die »normalen« Menschen damit begannen, den Probanden Elektroschocks zu verabreichen, zeigten die so behandelten Schauspieler (die sich bereit erklärt hatten, für dieses Experiment die Rolle der Gepeinigten zu übernehmen) zunächst kleine Schmerzen, dann immer stärker ansteigend, ehe sie schließlich, ab einem gewissen Grad, zu schreien anfingen. Doch der Wissenschaftler, der das »Experiment« leitete, meinte hierzu, das sei ganz normal und gehöre zum Versuch, sie (die »normalen« Menschen) sollten sich nicht davon beeindrucken lassen, sondern die nächst höhere Stufe angehen. Zwar litten diese Menschen unter den Schmerzen der schreienden Opfer, hatten auch Mitleid mit ihnen – und drückten dennoch die nächst höhere Stufe! Als man sie später über das »Experiment« aufklärte und sie danach fragte, warum sie denn nicht irgendwann aufgehört hätten, rechtfertigten sie sich mit den Worten: »Ich hätte ja schon längst aufgehört, wenn es nach mir gegangen wäre – aber der Wissenschaftler sagte ja, ich müsse eine höhere Stufe einschalten.«

Da haben wir es wieder – **die Verantwortung für das Handeln immer wegschieben!** Natürlich hätten diese »normalen« Menschen die Chance gehabt, das Experiment zu unterbrechen. Ihre Haltung gleicht jener »Unschuld des Henkers«, die auch viele Nazis und SS-Leute für sich in Anspruch nahmen, als sie mit den Gräueltaten konfrontiert wurden, die sie begangen hatten. Es war ja so einfach, die Schuld von sich zu weisen: Der »Führer« war tot und so konnte manch ein Offizier der Alliierten den Eindruck gewinnen, Adolf Hitler sei es gewesen, der neben anderen Verbrechen auch die sechs Millionen erschossenen oder vergasten oder an Hunger und Entkräftung gestorbenen Juden höchstpersönlich umgebracht hätte. Und wie viele Verbrechen auf dieser Welt entstehen aus »höheren« Gründen, weil es um das Land geht, um die Religion, um die Gemeinschaft, um …, um …, um …?

Hier ein paar Beispiele, wie wir unverantwortliches Handeln formulieren:

- »Ich bin ja nur Hausfrau …«
- »Ich bin halt ein Mann …«
- »Ich bin halt eine Frau …«
- »Ich bin zu jung …«
- »Ich bin zu alt …«
- »Ja, wenn ich Geld hätte, dann …«
- »Ich kann nicht anders, bin halt so …«
- »Ich würde schon, aber die Situation zwingt mich …«
- »Ich? Du bist schuld! Denn was blieb mir denn anderes übrig, als …«
- »Es ist nun so, wie es ist. Dabei habe ich wirklich alles versucht …«

Halten wir den letzten Punkt fest: Ich habe alles versucht! Denkst Du auch manchmal so? Wenn ja: Hast Du **wirklich** alles versucht? Hast Du wirklich immer mehr gegeben, als Dir möglich war? Hast Du wirklich mehr getan, als von Dir erwartet worden ist? Hast Du wirklich das Unmögliche möglich gemacht? Hast Du Dir wirklich gesagt: **Und wenn es nicht mehr geht, dann *muss* es eben?!**

Wie sagte doch noch George Bernard Shaw? Er sagte: »**Freiheit bedeutet Verantwortlichkeit.**« Und das ist auch der Grund, warum sich die meisten Menschen vor der Freiheit fürchten. Denn um etwas zu entscheiden, muss man frei sein, frei in seinem Kopf …

Wie schon angesprochen, trainiere ich zahlreiche Weltklassesportler und Toptrainer. Doch selbst Athleten solchen Kalibers fangen bei Schuldzuweisungen selten bei sich selbst an. Ist Dir schon einmal aufgefallen, wie nach einem verlorenen Wettkampf die Kommentare ausfallen? Da war Fußballern der Rasen zu nass, das Spielfeld zu holprig, das Flutlicht zu grell, da jammert der Tennis-Crack über die 42 Grad, die einfach viel zu heiß seien, außerdem sollte es in Australien verboten werden, überhaupt Tennis zu spielen. Weitere Rechtfertigungen gefällig? Im Stadion war es zu laut! Die Fans waren zu ruhig; schließlich erreiche ich erst bei entsprechender Unterstützung meine gute Form; wussten die Fans das etwa nicht? Die Fachwelt staunt und der Laie wundert sich. Diese bösen Fans! Und dass die gegnerische Mannschaft ebenfalls mit dem nassen Rasen, dem holprigen Boden, dem grellen Flutlicht zurechtkommen musste, dass der Spieler auf der jeweils anderen Seite des Netzes sich wohl kaum in einer klimatisierten Vakuumhülle bewegen konnte – daran wird oftmals nicht ein Gedanke verschwendet …

Verlierer finden immer Ausreden für ihr Versagen!

Interessant wird es, wenn ich in Talkshows zu Gast bin und es zum Thema Verantwortlichkeit kommt. Sobald ich die These ausspreche, dass jeder Mensch selbst verantwortlich für sein Leben ist, geht es los: **Nichts scheint manche Menschen mehr aufzuregen als die These, sie seien machtvoll!** Aber diese Menschen sind anscheinend viel lieber die Opfer des Lebens. Viel lieber klagt man, jammert man, kritisiert man, stöhnt man, macht andere für das eigene Versagen oder Elend verantwortlich – **und hofft dadurch, etwas Mitleid, etwas Anerkennung für die eigene, weil schwere Situation einzuheimsen.**

Kennst Du die Geschichte von Christopher Reeve, der vor allem durch seine Filmrolle als »Superman« bekannt wurde? Reeve war ein vor Kraft strotzender sportlicher Mann. Er war erfolgreich, bekam Ruhm und Anerkennung und verdiente viel Geld. Eines Tages ritt er mit seinem Pferd aus, stürzte – und verhedderte sich dabei so unglücklich in den Zügeln, dass er mit dem Kopf auf den Boden aufschlug. Seit diesem Zeitpunkt an ist er vom Kopf ab vollständig querschnittsgelähmt. Als er wieder aufwachte, konnte er nichts bewegen, ja, er konnte nicht einmal allein atmen. Wahrscheinlich können wir nur ansatzweise erahnen, was es bedeutet, von einem Moment auf den anderen so weiterleben zu müssen. Konnte er etwas für diese Situation? Vielleicht nicht, aber er ist verantwortlich, wie er damit umgeht. Und Christopher Reeve geht großartig damit um …

Nachdem er seine Depression, die wahrscheinlich jeder in einer solchen Situation bekommen würde, relativ schnell überwunden hatte, fing er an zu kämpfen. Er fing damit an, die negativen Umstände zu akzeptieren und das Beste aus seiner Situation zu machen. So ließ er beispielsweise ein spezielles Heimfahrrad für sich anfertigen. Zu diesem Zweck zieht er eine spezielle Art von Hosen an, in die Elektroden eingebaut sind. Anschließend wird er auf das Rad geschnallt. Mittels der Elektronen wird nun Strom in seine Bein- und Gesäßmuskulatur geleitet, wodurch sich seine Muskulatur automatisch kontrahiert – und er bewegt die Pedale. Des Weiteren ließ er sich einen kompletten Anzug anfertigen, der ebenfalls mit Elektroden versehen ist. Täglich werden diese Elektroden über eine längere Zeit angeschlossen, um somit Stromimpulse in seine Muskulatur zu leiten, damit sie sich für einige Sekunden lockert. Auf diese Weise spannt sich seine komplette Körpermuskulatur an und entspannt sich wieder. Also ein Ganz-Körper-Training. Obwohl Reeve komplett vom Hals ab gelähmt ist, hat er auf diese Weise einen Großteil seiner Muskulatur erhalten, die er ansonsten verloren hätte.

Am Anfang musste Reeve künstlich beatmet werden. Die Ärzte gaben ihm zu verstehen, dass dies immer so der Fall sein würde. Reeve glaubte das nicht, kämpfte – und schaffte schließlich das Unmögliche: Er kann heute allein atmen. Als er allein atmen gelernt konnte, wurde er in die Lage versetzt, mittels seines Atems seinen elektrischen Rollstuhl allein zu leiten. **Bei alldem stellt sich der Behinderte immer die richtigen Fragen.** Anstatt zu fragen: »Was ist das für ein Leben, das ich führe?«, fragte er sich lieber: »**Wie** kann mein neues Leben aussehen, **welche** Möglichkeiten gibt es, mich nützlich zu machen, **wie** kann ich mich wieder künstlerisch betätigen, **wie** kann ich wieder arbeiten?« Anfangs glaube Christopher Reeve nicht, dass er es schaffen würde, wieder allein zu atmen. Er hatte es probiert – und es ging nicht. Als jedoch einige Male sein Schlauch versehentlich verrutschte und er fast erstickt wäre, wusste er, dass etwas geschehen musste. Außerdem war es an der Zeit, dass er sein Zwerchfell wieder benutzte, denn ansonsten wären die Muskeln so schwach gewesen, dass er nie wieder allein hätte atmen können. Ich zitiere hier aus seiner Autobiografie *Immer noch ich* (übrigens ein großartiges, motivierendes Buch, das auch über meinen Weiterbildungs-Shop [siehe Seite 278] zu beziehen ist): »Ich weiß noch genau, was mir damals durch den Kopf ging: Jetzt ist es so weit! Ich **muss** einfach etwas unternehmen, ich **muss.** Ich weiß nicht, wie ich die Luft in meine Lungen bekommen soll, aber irgendwie **muss** ich atmen.« Und genau darum geht es:

**Und wenn es nicht mehr geht,
dann muss es eben!**

Was ist dieser Christopher Reeve doch für ein fantastisches »Aushängeschild« in Bezug auf positives Denken. Er selbst ist der festen Meinung, dass positives Denken durchaus viel bewirken kann. Hier noch ein Zitat aus seiner Autobiografie: »**Es gibt Dinge, die anfangs unmöglich erscheinen; nach einiger Zeit erscheinen sie nur noch unwahrscheinlich, und wenn man fest genug an sie glaubt und den nötigen Rückhalt findet, werden sie schließlich unumgänglich.**« Reeve hat vielleicht Pech gehabt – aber er hat die Verantwortung für sein Leben trotzdem übernommen!

Stell Dir vor, gerade in diesen Minuten, in denen Du diese Zeilen liest, demolieren einige Skinheads, mit Baseballschlägern bewaffnet, Dein Auto. Sie zerkratzen es, schlagen die Scheiben ein, zerdeppern es schließlich. Du hast Geräusche gehört, gehst zum Fenster und siehst die Bescherung. Bist Du dafür verantwortlich, was passiert ist? Nein, natürlich nicht – **aber Du bist dafür verantwortlich, wie Du jetzt reagierst!** Du kannst Dein Luftgewehr holen und ihnen ein paar Löcher in den Pelz brennen (um Dir dann wohl für einige Zeit schwedische Gardinen anzuschauen); Du kannst hinausgehen und die Randalierer anschreien – (um dann möglicherweise noch eine Tracht Prügel zu beziehen); Du kannst Dich aber auch freuen, weil Du vor einigen Monaten eine Vollkaskoversicherung für Deinen neuen Wagen abgeschlossen hast und Dir jetzt ein funkelnagelneues Auto kaufen kannst! **Ganz egal, wie Du reagierst – Du bist verantwortlich dafür!**

Ich habe Bücher gelesen, Kassetten gehört und Videos angesehen (insgesamt liegt deren Zahl jenseits der Tausendergrenze). Viele der Bücher hatten die Selbsthilfe zum Thema und in manchen dieser Bücher wird den Lesern gesagt, sie seien für das eigene Unglück verantwortlich. Das erzeugt dann bei nicht wenigen ein schlechtes Gewissen, das sich somit zu ihren schon vorhandenen Problemen zusätzlich gesellt. Dann gibt es gar Autoren, vor allem im esoterischen Bereich, die ihren Lesern erklären, dass man selbst für jeden Verkehrsunfall, in den man verwickelt ist, verantwortlich ist. Ich will damit nicht sagen, dass dies falsch ist, denn alles ist immer eine Frage der Sichtweise; und wer sich mit Esoterik näher befasst, kann möglicherweise zu dem Schluss kommen, dass diese Autoren Recht haben. Doch was hilft es einem Leser, der ein solches Buch in Händen hält, wenn er nicht versteht, was der Autor wirklich meint, und nun zu allem Unglück auch noch das Gefühl hat, er sei für alles selbst verantwortlich?

Es hilft ihm nichts – und dennoch: **Es bleibt immer noch in der Verantwortung des Einzelnen, wie er mit seinem Unglück umgeht.**

Als ich Anfang 1999 ein Seminar für die Firma *Weru Fenster und Türen* abhielt, hatte *Weru* zu dieser Veranstaltung ihre Partner aus dem Handwerk eingeladen. Fast 1500 Menschen kamen zu dem zweitägigen Seminar nach Mannheim. Der Bauindustrie ging es zu diesem Zeitpunkt äußerst schlecht. Schon seit Jahren befand sich dieser Wirtschaftbereich in der Rezession, die verantwortlich dafür war, dass viele Firmen Konkurs anmelden mussten. Auch bei der Firma *Weru* war der Umsatz innerhalb weniger Jahre von circa 500 auf rund 300 Millionen Mark gesunken. Dann wurde Wilhelm Had Vorstandsvorsitzender. Und er hat die Einstellung, dass auch in schwierigen Zeiten jeder selbst verantwortlich ist für das, was er tut. Und so stand ich also vor diesen 1500 Menschen und fragte, ob denn **alle** in den letzten zwölf Monaten Umsatzeinbrüche erlebt hätten. Nicht alle natürlich, denn einige hatten sogar zugelegt. Daraufhin bereitete ich meine entscheidende Frage vor: »Sie alle vertreiben dieselben Artikel von *Weru.* Sie haben also dieselbe Qualität, denselben Preis, sie sind alle denselben Rahmenbedingungen in Deutschland unterworfen, sie haben alle die gleichen Mitbewerber usw. Wer ist also dafür verantwortlich, ob sich der Umsatz ausweitet oder vermindert?«

Die schlechte Konjunktur ist nur ein negativer Umstand, aber er ist nicht entscheidend dafür, ob ein einzelnes Unternehmen erfolgreich ist oder nicht.

Sehr häufig werde ich in große Unternehmen geholt, um die komplette Vertriebsmannschaft zu schulen. Meist handelt es sich um 500 Verkäufer, mitunter aber auch um 10 000, ja 15 000. Man hat festgestellt, dass 20 Prozent der Verkäufer eines Unternehmens circa 80 Prozent des Umsatzes erzielen. Und 20 Prozent jener besten Verkäufer, also die besten 4 Prozent, erzielen circa 60 Prozent des Umsatzes. Hier hat man es mit der Pareto-Regel zu tun (die nach dem italienischen Nationalökonomen und Philosophen Vilfredo Pareto benannt ist, der festgestellt hatte, dass 20 Prozent der italienischen Bevölkerung über 80 Prozent des Vermögens verfügten). Was unterscheidet nun die besten 4 Prozent von den restlichen 96 Prozent? Haben sie andere Produkte? Nein! Bieten sie einen besseren, weil billigeren Preis an? Nein! Haben sie andere Mitbewerber? Nein! Ist ihr Kundenstamm anders strukturiert als der vieler ihrer Kollegen? Nein! Schlechte Verkäufer suchen immer im **Außen** die Ausreden für ihren Misserfolg. Außen sind eben Preis, schlechtere Qualität, Mitbewerber usw. Doch die Lösung liegt niemals im Außen, sondern im **Innen,** also in der eigenen Vorstellungswelt! Denn wenn es nicht so wäre, dann würde es nicht Verkäufer geben, die Spitzenerfolge erzielen. Nur dann, wenn **alle** Verkäufer gleich schlechte Ergebnisse erzielen, liegen die Gründe in der Regel im **Außen.**

Die vier größten Feinde des
schlechten Verkäufers sind:
Frühling, Sommer, Herbst und Winter …

Machen wir uns nichts vor: Das Leben ist nicht immer fair und gerecht! Es ist nun einmal so, wie es ist. Bei einem Orkan wird das Weizenfeld des fleißigen Bauern genauso zerstört wie das des faulen. Die Frage ist nur: Wie gehst Du mit einer solchen bzw. ähnlichen Situation um?

Manche Menschen übertragen die Verantwortung auch gern allen möglichen »Gurus«. Der Guru sagt ihnen dann, was sie zu tun und zu lassen haben – und die Anhänger folgen ihm! Manchmal ist es eben einfach, die Verantwortung abzuschieben.

Ab und zu gibt es einen Kritiker, der mir vorwirft, ich sei selbst ein »Guru«! Dem ist nicht so, denn nichts liegt mir ferner, als das zu sein! Ich möchte genau das Gegenteil erreichen: Meine Seminarteilnehmer sollen **frei** sein! Sie sollen **selbst** Verantwortung für ihr Leben übernehmen! Sie sollen sich **eigene** Ziele stecken! Das Einzige, was ich mache: Ich zeige die Strategien und Techniken auf, mit deren Hilfe man sein Leben in die Hand nehmen und nach den **eigenen** Zielen und Wünschen gestalten kann!

Dann gibt es auch manche Menschen, deren »Guru« sich den Sternen verschrieben hat. Anders gesagt: Sie suchen ihr Heil beim Astrologen. Doch Vorsicht: 1999 hatten einige Journalisten das zu Ende gehende zweite Millennium zum Anlass genommen, die Weissagungen, welche die bekanntesten Wahrsager und Astrologen während der letzten 30 Jahre getroffen hatten, einmal eingehend zu untersuchen. Das Ergebnis: Gerade einmal 4 Prozent (!) aller großen Voraussagungen sind auch eingetroffen. Somit bleibt nur ein Fazit: Niemand kann Dir sagen, was Dir Dein Leben bringt, und so kann auch niemand für Dich Verantwortung übernehmen! Übernimm daher selbst die Verantwortung. Allein schon das Wort selbst – »Ver-**antwort**-ung« – zeigt auf: Dein Erfolg wie Dein Misserfolg liegen in der Beantwortung der Fragen, die Du an Dich selbst stellst.

Erfolgreiche Menschen übernehmen immer die Verantwortung für ihr Leben!

Das meiste, was heute in Deinem Leben in Erscheinung tritt, hast Du zuvor durch bestimmte Entscheidungen und Handlungen selbst verursacht. Hier greift das uralte **Gesetz von Ursache und Wirkung:** Zuerst wird eine Ursache gesetzt, die daraufhin Wirkung erzielt! Natürlich haben wir auch **Ausreden** dafür, warum wir manche Dinge tun oder eben nicht tun. Dann heißt es etwa: »Ich kann mich nicht selbstständig machen, weil das Risiko zu groß ist, dass ich dann nicht genügend Geld verdiene, um meine Familie zu ernähren.« Dies ist nur ein Beispiel für das, was ich meine. Aber auch solch eine Entscheidung ist immer noch Deine freie Entscheidung! Du hast Verantwortung übernommen und Dich eben so und nicht anders entschieden!

Vor einiger Zeit habe ich in einem Interview während einer Livesendung im Hörfunk einmal die provokative These aufgestellt, Arbeitslose seien selbst schuld, wenn sie arbeitslos seien. Nach dem Interview konnten Zuhörer Fragen an mich stellen, wobei die meisten auf die erwähnte These zu sprechen kamen, weil sie natürlich einen Sturm der Entrüstung ausgelöst hatte. Ich stehe nach wie vor zu dieser Aussage: Wenn beispielsweise ein Unternehmen in Notzeiten 20 Prozent aller Mitarbeiter entlassen muss, warum wird dann der eine entlassen und vier andere behalten ihren Job? Wird der entlassen, der immer ein bisschen mehr gemacht, sich immer ein bisschen mehr eingesetzt hat? Oder wird der entlassen, der immer ein bisschen weniger getan hat? Und wenn das Unternehmen gänzlich Pleite ging? War das nicht bereits schon seit Monaten abzusehen? Haben es nicht die Betriebsspatzen von den Werksdächern gepfiffen, dass etwas nicht stimme, dass möglicherweise das Unternehmen bald in Konkurs gehe? Und im Ruhrgebiet gehen immer noch Tausende von Bergleuten auf die Straße, um dafür zu demonstrieren, dass Ihre Kinder einen Ausbildungsplatz im Bergbau bekommen, dabei wohl wissend – zumindest müssten sie es wissen –, dass der Bergbau keine Zukunft hat und ihre Kinder eines Tages auf der Straße stehen werden. Jeder von uns hat seinen Beruf frei gewählt – also liebe ihn jetzt auch und fülle ihn mit ganzem Herzen aus!

Jeder hat seine Partnerin, seinen Partner selbst gewählt, also stehe zu ihr (ihm) und liebe sie (ihn) von ganzem Herzen! Jeder hat die Firma gewählt, für die er tätig ist, also stehe auch loyal zu ihr und setze Dich zu 100 Prozent für sie ein! Und wenn Du nun einwirfst, dass Du diese Entscheidungen zwar getroffen hättest, sich mittlerweile aber eine Menge verändert habe? Dann solltest Du Dir einmal vor Augen führen, was die US-Amerikaner dazu meinen:

- **Love it:** Wenn Du Dich für etwas entschieden hast, dann stehe dazu und liebe es!

- **Change it**: Wenn Du Dich für etwas entschieden hast, aber es hat sich verändert und Du kannst es partout nicht mehr lieben, dann verändere es so, dass es wieder passt. Mache die Beziehung wieder lebendig und leidenschaftlich, mache den Beruf wieder aufregend und herausfordernd.

- **Leave it:** Wenn Du etwas nicht mehr lieben kannst und es sich auch nicht mehr verändern lässt, **dann verlasse es!**

Nehmen wir einmal an, Du hast Deinen Mann, als Du ihn kennen gelernt hast, aufrichtig geliebt. Mittlerweile habt Ihr Euch beide verändert (oder nur einer) und die Beziehung passt einfach nicht mehr. Du hast lange versucht, etwas daran zu ändern, aber es hat nicht geklappt. Dann kannst Du die Entscheidung treffen, ihn zu verlassen. Du wirst mir jetzt antworten, dass Du vielleicht Mitte fünfzig bist, dass Du dann auf Deine Bequemlichkeit, auf Dein Auskommen verzichten müsstest, es nicht mehr so einfach wäre, einen neuen Partner zu finden usw. Alles das ist richtig, aber: Entweder nimmst Du die Situation voll und ganz so an, wie sie ist, übernimmst also die Verantwortung für Deine Beziehung, oder Du beendest sie! Wenn Du sie nicht beenden willst, dann wohl deshalb, weil Du Dir einen Vorteil davon versprichst, sie weiter fortzuführen – auch wenn die Beziehung nicht mehr so ist, wie sie einmal war!

»Liebling, ich kann noch nicht nach Hause kommen, ich **muss** so lange arbeiten.« Kommt Dir diese Aussage bekannt vor? Unsinn, natürlich **musst** Du nicht so lange arbeiten – Du **willst** so lange arbeiten! Es gibt Dir irgendeinen Vorteil, länger zu arbeiten, anstatt bei Deinen Kindern und bei Deinem Partner zu sein.

Nicht wollen ist der Grund,
nicht können nur der Vorwand!

Seneca

In den USA häufen sich in letzter Zeit die Milliardenklagen gegen Unternehmen der dortigen Tabakindustrie. Denn die Tabakindustrie ist schließlich schuld daran, dass eine Menge Menschen an Krebs sterben. Ist sie es wirklich? *Philipp Morris* mag noch so viele Milliarden Glimmstängel herstellen – mir schadet das Unternehmen damit nicht, denn ich rauche keine Zigaretten! Der böse Tabak ist schuld am Lungenkrebs? Die arme Tabakpflanze wächst doch friedlich vor sich hin, ehe sie jemand erntet, zu Glimmstängeln verarbeitet – die Du schließlich kaufst und rauchst! Nicht die Tabakpflanze verursacht Krebs, nicht die Tabakindustrie verursacht Krebs, auch nicht der Supermarkt, der die Schachteln verkauft, verursacht Krebs – **Du verursachst Deinen Krebs ganz allein, denn Du rauchst ja auch ganz allein!** Wir entscheiden über unser Handeln, sind somit auch für aber die Folgen verantwortlich, welche durch dieses Handeln automatisch entstehen!

Wer das eine Ende eines Stocks aufhebt,
hebt damit auch
automatisch das andere Ende mit auf!

Betroffene werden jetzt natürlich einen Widerspruch in sich verspüren und der Meinung sein, das sei ja alles schön und gut, was ich hier schreibe, aber es sei eben blanke **Theorie**. Natürlich ist es Theorie. Dieses Buch ist von mir geschrieben, also ist es subjektiv! Aber es wird auch von Dir gelesen und damit wirst Du Inhalt und Aussagen auch subjektiv beurteilen. **Denn: Die Welt ist das, was Du von ihr denkst!** Wenn dem so ist, dann kann dieses Buch auch niemals objektiv sein, sondern es ist immer das, was Du von ihm denkst. So kann Dich auch kein Mensch ärgern, Dich kein Mensch verletzen, Dir kein Mensch Deinen Stolz nehmen – **wenn Du es nicht zulässt!**

Niemand kann Dich verletzen,
wenn Du es nicht zulässt!

Du glaubst nicht, dass es so einfach ist? Stell Dir doch mal folgende Situation vor: Du besuchst eine Irrenanstalt und ein Irrer wird in bösester Art und Weise ausfällig gegen Dich. Er beschimpft Dich nach Strich und Faden. Hast Du damit ein Problem? Wirst Du jetzt auf ihn losgehen? Oder wirst Du abends vor Kummer nicht schlafen können, weil er so ausfallend gegen Dich war? Oder musst Du 27 Therapiestunden bei Deinem Psychologen buchen? Natürlich nicht! Aber wie sieht es nun aus, wenn die gleichen Dinge, die der Irre zu Dir gesagt hat, ein »normaler« Mensch zu Dir sagt? **Die Worte anderer Menschen**

haben nur so viel Macht über Dich, wie Du es diesen Worten auch zugestehst!

Vor einiger Zeit hielt ich einmal während eines heißen Sommertages – das Thermometer zeigte 35 Grad im Schatten – im österreichischen Villach ein Seminar ab. Der Hotelraum, in dem das Seminar stattfand, wies nur zwei relativ kleine Fenster auf, hatte eine viel zu niedrige Deckenhöhe, besaß keine Klimaanlage und war außerdem viel zu klein für die Anzahl der Teilnehmer. Als dann noch eine Stunde nach Beginn des Seminars vom nur etwa 50 Meter entfernten Marktplatz während einer Gewerkschaftskundgebung plötzlich Pauken und Trompeten ertönten, mussten auch noch die zwei kleinen Fenster geschlossen werden. Die schon bald schwitzenden Teilnehmer waren natürlich »stinksauer«. Knallrot im Gesicht, meinten einige, dass man so einfach nicht arbeiten könne. Kann man so nicht arbeiten? Das Leben ist nun einmal so, dass die unmöglichsten Dinge zu den unmöglichsten Zeiten passieren. Um es mit Murphys Gesetz zu sagen: Was schief gehen kann, wird auch wirklich schief gehen!

Aber wenn man sich schon an der fehlenden Klimaanlage, der Musik, der Enge des Raumes ablenken lässt, wie will man dann seinen Traum leben können? Falls man schon bei solchen nebensächlichen Störungen nicht arbeiten kann, wie will man dann arbeiten, wenn **wirkliche** Probleme und Misserfolge auftauchen?

Schon 1977 konnten die Wissenschaftler Steven Brenner und Earl Molander aufgrund einer Studie etwas nachweisen, das bedenklich stimmt: 43 Prozent aller Manager fühlten sich gezwungen, Handlungen vorzunehmen, die sie zwar als schlecht oder unmoralisch empfanden, aber die sie für nötig hielten, weil sie dem Unternehmen oder ihrer eigenen Karriere zum Vorteil gereichten. Genauso wird wahrscheinlich Alt-Bundeskanzler Helmut Kohl gedacht haben, als er, wie Ende 1999 herauskam, Millionen an Spendengeldern gesetzeswidrig über geheime

Konten laufen ließ. Er hatte das alles nur »für die Partei« gemacht. Dabei brach er Gesetze und ramponierte letztendlich nicht nur sein eigenes Ansehen, sondern auch das seiner Partei, ja, der gesamten Politik! Wenn ich das sage, dann nicht etwa, weil mir Kohl unsympathisch wäre, ganz im Gegenteil. Aber dennoch: Er tut mir nicht Leid! **Der »Kanzler der deutschen Einheit« hat diese Entscheidung getroffen und muss nun die Verantwortung für sein Handeln übernehmen. Er hatte gewählt!** Auch wenn er das Geld nicht in die eigene Tasche gesteckt hat: Er hat es nicht getan für irgendjemand anderen, sondern hat es letztendlich für **sich getan**! Weil es **ihm** wichtig erschien, weil es **seine** Probleme erleichterte usw.

Stolpern ist eine Ungeschicklichkeit,
für die man nicht die Beine,
sondern die Türschwelle verantwortlich macht!

Norman Mailer

Die Selbstverantwortung geht doch schon heute bei relativ einfachen Dingen los: Du entscheidest Dich, ob Du lieber vor dem Fernseher sitzt und Dir in dieser Woche die 17. Talkshow namens »Kunigunde« – oder wie auch immer diese Talkshows heißen mögen – »reinziehst« oder ob Du Dich mit einem guten Schluck Rotwein (aber es muss ein guter sein!) in einen Sessel setzt und ein Buch liest! Egal, wie Du Dich entscheidest – es wird Auswirkungen auf Dein Leben haben!

Wer eine helfende Hand sucht,
findet sie immer am Ende seiner Arme.

Reinhard K. Sprenger

Kapitel 13
Lebe Deine Träume!

Träume nicht Dein Leben,
sondern lebe Deine Träume!

Für den zweiten Weihnachtsfeiertag war im Fernsehprogramm der Zeichentrickfilm »Der König der Löwen« angekündigt. Gemeinsam mit meiner Familie habe ich mir dann diesen wunderbaren *Walt-Disney*-Film angesehen. Als der Film langsam zu Ende geht, lebt Simba im Exil und schiebt die Verantwortung des Erwachsenenlebens weit von sich. Er wünscht ein Leben zu führen voller Annehmlichkeiten, ein Leben voller Spaß – aber letztendlich ohne Inhalt, also leer! Doch schließlich wird Simba mit der Vision seines verstorbenen Vaters konfrontiert. Der ehemalige König erscheint seinem Sohn und fordert ihn auf, seinen rechtmäßigen Platz auf dem Thron einzunehmen. Er sagt zu ihm: »Simba, hast Du vergessen, wer Du bist? Schau doch tief in Dich hinein … und Du wirst erkennen: Du bist mehr als das, was Du geworden bist!«

Du bist mehr als das, was Du geworden bist! Was für ein wunderbares Zitat. Und wie steht es mit Dir? Bist Du möglicherweise auch mehr als das, **was Du bis jetzt geworden bist?** Es sind schon unzählige Bücher über Zielsetzung und Visionen geschrieben worden und auch in meinen Büchern ist stets von Träumen, Visionen und Zielen die Rede und in jedem Seminar, ob es nun um Management, Motivation oder Persönlichkeit geht, wird auf das Thema Zielsetzung Wert gelegt … doch wenn es mittlerweile nahezu jeder weiß, wie wichtig dieses Thema ist – warum besitzen dann immer nur noch circa fünf Prozent aller Menschen ein Ziel, eine Lebensaufgabe? Und warum besitzen diese fünf Prozent einen Anteil am Volksvermögen von etwa 70 Prozent?

Im Jahre 1953 führte die Yale University eine interessante Untersuchung durch. Alle Jahrgangsabgänger wurden gefragt, ob sie für die Zeit nach Beendigung ihres Studiums genaue Lebenspläne hätten und, wenn ja, welche Ziele das wären. Nur drei Prozent aller Studienabgänger hatten klare Lebensziele. Erst 20 Jahre später wurde diese Untersuchung fortgesetzt. Das Ergebnis: Jene drei Prozent waren im Durchschnitt nicht nur gesünder (zumindest waren sie weniger Tage im Jahr krank), führten nicht nur bessere Beziehungen (zumindest lag die Quote der Trennungen wesentlich niedriger) als die restlichen 97 Prozent, sondern sie gaben auch an, glücklich und zufrieden zu sein (jedenfalls waren sie – das ergaben die Untersuchungen – wesentlich glücklicher und zufriedener als die anderen). Schließlich der vielleicht entscheidende, weil messbare Grund: **Diese drei Prozent verfügten über einen Anteil am gesamten Vermögen der Befragten von circa 95 Prozent – die restlichen 97 Prozent konnten dann die verbliebenen fünf Prozent unter sich aufteilen …**

Wie gesagt, ist bisher viel über Ziele geschrieben und gesprochen worden – **doch weißt Du auch, wie man sich Ziele setzt und erreicht?** Falls nein: Wie bist Du dann zu Deinem Haus, Deiner Wohnung, Deinem Auto usw. gekommen? Du musstest zunächst einmal ein Ziel haben, also genau wissen, **was** Du willst – um dann Mittel und Wege zu finden, um das betreffende Ziel auch zu erreichen.

Hast Du Dir bisher schon klare, messbare Ziele (mit Terminangabe) gesetzt? Wenn ja, dann könnte möglicherweise der Gedanke bei Dir aufkommen. »Kenne ich schon!« Doch was bedeutet das, wenn Du etwas bereits kennst? Das kann beispielsweise bedeuten, dass Du der Meinung bist, Du müsstest Dir jetzt keine Gedanken mehr über Ziele zu machen, da Du ja bereits Dein Leben in Bezug auf Ziele und Träume ausgerichtet hast. Hat das mit Deinen Zielen bisher funktioniert? Natürlich hattest Du auch mit Problemen und Schwierigkeiten zu kämpfen, aber wenn Du Dir klare Ziele gesetzt hast, dann hat es auch in der Regel funktioniert! Und jetzt möchte ich Dir eine Frage stellen, vielleicht die entscheidende Frage Deines Lebens: **Wenn Du Dir schon Ziele in Deinem Leben gesetzt und erreicht hast, was hält Dich davon ab, Dir jetzt noch größere Ziele zu setzen?**

ARBEITSHEFT, AUFGABEN NR. 56 UND 57: Warum stehst Du morgens auf? Wofür? Und: Warum setzt Du Dir keine größeren Ziele für Dein Leben?

Ja, warum stehst Du morgens auf? Wenn Dir dazu nichts einfällt, dann lebst Du auch keinen Traum. Und wenn Du Dir bereits Ziele gesetzt hast: **Was hält Dich davon ab, Dir größere Ziele zu setzen?** Vor einiger Zeit stellte ich mir eine ähnliche Frage. Mir war zu diesem Zeitpunkt bewusst, dass der größte Traum meines Lebens bald, genauer gesagt am 5. Februar 2000, Realität werden würde: **Im Jahr 2000 fülle ich die Dortmunder Westfalenhalle mit circa 15 000 Teilnehmern!** Für diesen Traum hatte ich fast zehn Jahre meines Lebens investiert! Und zu besagtem Zeitpunkt wusste ich: **Ich schaffe es!**

War das nun alles? Natürlich hatte ich mir weitere Ziele gesetzt. Doch waren das Ziele? Vor zehn Jahren hatte ich einen absolut unmöglichen Traum. Jeder, dem ich davon erzählte, riet mir seinerzeit, von diesem Traum Abstand zu nehmen und mich von ihm zu verabschieden, da dessen Realisierung schlicht und einfach unmöglich sei! Schließlich habe ich mich gegen alle Widerstände durchgesetzt und die Realisierung ermöglicht. Es folgten nun in Bezug auf die Entwicklung meines Unternehmens schöne Ziele für die nächsten fünf Jahre. Waren sie wirklich schön?

Schön langweilig vielleicht … Und so machte ich mir Gedanken, was ich denn **wirklich** wollte. Ich fragte mich: »Was gäbe es, das ich gern verwirklichen würde, auch wenn es mir jetzt noch verrückt erscheinen mag?« Die Antwort lautete: **»Im Jahre 2015 macht mein Unternehmen eine Milliarde Euro Umsatz!«**

Potz Blitz! Das bedeutete, gemessen an dem Umsatz, den ich zu jenem Zeitpunkt mit meinem Unternehmen tätigte, diesen Umsatz um das 200-Fache zu steigern – und das alles in 15 Jahren! Verrückt? Meinetwegen, aber es gibt viele bedeutende Persönlichkeiten, die das ebenfalls geschafft haben, teilweise sogar in wesentlich kürzerer Zeit. **Warum sollte ich also nicht mehr erreichen als viele andere?**

ARBEITSHEFT, AUFGABE NR. 58: Schreibe doch jetzt einmal jene Schlagzeile auf – und zwar sofort –, die Du in 10, 15, 20 oder 25 Jahren über Dich in der Zeitung lesen möchtest. – Natürlich meine ich damit, dass zu lesen ist, wie Du Deinen Traum erfüllt hast. Wie wäre es beispielsweise mit …

- »Firma Meier erreicht neuen Umsatzrekord: 50 Millionen!«

- »Fritz Müller erhält Auszeichnung als bester Versicherungsvertreter Deutschlands!«

- »Claudia Schmidt zur Unternehmerin des Jahres gewählt!«

- »Bernd Schulze ermöglichte Bau eines neuen Waisenhauses!«

- »Babsy ließ bei ihrem Konzert 5000 Menschen vor Begeisterung von ihren Stühlen springen!«

Ein 14-jähriger farbiger Junge fährt im Regenwetter nach Hause. An der Ampel hört er aus dem offenen Fenster eines Fahrzeugs eine Radiostimme: Der Weltmeisterschaftskampf im

Schwergewicht wird übertragen. Zwar ist der Wagen voll besetzt, so dass er nicht einsteigen kann, aber er kann zumindest den Kopf durch das Fenster stecken. Gerade noch hört er, wie der Ansager begeistert brüllt: »Alter und neuer Weltmeister im Schwergewicht – Rocky Marciano!« Eine Gänsehaut kriecht an dem Jungen hoch. Noch nie in seinem Leben hat ihn etwas so gepackt wie diese Worte. Rocky Marciano ist Meister der ganzen Welt! Als er seinen Kopf aus dem Wagen zieht, steht er wieder im Regen da, aber er spürt ihn nicht. Er hört nur die Stimme des Ansagers und sieht die Bilder vor seinem geistigen Auge aufsteigen. Er träumt: »Weltmeister im Schwergewicht ist … Cassius Clay!« Von diesem Zeitpunkt an ist es um ihn geschehen und er kann nur noch an seine Vision denken. Jeder, dem er davon erzählt, rät ihm davon ab. Selbst sein eigener Trainer, Joe Martin, schüttelt den Kopf, denn er hält es für unmöglich, dass das Leichtgewicht, das gerade einmal 105 Pfund auf die Waage bringt, einmal Weltmeister aller Klassen werden könnte. Keiner kann das glauben – außer er selbst. Er, **Cassius Clay,** der sich später **Muhammad Ali** nennt, wird 1964 Weltmeister im Schwergewicht und durchbricht danach zweimal das Gesetz des »They never come back« – und wurde vor kurzem zum »Sportler des Jahrhunderts« gewählt!

Ja, wenn das brennende Verlangen groß genug ist, finden wir immer einen Weg, das Unmögliche möglich zu machen. Wenn Muhammad Ali es geschafft hat, warum solltest Du es nicht auch schaffen? Hast Du überhaupt einen Traum? Wenn ja, lebst Du ihn auch, diesen Traum? Solltest Du Deinen Traum nicht leben, so ist die Angst in Dir zu groß und hält Dich davon zurück. Doch wie grausam wird es für Dich sein, wenn Du eines Tages, im Herbst Deines Lebens, in Deinem Gartenstuhl sitzt und Dich fragen müsstest: **»Ja, was wäre gewesen, wenn ich mir wirklich größere Ziele gesteckt hätte?«**

In den Wünschen und Träumen äußert sich der innere Reichtum eines Menschen. Ein Mensch wird nur durch seinen Traum, den er lebt, zu einer bedeutenden Persönlichkeit! Denn auf dem Weg zur Verwirklichung des großen Traumes **wächst und reift seine Persönlichkeit!** Sein Unterbewusstsein muss alle Kräfte und Fähigkeiten mobilisieren, um den Traum zu erfüllen. Hast Du vielleicht zufällig das erste Auftreten von Franz Beckenbauer im *Aktuellen Sportstudio* gesehen? Er war damals 18 Jahre alt und Harry Valérien interviewte ihn. Die einzigen Antworten, die Beckenbauer gab, bestanden aus den Wörtern »Ja« und »Nein«. Zudem hielt er den Kopf gesenkt und schaute fast ununterbrochen zu Boden. Er war schüchtern, gehemmt und voller Komplexe. Und heute? Heute gilt Franz Beckenbauer als **die** Lichtgestalt des deutschen Fußballs schlechthin! Eine erfolgreiche, bedeutende, einflussreiche, geschätzte, selbstbewusste Persönlichkeit! Wie ist er das geworden? Indem er seiner Aufgabe nachging!

Das Wort »unmöglich« gibt es nur im Wörterbuch von Narren!

Napoleon Bonaparte

Positive Veränderungen auf dieser Welt wurden immer von Menschen durchgeführt, die sich von ihren Träumen haben leiten und inspirieren lassen. Sie haben sich dann die Welt so »zurechtgebogen«, wie sie es brauchten. Als ich das letzte Mal mit Reinhold Messner zusammen war, erzählte er mir, wie er den ersten Achttausender ohne Sauerstoffgerät bezwungen hat. Der wohl wichtigste »Akt« während seiner Vorbereitung bestand für den genialen Bergsteiger darin, dass er die Besteigung des Berges immer und immer wieder »vorausträumte« – **er betrieb also mentales Training**. Die Wissenschaftler waren sich seinerzeit darin einig, dass es unmöglich sei, ohne Sauerstoffgerät den Mount Everest zu bezwingen. Doch Reinhold Messner schaffte es! Anschließend meinten dann dieselben Wissenschaftler, dass ihnen zuvor ein Rechenfehler unterlaufen und so etwas unter bestimmten Voraussetzungen durchaus möglich sei. Was blieb ihnen auch anderes übrig? **Reinhold Messner hatte ja gezeigt, dass das Unmögliche dennoch möglich war …**

Einige werden jetzt Einwände vorbringen und dabei die Frage aufwerfen, ob es nicht eine Gefahr sei, sich selbst zu überschätzen. Natürlich ist es eine Gefahr. Andererseits …

Alle erfolgreichen Menschen haben sich überschätzt und wurden auf diese Weise erfolgreich!

Von einem meiner Lehrmeister, Nikolaus B. Enkelmann, stammt folgender Satz: **Aus dem kleinsten Gedankenfunken kann ein leuchtendes Feuer werden.**

Am Anfang mag der Gedanke noch klein sein – doch wenn Du ihn regelmäßig träumst und Dich nicht von Deiner Idee abbringen lässt, wird er wachsen und wachsen und wachsen … und Du wirst Deinen Traum schließlich erfüllen! Natürlich müssen Deine Ziele letztendlich stets auch mit Deinen **inneren Werten** im Einklang stehen. Denn im Grunde genommen verfolgst Du nicht das Ziel als solches, sondern Ziele sind für Dich nur Mittel zum Zweck. Sie dienen dazu, Deine inneren Wertvorstellungen, die sich in Dir eingeprägt haben, zu befriedigen. Und wenn Du im Einklang mit Deinen Werten bist, hast Du positive Gefühle. Sollte für Dich beispielsweise die Familie ein positiver Wert sein, dann wirst Du vieles unternehmen, um ein glückliches Familienleben zu führen – aber letztendlich geht es Dir nicht um die Familie, sondern es geht um Dich und darum, Deinen Werten zu entsprechen, die Dich antreiben, und es geht darum jene Ziele, die an diesen Werten ausgerichtet sind, auch zu erreichen.

Letztendlich ist also jeder Mensch ein Egoist. Das ist keine Wertung, sondern lediglich eine Feststellung. Die Frage nach der Wertung ist eine andere, zielt darauf ab, ob jemand, um es einmal salopp zu formulieren, ein negativer oder positiver Egoist ist, also ein das Leben ablehnender oder ein das Leben unterstützender Mensch. Der »negative Egoist« lebt in der Regel auf Kosten anderer, während der »positive Egoist« in der Regel zum Nutzen anderer lebt, wobei wiederum beide ihre jeweils unterschiedlich angelegten inneren Werte befriedigen. Mutter Teresa beispielsweise war ein positiver Egoist, denn auch sie folgte ihrem Ego, ihren inneren Werten, wobei ihr höchster innerer Wert sicherlich das **Helfen** war, dem sie dann ja auch konsequent folgte. Durch ihr Tun, das ihr bestimmt Tag um Tag positive Gefühle vermittelte, befriedigte sie zunächst einmal ihr Ego und hat darüber hinaus – eben durch ihr Wirken als ein positiv eingestellter, das Leben bejahender Mensch – der Welt somit einen riesigen Nutzen gebracht.

Das Unmögliche behandeln,
als ob es möglich wäre!

Johann Wolfgang von Goethe

Ich möchte Dich **jetzt, in diesem Moment,** dazu motivieren, einmal zu träumen. Was sieht der höchste Gipfel aus, den Du besteigen könntest? Möchtest Du ihn besteigen? Dann höre damit auf, zu bewerten und all die negativen Gründe zu finden, die das unmöglich machen! Habe den Mut zum Erfolg und mache Dich auf, den Gipfel zu stürmen. Wenn Du den Glauben an Deinen Traum entwickeln kannst, dann wirst Du ihn auch verwirklichen …

Wann immer Du mir einen erfolgreichen Menschen zeigst, zeige ich Dir, dass dieser Mensch sich Ziele setzt! Leider planen die meisten Menschen ihr eigenes Leben nicht so gut wie beispielsweise ihren Sommerurlaub auf Gran Canaria. Die Harvard Business School hat einmal ihre eigene Definition zum Thema »Unternehmergeist« veröffentlicht. Sie lautet: »Das Verfolgen einer Chance ohne Rücksicht auf deren Finanzierbarkeit!« Wie oft begraben Menschen ihren Traum, weil sie sich nicht vorstellen können, wie sie seine Umsetzung finanzieren sollen. Eine Studie der Universität Gießen, bei der 200 Unternehmen mit bis zu 50 Mitarbeitern untersucht wurden, ergab Folgendes: Die Fähigkeit, Ziele zu definieren, ist für Unternehmensgründer einer der wesentlichen Erfolgsfaktoren. Das mag an Beispielen in Bezug auf Ziele zunächst einmal genug sein.

Doch mir geht es in diesem Kapitel nur vordergründig um Ziele. Ich möchte eine Stufe höher gehen: **Mir geht es um Deine Träume!**

Ziele sind das Instrument, um Träume in die Realität umzusetzen. **Doch ich möchte, dass Du träumst!** Ich möchte, dass Du Dich einmal zurücklehnst, Deine Augen schließt und Dir überlegst, was Du aus Deinem Leben machen könntest! Welchen Traum könntest Du verwirklichen? Ich möchte, dass Du träumst und Dir dabei solch große Ziele setzt, dass Du Dich strecken musst. Denn nur wenn Du großen Träumen entgegengehst, dann musst Du Dich strecken, weit strecken, um ihre Verwirklichung zu erreichen. Und was bedeutet »strecken«? **Du musst wachsen!**

Und das ist der eigentliche, der höhere Sinn von großen Zielen und ausladenden Träumen: Um Ziele zu erreichen, um Träume zu verwirklichen, wird Deine Persönlichkeit so weit wachsen, damit das möglich ist. Du solltest der Beste werden, der Du sein kannst! Du solltest mit dem Talent, das Du besitzt, Dein Potenzial in Deinem Bereich voll ausnutzen!

Manche werden die nun folgenden Ausführungen womöglich als »Gefühlsduselei« abtun. Mögen sie es tun, doch ich stehe zu dem, was ich nun ausführen werde … **Ich glaube fest daran, dass Gott jedem Menschen eine Aufgabe mitgegeben hat, die es zu erfüllen gilt.** So glaube ich daran, dass Gott mir die Aufgabe gegeben hat, zu Menschen zu reden und das Wissen weiterzugeben, das es ermöglicht, seine Persönlichkeit frei zu entfalten. Dagegen glaube ich nicht daran, dass Gott von uns Menschen erwartet, erfolglos zu sein. **Ich glaube vielmehr, dass Gott von uns erwartet, unser Talent, das er uns geschenkt hat, auch zu entfalten …**

Deshalb will es mir auch gar nicht in den Sinn, wenn jemand beispielsweise davon »träumt«, erst mal zehn Jahre »so richtig reinzuhauen«, um dann auszusteigen und sich auf Mallorca niederzulassen. Ich halte eine solche Denk- und Vorgehensweise für eine Verschleuderung des Talents. Was wird denn schon groß auf der Baleareninsel passieren? Spätestens nach drei Jahren gehört jeder noch so stimmungsvolle Sonnenuntergang, jeder noch so vollmundige Rotwein, jeder noch so kühle Swimmingpool zum Alltag – und die Routine erstarrt in Langeweile. Wenn jemand das, was er vielleicht über Jahre, gar Jahrzehnte getan hat, nur deshalb »durchgezogen« hat, um eines Tages aussteigen zu können – dann würde das ja bedeuten, dass er die meiste Zeit seines Lebens verschenkt hat, um dann für kurze Zeit glücklich zu sein. Sollte jemand zu der späten Erkenntnis kommen, jene Jahre des »Reinkniens« seien verlorene Jahre gewesen – wie muss diese Erkenntnis schmerzen?! Wie viel Glück muss dagegen ein Mensch erleben, **der jeden Tag Spaß hat an dem, was er tut,** und der sich gar nicht vorstellen kann, einmal nicht mehr seinen Neigungen nachzugehen. Nehme einmal an, Picasso wäre gezwungen worden, seine Malutensilien aufzugeben – unvorstellbar!

Das Leben der Träume beschränkt sich jedoch nicht auf die Welt der Kunst oder der Musik oder des Sports. Jeder Bereich bietet Dir die Möglichkeit, Deine Träume zu leben. Solltest du beispielsweise ein Unternehmen führen und Deinen Traum leben, dann werden Deine Mitarbeiter recht bald diesen Traum zwar nicht so leben wie Du, aber doch wenigstens von ihm angetan, begeistert sein und die entsprechende Motivation an den Tag legen, die notwendig ist, um diesen Traum in die Realität zu überführen. Gelebte Träume wecken Begeisterung. Vor ziemlich genau zwei Jahrtausenden hat uns jemand das vorgemacht: Jesus. Jesus hat Geschichten erzählt, in denen er seine Träume beschrieben hat – und damit hat er die Menschen begeistert und sie geführt.

Jesus Christus ist für mich der größte Motivator in der Geschichte der Menschheit.

Wichtig ist bei alldem, wie Träume in Ziele formuliert und strategisch umgesetzt werden, um somit deren Realisierung auch zu erreichen. Da es hier um einen recht umfangreichen Komplex geht und die Behandlung dieses Themas den Rahmen des vorliegenden Buches sprengen würde, verweise ich auf meine Bücher *Sprenge Deine Grenzen, Alles ist möglich* und schließlich auf das wunderschön gestaltete *Wünschebuch*. Alle drei Bücher sind eine hervorragende Ergänzung zu diesem Titel, und wenn Du hierzu weitere Informationen benötigst, dann klicke einfach auf meine Homepage (www.juergenhoeller.com). Dennoch möchte ich Dir noch einige wichtige Informationen zu diesem Thema geben, **damit Du zu träumen beginnen kannst …**

- **Sei niemals mit dem Erreichten zufrieden!** Sei dankbar für das, was Du bekommen hast – aber bleibe gleichzeitig hungrig und unzufrieden! Wenn Du ein Geschäft besitzt und dessen Umsatz nicht mehr wächst, dann schrumpft es zusammen! Einen Stillstand gibt es weder in der Natur noch im Business.

- **Träume langfristig!** Bei vielen Menschen greift der Traum zu kurz, das heißt, er ist nur auf ein paar wenige Monate, höchstens auf zwei Jahre angelegt. Meist kommen sie dann während der Umsetzung vom Weg ab und verfehlen ihr Ziel. Dadurch verlieren viele dann den Glauben an die ganze Erfolgssystematik. Doch gerade kurzfristige Ziele sind hier wenig geeignet, eben auch, weil sie leicht verfehlt werden. Du hast eine falsche Strategie gewählt – und schon reicht die Zeit nicht mehr aus, um durch eine Kurskorrektur noch rechtzeitig anzukommen.

Die meisten Mensch überschätzen, was sie kurzfristig, und unterschätzen, was sie langfristig erreichen können!

Setze Dir also **langfristig** große Ziele und setze Dir Deine kurzfristigen Ziele so realistisch, dass Du sie **auf jeden Fall** erreichen wirst.

- **Es gibt auch noch andere Dinge im Leben als das Bemühen, nur für ein bestimmtes Ziel zu arbeiten.** Ein Ziel, das Dich dazu zwingt, ununterbrochen an dessen Erreichung zu arbeiten, so dass Dir nie Zeit für eine Pause bleibt, beispielsweise nie Zeit für Deine Kinder, nie Zeit für Deinen Partner, nie Zeit für Dich selbst – die Erfüllung eines solches Zieles ist nicht mit dem Erreichen des Himmels gleichzusetzen, sondern führt unweigerlich in die Hölle! Wer sich ein solches Ziel setzt, der hat damit zugleich sein eigenes Urteil gesprochen: Lebenslanges Arbeitslager! **Egal, wie viel Geld, wie viel Erfolg Du dabei erreichen solltest!** Dein Traum ist wichtig – aber es gibt auch noch andere Dinge in Deinem Leben!

- **Unterlasse Ausreden.** Du bist nie zu alt, Du bist nie zu jung, Du bist nie zu dumm! John Glenn war 77 Jahre alt, als er sich noch mal als Astronaut ins All schießen ließ, und Konrad Adenauer wurde mit 73 Jahren zum ersten Mal deutscher Bundeskanzler – mit 85 zum vierten Mal! Ludwig van Beethoven war die letzten 20 Jahre seines Lebens taub, Abraham Lincoln ging zweimal Pleite und Walt Disney war zeitweilig so arm, dass er sich hauptsächlich von Bohnen ernährte …

- **Gib niemals auf!** Wenn Du vom Kurs abgekommen bist – nimm eine Kurskorrektur vor! Wenn Probleme auftauchen, stelle Dich ihnen und löse sie! Wenn Dein gesteckter Termin zu knapp wird – dann verlängere die Zeit! **Aber gib niemals auf!**

Wie sagte doch der mehrmalige Boxweltmeister im Schwergewicht Evander Hollyfield anlässlich seines Vortrages auf einem Kongress vor mehr als 20 000 Zuschauern, der unter dem Motto »Erfolg« stand (und der vergleichbar mir meinem »Motivationstag« ist)? Er sagte: »Es mag Niederschläge geben, aber keine endgültige Niederlagen.« Wenn ich nach einem Niederschlag wieder aufstehe, habe ich immer noch die Chance, den Kampf zu gewinnen. Und wenn ich einen Kampf verloren habe und nicht aufgebe und wiederkomme, habe ich die Chance, den Rückkampf zu gewinnen.« Genau darum geht es!

Wenn Du jetzt noch Schwierigkeiten damit hast, Deine Träume und Ziele zu definieren, dann bitte ich Dich, in Deinem ARBEITSHEFT die AUFGABEN NR. 59–65 zu bearbeiten.

Gib nie, nie, nie, nie,
gib niemals auf!

Winston Churchill

Kapitel 14
Pushe Dein Einkommen!

Das, was Dir Dein Beruf einbringt,
hängt davon ab,
was Du in Deinen Beruf einbringst!

George war ein junger, ehrgeiziger Hotelangestellter. Seine zwei Maximen waren: **Alles** über das Hotelgeschäft **lernen**, was möglich ist! **Jeder** Kundenwunsch wird **erfüllt!**

Eines Tages, an einem regnerischen, kalten Herbstabend, kam ein älteres Ehepaar in das Hotel, in dem er arbeitete, und fragten nach einem Zimmer. Alle Hotels in der Stadt waren wegen einer Messe restlos ausgebucht und auch das Hotel, in dem George arbeitete, hatte nichts mehr frei. Als George in ihre enttäuschten Gesichter blickte, erinnerte er sich an eine seiner Hauptmaximen und so bot er ihnen sein eigenes Zimmer an, da er sowieso Nachtdienst hatte und erst ab 9.00 Uhr morgens seine Unterkunft wieder benutzen konnte. Das Ehepaar bedankte sich, wollte jedoch das großzügige Angebot ablehnen. Doch George bestand darauf. Am nächsten Tag, als das ältere Ehepaar abreiste, bedankten sie sich überschwänglich und George erhielt ein reichliches Trinkgeld. In den nächsten zwei Jahren lernte George alles, was er über das Hotelgeschäft wissen musste. Er belegte Kurse und Seminare über Managementstrategien, Menschenführung, Verkaufstechniken und vieles mehr. Eines Tages bekam er einen Brief aus New York City. Der ältere Herr von damals hatte ihm geschrieben. Er lud ihn nach New York ein und hatte auch gleich eine Hin-und-Rückfahrkarte beigelegt. Als George in New York ankam, wartete sein Gastgeber schon im Flughafen auf ihn. Der alte Mann fuhr mit ihm zur Ecke 5th Avenue/34. Straße und zeigte ihm einen Palast aus rotem Gestein mit Türmen. »Dieses Hotel habe ich für sie gebaut. Sie werden es leiten.« Der alte Mann hieß übrigens William Waldorf Astor, der junge Mann George C. Bolt – und er wurde der erste Manager des legendären *Waldorf Astoria!*

Konzentriere Dich auf das Wesentliche!

Wenn es etwas gibt, was die meisten Menschen noch vom Erfolg abhält, dann ist es vor allem eines: **Sie können sich nicht auf das Wesentliche konzentrieren!** Viele erledigen alles und jedes, aber das Wichtigste erst ganz zum Schluss – und manchmal überhaupt nicht. Was aber ist nun das Wesentliche? Das Wesentliche sind die Dinge, die Dich Deinen Zielen näher bringen. Und was bringt Dich Deinen Ziele näher? Folgende wichtigen Tätigkeiten:

- **Die einkommenserhöhenden Tätigkeiten (ETHs) verstärken!**

- **Die unwichtigen Tätigkeiten ständig erkennen und vermindern!**

- **Lernen!!!**

- **Pläne und Strategien erstellen, überprüfen und ständig anpassen!**

- **Alle weiteren (bereichsspezifischen) Tätigkeiten, die Dich Deinen Zielen näher bringen!**

ARBEITSHEFT, AUFGABE NR. 66: Was sind Deine drei Hauptaufgaben? Auf diese drei Hauptaufgaben solltest Du Dich ständig konzentrieren! Bei allem, mit dem Du konfrontiert wirst, solltest Du Dich fragen: »Fällt das in den Bereich meiner drei Hauptaufgaben? Hat es damit zu tun?« Falls das nicht der Fall ist, solltest Du Dich einfach nicht damit beschäftigen – delegiere es weiter, lasse es einfach liegen etc.

Formuliere nun Deine drei Hauptaufgaben und halte sie schriftlich fest. In diesem Fall sah beispielsweise meine Niederschrift wie folgt aus:

1. Seminare halten.

2. Neues Wissen aufnehmen und altes Wissen vertiefen!

3. Public Relations betreiben.

Eines Tages tauchte bei Charles Schwab, dem Präsidenten eines großen Stahlwerks, ein junger Mann auf und bot ihm einen Tipp an. Hierfür verlangte er 25 000 US-Dollar, da, so sein Hinweis, die Umsetzung dieses Tipps ihm, Schwab, ein Vielfaches davon einbringe. Charles Schwab schaute den jungen Mann zunächst verdutzt an, um dann nach einigen Sekunden lauthals loszulachen, denn er glaubte natürlich nicht daran, was ihm hier unterbreitet wurde. Doch der junge Mann gab nicht nach und nagelte Schwab fest: Wenn er ihm einen Tipp gäbe und er, Schwab, innerhalb der nächsten 14 Tage erkennen würde, dass die Umsetzung des Tipps ihm ein Vielfaches einbringe, wäre er dann bereit, ihm 25 000 US-Dollar zu zahlen? Schwab war bereit. Der junge Mann bat nun sein Gegenüber, einen Zettel zur Hand zu nehmen und Folgendes aufzuschreiben:

- Am Ende jeden Arbeitstages aufschreiben: **Was sind die sechs wichtigsten Hauptaufgaben des nächsten Tages?** Daraufhin veranlasste der junge Mann den Präsidenten, jene sechs Aufgaben, die ihm für den nächsten Tag besonders am Herz liegen würden, gleich schriftlich festzuhalten. Schwab benötigte dafür drei Minuten.

- Als nächstes sollte Schwab diese sechs Aufgaben der **Wichtigkeit nach sortieren.** Hierfür benötigte Schwab weitere zwei Minuten.

- Und dann bat ihn der junge Mann, er möge am nächsten Morgen die Liste auf den Tisch legen und sich **ausschließlich mit der ersten Aufgabe beschäftigen!** Die anderen Aufgaben sollten so lange warten, bis die erste erledigt worden sei. Er solle sich durch nichts stören lassen, durch keinen Anruf, keine Post, durch nichts! Dann solle er einfach mit der nächsten Aufgabe beginnen. Sollte er die letzten drei nicht mehr schaffen, so wäre das nicht schlimm, sagte der junge Mann, denn dann hätte er ja auf alle Fälle die drei wichtigsten Aufgaben erledigt – und diese würden ihn jeden Tag einen Riesenschritt seinen großen Zielen näher bringen.

Schwab tat, wie ihm der junge Mann geraten hatte – und gab ihm nach 14 Tagen mit Freude die 25 000 US-Dollar …

Ich würde Dir dringend empfehlen, diese Aufgabe ebenfalls **täglich** zu erledigen. Da ich weiß, dass bei manchem die Disziplin schon mal ein wenig zu wünschen übrig lässt, habe ich auch diese wichtige Aufgabe in meinen *Erfolgsplaner* integriert. Wenn jene besagte Strategie umgesetzt wird, dann wird zwangsläufig Folgendes passieren: Du wirst das Wichtige zuerst erledigen (weil Du es geplant hast) und das Unwichtige hinausschieben. Komme hierbei jedoch nicht in die Versuchung, das wirklich Unwichtige ebenfalls zu erledigen, etwa dann, weil der entsprechende Notizzettel schon 14 Tage in Deinem Kästchen liegt! Beginne jeden Tag immer mit der wichtigsten Aufgabe und arbeite Dich dann langsam vor – und Du wirst etwas erleben, was als »Hinausschiebeffekt« bezeichnet wird:

Wenn Du das Wichtige zuerst erledigst und das Unwichtige hinausschiebst, bringt Dich das Erledigte in Riesenschritten Deinen Zielen näher, während sich das Unwichtige oft von selbst erledigt.

Was sind Deine einkommenserhöhenden Tätigkeiten (ETHs)? Den lieben langen Tag erledigen wir ja so viele Dinge – aber für das, was wirklich unser Einkommen erhöht, finden wir oftmals keine Zeit. Wie anders wäre es zu erklären, dass beispielsweise der durchschnittliche deutsche Verkäufer nur 18 Prozent seiner Zeit nutzt, um zu verkaufen – und die restlichen 82 Prozent mit anderen Tätigkeiten beschäftigt ist?! → ARBEITSHEFT, AUFGABEN NR. 67 UND 68.

Nun folgt eine entscheidende Frage. Sie lautet: **Was bist Du wert?** Hast Du eigentlich schon einmal ausgerechnet, was eine Stunde Deiner wertvollen Arbeitszeit wert ist? Was verdienst Du pro Stunde bzw. welchen Umsatz bringst Du Deinem Unternehmen pro Stunde ein? Um diese Werte zu ermitteln, gehst Du bitte folgendermaßen vor:

- Lege Dein gewünschtes Jahreseinkommen fest, und zwar das, das Du in fünf Jahren erzielen willst! Geh bitte nicht von Deinem jetzigen Einkommen aus, denn Du willst ja in fünf Jahren wesentlich mehr wert sein, oder? Solltest Du selbstständig bzw. Verkäufer sein, dann lege fest, welchen Umsatz bzw. welche Gewinnrendite Du erreichen musst, um das gewünschte Einkommen zu erzielen.

Beispiel: Du willst 50 000 Euro verdienen und hast eine 10-prozentige Provision als Verkäufer. Dann würde das bedeuten, dass Du 500 000 Euro Umsatz erzielen musst.

- Teile nun Dein Jahreseinkommen bzw. Deinen Umsatz durch 11. In unserem Beispiel müsste Dein Einkommen 4045 Euro bzw. Dein Umsatz 40 555 Euro betragen (wobei ein Monat Urlaub berücksichtigt ist).

- Teile jetzt Dein gewünschtes Jahreseinkommen durch 45 (Wocheneinkommen) bzw. Deinen benötigten Jahresumsatz durch 45 (Wochenumsatz). Also: 50 000 Euro ÷ 45 = 1111 Euro Wocheneinkommen bzw. 11 110 Euro benötigter Wochenumsatz.

- Ermittle nun Deinen Tageswert. Nimm Dein gewünschtes Jahreseinkommen (50 000 Euro) und teile es durch 220 Arbeitstage. So erhältst Du ein Tageseinkommen von 227 Euro. Genauso verfährst Du, um Deinen benötigten Tagesumsatz zu ermitteln: 500 000 ÷ 220 = 2227 Euro benötigter Tagesumsatz.

- Jetzt ermittelst Du Dein Stundeneinkommen. Nimm dazu Dein Tageseinkommen und teile es durch die Anzahl der Stunden, die Du wirklich arbeitest. Beispiel: 227 Euro ÷ 10 Stunden = 22,7 Euro pro Stunde (was wiederum einen erforderlichen Umsatz von 227 Euro pro Stunde ergibt).

Fazit:. In diesem Beispiel verdient der Mitarbeiter 22,7 Euro pro Stunde und bringt dem Unternehmen 227 Euro Umsatz pro Stunde. Hierzu nun ein paar nachdenkenswerte Anmerkungen (bezogen auf das obige Zahlenbeispiel):

- Wenn Du ein 15-minütiges Schwätzchen mit einem Kollegen hältst, kostet Dich das circa 7 Euro an Einkommen und bringt dem Unternehmen 70 Euro weniger Umsatz!

- Wenn Du 10 Minuten benötigst, um »mal eben« ein paar Kopien zu machen, kostet Dich das etwa 4,5 Euro an Einkommen und bringt dem Unternehmen rund 45 Euro weniger Umsatz!

- Wenn Du morgens deshalb so genüsslich Deinen Kaffee trinkst, weil Du die neuesten Werbeprospekte unbedingt studieren musst, kostet Dich das unter Umständen eine halbe Stunde. Selbst wenn Du dafür nur 20 Minuten brauchst, bedeutet das circa 8 Euro weniger an Einkommen bzw. 80 Euro weniger an Umsatz für das Unternehmen.

Überprüfe also ab sofort **alle Tätigkeiten,** die Du ausübst, und frage Dich, ob jede einzelne Tätigkeit es auch wirklich wert ist, die dafür benötigte Zeit zu opfern.

Alle Tätigkeiten, die ein anderer preiswerter ausführt, als Du es kannst, solltest Du delegieren!

Dies gilt nicht nur für den beruflichen Bereich, sondern auch für den privaten. Hängst Du noch Deine Bilder selbst auf? Suchst Du noch jede Woche den Getränkemarkt auf? Machst Du noch Deine Hausmeisterarbeiten selbst? Putzt Du selbst, wäschst Du Deinen Wagen selbst, kaufst Du selbst ein usw.? Das alles kostet Zeit – und somit auch Geld. Falls Du natürlich einer Tätigkeit gern nachgehst, sie womöglich als Hobby betrachtest, liegen die Dinge etwas anders. Aber auch dann sei Dir bewusst, dass Dich jede Stunde Deines Hobbys, bezogen auf das obige Beispiel, knapp 23 Euro an Einkommen kostet (bzw. das Unternehmen knapp 230 Euro an Umsatz). Sollte dann beispielsweise Dein Jahreseinkommen in fünf Jahren wesentlich höher als 50 000 Euro liegen – was ich Dir wünsche! –, verschieben sich natürlich die Zahlenbeispiele nach oben!

Kannst Du jetzt nachempfinden, warum ich privat einen Hausmeister habe, eine Putzfrau, einen Gärtner, meine Getränke einkaufen und sonstige unwichtigen Dinge erledigen lasse? All jene Menschen, die für meine Familie und mich diese wie andere

Tätigkeiten ausführen, **bringen mir bedeutend mehr Geld ein,** als sie mich kosten, weil ich mich so auf die wesentlichen Dinge konzentrieren kann. Ich habe ausgerechnet, dass jede Stunde, die ich persönlich arbeite, meinem Unternehmen viele tausend Mark bringt! Wie »bescheuert« müsste ich dann sein, etwa meinen Wagen selbst voll zu tanken? Wenn Du pro Jahr nur 50 Mal Deinen Wagen tankst, kommst Du mit Anfahrt, Wartezeit hier, Schwätzchen da, Tanken, Zahlen, Abfahrt usw. auf ca. 20 Stunden …

Hier noch ein paar organisatorische Hilfsmittel, die ich Dir wärmstens an Herz lege (nicht nur deshalb, weil sie auch mir sehr geholfen haben):

- **Time/system.** Hier handelt es sich um eines der hervorragendsten Organisationsmittel, die ich kenne. Du kannst dabei sowohl auf das traditionelle *Time/system* in Papierform zurückgreifen als auch auf den elektronischen *Task-Timer!*

- **Mind Manager.** Dieser »Gehirn-Manager« hilft jedem seiner Benutzer auf einer Art und Weise, indem er unglaubliche Möglichkeiten eröffnet, kreativ zu arbeiten. So könnte ich ein Buch wie das vorliegende ohne *Mind Mapping* gar nicht schreiben, da ich ansonsten wahrscheinlich die drei- bis vierfache Zeit benötigen würde. Ich empfehle Dir einmal das Computerprogramm *Mind Mapping* sowie, als Informationsgrundlage, das Buch *Mind Map.*

- **Erfolgsplaner.** Diesen *Erfolgsplaner* (Infos in meinem Weiterbildungs-Internetshop) habe ich entwickelt, um den Benutzer optimal in die Lage zu versetzen, sich selbst zu organisieren, sich immer wieder auf seine Ziele zu konzentrieren, sich positiv zu motivieren und sein Selbstwertgefühl aufzubauen!

Niemand wird müde, seinen Nutzen zu suchen. Nutzen gewährt uns aber eine naturgemäße Tätigkeit. Werde also nicht müde, Deinen Nutzen zu suchen, indem du anderen Nutzen gewährst!

Aus der Bibel

Im September 1999 fragte der bekannte Fernsehmoderator Franklin *(Die RTL-100 000-Mark Show)* bei mir an, ob ich ihm helfen könne, etwas für ihn Unmögliches möglich zu machen. Der Grund: Noch vor drei Jahren litt er an extremster Klaustrophobie und musste sich deshalb einer Therapie unterziehen. Doch so ganz war seine Angst wohl nicht verschwunden. Jedenfalls wollte er »den Stier bei den Hörnern packen« und sich in einer zwei Meter langen, 80 Zentimeter breiten und 50 Zentimeter hohen Röhre fünf Meter unterhalb der Wasseroberfläche des Rheins versenken lassen und so 24 Stunden ausharren. Damit er das auch schaffen konnte, bat er um meinen Beistand. Ich kam der Aufforderung gern nach – und tatsächlich gelang das Unglaubliche: **Er schaffte es!**

Diese Aktion fand übrigens im Schatten des Kölner Doms statt, in einem Nebenarm des Rheins, und zwar genau an der Stelle, an der die Kelly Family früher ihr Hausboot vor Anker gelegt hatte (und dort immer noch einen Teil ihrer Geschäftsräumlichkeiten besaß). Joey Kelly hatte von der Aktion gehört und schaute vorbei. Dabei kamen wir ins Gespräch und Joey schien sehr an meiner Tätigkeit interessiert zu sein. Ich erläuterte ihm meine diversen Strategien und Grundsätze, unter anderem auch den, dass man im Leben nur dann **wirklich** erfolgreich sein wird, wenn man mehr gibt, als man nimmt. Joeys Gesicht hellte auf: »Das ist genau das Gleiche wie das, was unser Vater Dan uns immer sagte: **Nimm eines – gib zehn!**«

An diesem Tag fragte Joey Kelly nach einem Exemplar meines Nr.-1-Bestsellers *Sprenge Deine Grenzen.* Selbstverständlich erhielt er eines von mir, selbstverständlich auch mit persönlicher Widmung. Er fragte mich, was es kosten würde. Allein seine Frage war mir peinlich und ich sagte ihm, wie stolz **ich** sei, weil er sich für mein Buch interessiere. Als Antwort wiederholte er nur das Zitat seines Vaters.

Nimm eins, gib zehn!

Dan Kelly

Am nächsten Tag, als Franklin wieder auftauchte, war Joey wieder da. Er schenkte mir und einigen meiner Mitarbeitern mehrere Videos, CDs und Bücher, unterschrieb eine Menge Autogramme – und bewies damit eindrücklich, dass es sich bei dem besagten Zitat nicht um einen schnellen Spruch gehandelt hatte, sondern dass er dieses Aussage auch tatsächlich mit Leben füllt.

Was ich damit meine, ist Folgendes: **Du solltest immer mehr geben, als man von Dir erwartet! Und Du solltest immer etwas mehr geben, als man Dir auch bezahlt.** Das mag sich für so manchen Leser paradox anhören, denn allgemein ist man es gewohnt, zuerst zu nehmen und dann zu geben. Wer beispielsweise gewerkschaftlich organisiert ist, dem versucht man das nahezu täglich zu vermitteln. Deshalb muss es auch zuerst eine Lohnerhöhung geben, ehe man bereit ist, dafür etwas zu tun. Doch das Spiel des Erfolgs funktioniert anders: **Erst muss man etwas geben, dann bekommt man umso mehr zurück!**

In diesen Zusammenhang passt auch die Geschichte von Johnny. Johnny ist einer jener »Baggers«, die in den amerikanischen Supermärkten an der Kasse stehen und den Kunden deren gekaufte Waren einpacken. In den Vereinigten Staaten geht man noch einen Schritt weiter, denn dort tragen die Baggers die Einkaufstüten bis zum Auto des Kunden.

Was aber nun ist das Besondere an Johnny? Johnny las eines Tages ein Buch darüber, dass man **in jedem Bereich, in jedem Job, erfolgreich sein kann.** Er erzählte davon seinen Kollegen, die an den anderen Kassen standen, doch die hatten nur ein geringschätziges Lachen für ihn übrig: »Wir sind einfache Baggers. Wir sind ganz am Ende der Hierarchie. Wir können froh sein, wenn wir mit den paar Dollars, die wir verdienen, überleben können.« Aber Johnny glaubte das, was er gelesen hatte. Und nachdem er das nächste Buch zu diesem Thema gelesen hatte, kam ihm eine Idee. Daraufhin schnitt sich Johnny kleine Karteikärtchen zurecht und beschrieb sie mit einem Zitat oder einem Spruch oder einem Gedanken, wobei jede Aussage einen positiven Inhalt aufwies. Dem Ganzen gab er auch eine Überschreibung: »**Der Gedanke des Tages«.**

Von nun an überreichte er jedem einzelnen Kunden, der an seiner Kasse von ihm bedient wurde, solch ein Kärtchen. Und was passierte? Die Kunden waren erfreut über seine Aufmerksamkeit, ihre Gesichter hellten sich auf, wenn sie solch einen Spruch lasen – und der findige Kerl erhielt insgesamt auch mehr Trinkgeld als zuvor üblich. Die meisten Kunden, die solch ein Kärtchen einmal erhalten hatten, steuerten bei ihrem Besuch dann die Kasse an, hinter der Johnny stand, um einen neuen »Gedanken des Tages« zu erhalten, selbst wenn die Wartezeit vor Johnnys Kasse länger war als vor den übrigen.

Nach einigen Wochen war die Schlange an der Kasse, an der Johnny arbeitete, stets doppelt so lang wie an den anderen Kassen. Der Filialleiter wurde aufmerksam und ging der Sache nach. Er fragte einige Wartende, ob sie denn nicht lieber zu einer der anderen Kassen wechseln wollten, da dort die Schlangen wesentlich kürzer seien. Doch die Angesprochenen antworteten, sie würden die zusätzliche Wartezeit gern in Kauf nehmen, weil sie sich wieder auf Johnnys »Gedanken des Tages« freuten. Da erst erfuhr der Filialleiter von Johnnys Idee. Auch er ließ sich nun eines dieser Kärtchen aushändigen. Am nächsten Tag beförderte er Johnny zum Vorgesetzten aller Baggers dieser Filiale …

Du erhältst das vom Leben zurück,
was Du selbst in das Leben hineingegeben hast!

Von Lothar Späth, dem ehemaligen Ministerpräsidenten Baden-Württembergs, stammt die Aussage: »**Der Deutsche bedient seine Maschine immer lieber als seinen Nachbarn!**« Welch wahres Wort – zudem ein Wort, das eine bittere Erkenntnis in sich trägt: Eine solche Verhaltensweise bringt den, der sie anwendet, kein Stück weiter! Dabei gehört aus der Physik folgendes Gesetz mittlerweile zum Allgemeingut: Im Universum bleibt die Summe der gesamten Energie stets gleich. Weder geht Energie verloren noch kann Energie erzeugt werden – Energie wechselt lediglich ihren Zustand! Ist das die Erklärung für jenes **Gesetz vom Geben und Nehmen**? Es scheint so. Jedenfalls gibst Du Energie (Nutzen), die Du wieder, wenn auch mit zeitlicher Verzögerung, zurückbekommst (Du kannst also nehmen!). Somit verspreche ich Dir: Wenn Du in Deine Arbeit so viel Nutzen hineingibst wie kein anderer, dann wirst Du unentbehrlich. Und wenn Du unentbehrlich bist und an jedem Tag mehr machst als das, wofür man Dich bezahlt, dann wirst Du ein Wunder erleben! Leider denken und handeln viele immer noch nach dem Grundsatz:

Lieber Ofen, wärme mich,
dann bekommst du auch Holz …

Carsten Maschmeyer

Stelle Dir einmal die folgenden Fragen: Welchen zusätzlichen Nutzen kann ich meiner Firma, meinen Kunden, meinen Mitarbeitern geben? Welchen Nutzen kann ich verstärken? Wo kann ich Kosten sparen? Wo kann ich Zeit sparen? Wo gibt es Probleme, die darauf warten, gelöst zu werden? Welche Abläufe könnten verbessert werden? Wie könnten die Abläufe im Lager effizienter gestaltet werden? Wie könnte ich mehr bzw. besser verkaufen? Wie könnte das Marketing verbessert werden? Welche Möglichkeit gibt es, den Umsatz zu steigern? Wie könnte mehr Gewinn erzielt werden? Beantworte Dir jetzt diejenigen Fragen, die mit Deinem Bereich zu tun haben. ➜ ARBEITSHEFT: AUFGABEN NR. 69–71. Danach solltest Du Dir überlegen, welche Fragen Du Dir noch stellen könntest. Bedenke: Jede Frage bringt Dich ein Stück weiter!

Gib Dein Bestes!

Ein besonders eindrucksvolles Beispiel für Qualität und für den Vorsatz, sein Bestes zu geben, liefert die berühmte Freiheitsstatue im New Yorker Hafen. Falls Du noch nicht im Big Apple warst, solltest Du das auf jeden Fall einmal tun – und dann solltest Du Dir auch einen Flug mit dem Helikopter gönnen, aber nur, wenn er auch über die Freiheitsstatue fliegt. Wenn dann der Helikopter über die beeindruckende »Liberty« seine Runde dreht, lohnt es sich, die Statue genau zu betrachten. Etwa 46 Meter hoch – der Sockel misst rund 47 Meter –, besteht sie hauptsächlich aus Kupfer. Neben dem Körper und dem Gewand ist es besonders der Kopf, der ein genaues Hinschauen lohnt, denn die metallene Frisur ist mit ungeheuer viel Liebe zum Detail gefertigt worden: In jeder einzelnen Haarsträhne ist die unendlich große Sorgfalt zu erkennen, die in wohl monatelanger Kleinarbeit nötig war, um jene Detailgenauigkeit zu erzielen, mit der dieser Kopf insgesamt beeindruckt.

Als der damalige US-Präsident S. Grover Cleveland am 28. Oktober 1886 die Freiheitsstatue feierlich der Öffentlichkeit übergab, konnte noch keiner der Anwesenden wissen, dass es einmal Flugmaschinen geben würde, mit denen es möglich sein sollte, eine Statue wie die »Liberty« zu umkreisen. Warum ich das erwähne? Weil das auch Frédéric-Auguste Bartholdi, ihr Schöpfer aus Paris, nicht wissen konnte. Seinerzeit war es nur Vögeln möglich, den Kopf der Statue von oben zu betrachten. Nach damaligem Wissensstand hätte also niemals ein Mensch erfahren, wenn Bartholdis den oberen Teil der Haare weniger sorgfältig gearbeitet hätte. Aber für den Franzosen, einem Meister seines Fach, war anscheinend die Qualität seiner Arbeit ganz oben angesiedelt – und so ist jede Strähne, jede Locke genau dort zu finden, wo sie hingehört. Das nenne ich hervorragende Qualität, das ist für mich die Umsetzung eines der wichtigsten Leitsätze für ein erfolgreiches Leben. »**Ich werde stets mein Bestes geben!**« Jener Leitsatz sollte Dir in Fleisch und Blut übergehen oder, anders ausgedrückt, untilgbarer Teil Deines Denkens sein!

Frédéric-Auguste Bartholdi wird neben seinem absoluten Qualitätsanspruch wohl noch eine weitere Eigenschaft gehabt haben, etwas, das ebenso unerlässlich ist auf dem Weg nach oben: **Spaß an der Arbeit!**

Alles, was keinen Spaß macht,
nennt man Arbeit ...

Bertolt Brecht

Mit dieser Aussage hat der Schöpfer der *Dreigroschenoper* sarkastisch und zynisch jenes Denken beschrieben, das heutzutage noch etliche Zeitgenossen pflegen. Wenn das nicht so wäre, dann würden nicht die Gesichter der Menschen, die frühmorgens in ihren Autos, in Bussen, Flugzeugen, U-Bahnen und Zügen sitzen, durch so mürrische Mienen auffallen, wie sie immer wieder zu beobachten sind. Kein Mensch lacht, kein Gesicht zeigt Freude. Von dem ehedem geltenden Grundsatz: »Arbeit adelt«, nach dem noch unsere Großeltern und Eltern handelten, sind heute nur noch wenige Spuren zu entdecken. Anscheinend empfinden die meisten Berufstätigen ihre Arbeit als Strafe, zu der man sie bis zum Erreichen des 65. Lebensjahres verurteilt hat … Bemerkung am Rande: Wusstest Du, dass die meisten Herzinfarkte zwischen acht und zehn Uhr morgens eintreten? Liegt das eventuell daran, dass die überwiegende Zahl der Menschen lieber stirbt als ihrer Arbeit nachzugehen?

Die durchschnittliche Lebensarbeitszeit beträgt bei Frauen circa 79, bei Männern circa 73 Jahre. Davon hast Du bereits einen großen Teil verbraucht. Zeit ist also Deine wichtigste Ressource – und es ist die einzige Ressource, die, einmal verbraucht, durch keine andere zu ersetzen, demnach unwiederbringlich verloren ist! Deshalb wünsche ich Dir, ich wünsche es Dir **wirklich**, dass Du einen Beruf hast, der Dir Spaß macht! Falls nicht, dann verschenkst Du 50 bis 80 Prozent Deiner wachen Lebenszeit! Und dann leidest Du über den weitaus längsten Zeitraum Deines Lebens. Das werden dann auch die paar wenigen Augenblicke in Deinem Leben, in denen Du genießen kannst, kompensieren …

Niemand wird dafür sorgen, dass Du Spaß an der Arbeit hast! Du musst selbst jenen Spaß herbeiführen! Das kannst Du beispielsweise erreichen, indem Du Dir Ziele setzt und indem hinter diesen Zielen ein höherer Sinn, eine wahre Aufgabe steht! So ist etwa mein nächstes großes Ziel, dass meine *Inline Motivation AG* bis zum Jahre 2015 eine Milliarde Euro Umsatz macht und sich der Börsenwert für meine Aktionäre bis zu diesem Zeitpunkt mindestens verhundertfacht! Soweit zu den Zahlenzielen. Doch was steht dahinter? Dahinter steht meine Aufgabe, mein höherer Sinn, möglichst vielen Menschen dazu zu verhelfen, erfolgreicher und glücklicher zu sein! Und deshalb macht mir meine Tätigkeit Spaß!

Als der heilige Franz von Assisi mit seiner Sense einmal die Wiese vor seinem Kloster schnitt, kamen einige seiner Ordensbrüder auf ihn zu und fragten ihn: »Lieber Franziskus, mal angenommen, die Welt würde in einer Stunde untergehen, was würdest du dann noch tun?« Und der ehemalige Kaufmann antwortete seelenruhig: »Weiter schneiden!« Und warum hätte er weiter das Gras mit der Sense geschnitten? Weil es ihm Spaß machte!

Leider ist Spaß in den allermeisten Firmen und Unternehmen verpönt. Was würde passieren, wenn in einem Meeting, in einer Konferenz ein Mitarbeiter plötzlich lauthals lachen würde? »Was lachen Sie denn so dämlich? Sie haben wohl noch nicht erkannt, was auf dem Spiel steht, wie ernst die Lage ist, wie?«, würde ihm sein Boss wahrscheinlich vorhalten. Ja glauben denn solche Chefs ernsthaft, dass verkniffene Gesichter, verbissenes Arbeiten, vor Anstrengung verspannte Körper wirklich die Motivation und damit die Leistung und letztendlich den Erfolg der Firma steigern? Der Spaß ist es, der Motivation und Erfolg erzeugt! Als man einmal neben etlichen Führungspersönlichkeiten hundert Nobelpreisträger über ihre Einstellung zur Arbeit interviewte, gab einer eine Antwort, die sozusagen das Credo aller Befragten wiedergab: »Ich habe praktisch in jeder Minute meines Lebens gearbeitet. Genauso könnte man aber behaupten, dass ich keine einzige Minute meines Lebens gearbeitet habe.« Um es mit den Worten des US-Historikers John Hope Franklin zu sagen:

Ich habe stets den Satz unterschrieben:
»Gott sei Dank ist Freitag,
denn nun kann ich die nächsten zwei Tage
ohne Unterbrechungen arbeiten.«

Sobald jemand kommen soll, um Dir Spaß zu bringen, ist es an der Zeit, sich selbst um den Spaß zu kümmern. Wenn Du nämlich Deinen Job nur mit halber Energie ausführst, dann verschenkst Du dabei bereits den größten Teil Deines Lebens! Das Leben ist zu kurz, als es mit einer spaßlosen Tätigkeit zu verbringen. Warum macht einem aber die Tätigkeit keinen Spaß?

- Weil die Arbeit keinen bzw. relativ wenig Nutzen bringt! Manchmal ist sie sogar schädlich.

- Weil die Arbeit langweilig ist! Oftmals hat sich nach einigen Jahren Routine breit gemacht und sich der Großteil der Aufgaben eingeschliffen. Jeden Tag läuft alles nach den gleichen Mustern ab, und somit ist keine Bewegung, nichts Aufregendes vorhanden.

- Weil die Arbeit mit zu viel Stress verbunden ist! Meist ist hier jedoch nicht die Arbeit, sondern jener sich negativ auswirkende Stress gemeint, der auf zwischenmenschliche Probleme zurückzuführen ist: Ärger mit dem Chef, den Kollegen, wichtigen Kunden etc.

Was Dir Dein Beruf einbringt, hängt davon ab, was Du in den Beruf einbringst. Wenn Du Dein Einkommen in den nächsten Jahren drastisch steigern möchtest, dann ist das nur möglich, wenn Du proportional dazu Deine Leistung und somit die **Wirkung,** die Du erzielst, drastisch steigerst. Du musst Dich also für eine bestimmt Fähigkeit entscheiden und Dir dann zum Ziel setzen, in dem betreffenden Bereich der absolute Spezialist zu werden! Werde in einem bestimmten Bereich zunächst zum Könner, danach zum Experten, schließlich zur **Kapazität!** Dieser Weg ist einer der ausschlaggebenden Eckpfeiler für den persönlichen Erfolg. ➜ ARBEITSHEFT, AUFGABE NR. 72.

Szenenwechsel. Fritz Normalverkäufer kommt um 9.15 Uhr in sein Büro. Er fühlt sich noch ein bisschen müde und beschließt daher, sich erst einmal einen Kaffee zu holen. Hierfür muss er am Schreibtisch von Fräulein Müller vorbei, die er sehr sympathisch findet. Sie plauschen ein wenig, ehe er sich dann aufmacht, um endlich zu seinem Kaffee zu kommen. Auf dem Rückweg bleibt er dann kurz bei Herrn Schmitt stehen, um auch mit ihm ein wenig über das vergangene Wochenende zu plaudern. Um 9.45 Uhr sitzt Fritz dann mit seinem heißen Kaffee in seinem Büro. Gleichzeitig am Telefon verkaufen und Kaffee trinken geht schlecht, also beschließt er erst einmal, den neuen Prospekt der Firma »XY« durchzulesen. Um 10.15 Uhr ist er damit fertig – und jetzt gehts los! Just in dem Moment klingelt das Telefon. Ein guter Freund ist am anderen Ende der Leitung, und nachdem sie sich über alte Zeiten ausgetauscht haben, verabreden sie sich und vereinbaren einen Termin. Um 10.30 Uhr legt er auf – und jetzt gehts los! Da klopft es an der Tür und schon steht Kollege Meier im Zimmer und braucht einen Ratschlag. Um 11.10 Uhr ist Herr Meier wieder weg – und jetzt gehts los! Doch da verspürt Fritz einen leichten Druck auf der Blase und geht noch mal schnell aufs stille Örtchen … Auf dem Rückweg wieder ein kleiner Plausch mit Fräulein Müller, ehe unser Normalverkäufer um 11.30 Uhr sein Büro erreicht – und jetzt gehts los! Doch da bringt man ihm die Post herein, die natürlich nicht liegen bleiben kann. Sorgfältig öffnet er Briefe, größere Umschläge, kleinere Päckchen, und tatsächlich sind doch einige unerfreuliche Sachen dabei, die ihm auf den Magen schlagen. Als er schließlich alles sortiert hat und fertig ist, ist es 11.50 Uhr. Jetzt werden die Kunden gleich zum Mittag gehen und deswegen lohnt es sich jetzt auch nicht mehr. Also beschließt Fritz für heute, die Mittagspause etwas vorzuziehen …

Kommt Dir solch ein Verhalten bekannt vor? Selbst wenn Du Dich mit »Fritz Normalverkäufer« nicht auf eine Stufe stellen lässt, so rate ich Dir, auch wenn es wenig populär ist:

Arbeite länger und härter!

Du kannst mir glauben: **Ich habe in meinem Leben hart gearbeitet!** Und ich arbeite heute noch hart! So sind für mich 16 Arbeitsstunden pro Tag nicht die Ausnahme, sondern oft die Regel. Hart arbeiten ist der Preis, den man investieren muss, um an die Spitze zu gelangen. Irgendwann habe ich einmal gelesen, dass alle erfolgreichen Menschen spätestens um sechs Uhr morgens aufstehen und ihren Tag beginnen. Zum damaligen Zeitpunkt war ich ganz am Boden und stand erst zwischen neun und zehn Uhr auf. Ich habe begonnen, eine halbe Stunde früher aufzustehen – und fühlte mich gut dabei. Einige Zeit später bin ich dann eine weitere Stunde früher aufgestanden – und erreichte dadurch wesentlich mehr als vorher. Schließlich stand ich zwei Stunden früher auf – und der Erfolg wurde noch größer! Wenn Du bereit bist, Zeit zu investieren, dann garantiert das noch lange keinen Erfolg! Aber eines ist garantiert: **Wenn Du wenig Zeit investierst, dann ist das Ergebnis mit Sicherheit negativ!**

In einem kleinen Dorf auf dem Lande übernahm ein katholischer Pfarrer seine neue Gemeinde. In den ersten Tagen fuhr er zu den umliegenden Bauernhöfen, um sich dort vorzustellen. Als er an einem besonders schönen landwirtschaftlichen Gut ankam, wandte sich der Pfarrer an den Gutsbesitzer: »Unser Herr hat es aber gut mit Ihnen gemeint und Ihnen dieses herrliche, wunderschöne Anwesen geschenkt. Ich hoffe, Sie sind Gott dafür auch dankbar?« – »Natürlich, das bin ich jeden Tag«, antwortete der Bauer. »Der Herr hat mir wirklich ein schönen Anwesen geschenkt – aber sie hätten es einmal sehen sollen, wie es aussah, als ich es vor zwanzig Jahren übernommen habe …« Ohne harte Arbeit blüht nichts, gedeiht auch nichts. Belohnt werden grundsätzlich immer die, die etwas fleißiger sind. Hier nun meine Tipps im Einzelnen:

- Beginne früher mit der Arbeit als alle anderen!

- Bleibe und arbeite länger als alle anderen!

- Mache kürzere Pausen als alle anderen!

- Nutze die Pausen mit sinnvollen Tätigkeiten wie Lesen, anstatt Dich über belanglose Dinge zu unterhalten.

- Wende die »40+-Formel« an! Diese Formel stammt von Brian Tracy und besagt: Die ersten 40 Stunden, die Du pro Woche arbeitest, dienen Deinem Überleben! Jede Stunde, die Du darüber hinaus arbeitest, dient Deiner eigentlichen Karriere. Es gibt keinen einzigen Menschen, der erfolgreich geworden wäre, wenn er sich sein Berufsleben lang an der 40-Stunden-Woche orientiert hätte. Die wirklich erfolgreichen Menschen arbeiten mindestens sechs Tage die Woche jeweils mindestens 10 Stunden.

Erfolglose Menschen arbeiten
von zehn bis sechs Uhr,
die erfolgreichen dagegen
von sechs bis zehn Uhr (abends)!

Bodo Schäfer

Gazelle und Löwe wachen morgens auf. Die Gazelle weiß: Um den Löwen zu entkommen, muss sie heute rennen. Und der Löwe weiß: Um die Gazelle zu erwischen, muss er heute rennen, will er nicht Hunger leiden. Es ist also egal, was Du bist … **sobald die Sonne aufgeht, musst Du rennen – ansonsten hast Du Probleme!**

Wenn es Dir schlecht geht:
Arbeite mehr!
Wenn es Dir gut geht …
Arbeite weiter!

In den asiatischen Kampfkünsten gibt es ein Sprichwort, das besagt, dass nur der Meister wird, der jeden Tag zehn Minuten länger auf der Matte bleibt als alle anderen. Übertrage das einmal auf die Berufssituation hierzulande – und Du wirst zu der Feststellung kommen: Es wird der befördert, der immer ein bisschen mehr gearbeitet hat als alle anderen! Und es wird der entlassen, der immer ein bisschen weniger gearbeitet hat als alle anderen!

**Der Beginn einer Karriere
ist ein Geschenk der Götter.
Der Rest ist harte Arbeit.**

Fritzi Massary

Ein Franz Beckenbauer hat mehr an sich gearbeitet als die meisten Fußballer seiner Zeit, um an die Spitze zu kommen. Eine Steffi Graf war diejenige in der gesamten Tenniswelt, die am härtesten trainiert hat. Ein Luciano Pavarotti trainiert täglich stundenlang seine Stimme. Und ein Jürgen Höller hat die letzten 15 Jahre mehr und härter gearbeitet als die meisten seiner Kollegen …

Ich kenne viele Menschen, die hervorragende Leistungen erbringen – **aber niemand erfährt es, niemand weiß es!** Die Qualität Deiner Tätigkeit macht gerade einmal 10 bis 20 Prozent Deines Erfolgs aus, 30 bis 40 Prozent werden von Deinem Image, Deinem Ruf bestimmt, den Du besitzt, und 50 bis 60 Prozent hängen davon ab, wie gut Du Dich verkaufen kannst!

Betreibe Eigen-PR!

Jeder muss sich gut verkaufen! In den USA ist es bereits gang und gäbe, dass sich die Firmenbosse selbst vermarkten …

- Ein Steve Jobs von *Apple* Computer ließ und lässt keine Gelegenheit aus, um auf sich und damit auf *Apple* aufmerksam zu machen. Sein Credo: »Es ist egal, was sie über uns berichten, Hauptsache, sie berichten.«

- Einen Steve Case, den Gründer von *AOL (American Online)*, kennt in den USA nahezu jedes Kind. Allein 1999 gab Case weltweit über 900 Millionen US-Dollar für Werbung aus.

- Ein Sam Walton, eigentlich stockkonservativ, tanzte Hula-Hoop auf der Wallstreet, bekleidet nur mit einem Baströckchen und einer Blumenkette um den Hals. Er löste damit ein Versprechen ein, hatte er den Tanz doch vorher angekündigt, falls der *Wal-Mart*–Konzern die von ihm verlangte, verrückte, beinahe unerfüllbare Zielvorgabe erreichen sollte.

Ich selbst habe immer einen gehörigen Teil meiner Zeit darauf verwendet, Eigen-PR zu betreiben. Warum glaubst Du, dass ich Zeitungsartikel schreibe, jedes Jahr Hunderte von Interviews Zeitungen, Rundfunk- und Fernsehanstalten gebe, häufiger Gast in Talkshows bin, oft viele Tage investiere, wenn ein Fernsehsender ein Porträt über mich dreht, usw.? In unserer Medienwelt mit ihrem Überfluss von Angeboten und vor dem Hintergrund eines zunehmenden Wettbewerbs ist es wichtig, ständig auf sich aufmerksam zu machen.

Hühner legen Eier, Enten auch.
Hühner gackern beim Eierlegen, Enten nicht.
Hast Du schon einmal Enteneier gegessen?

Rolf H. Ruhleder

Es ist nicht nur wichtig, eine gute Leistung zu erbringen, ob nun als Unternehmen, ob nun als Mitarbeiter; **noch wichtiger ist es, diese Leistung zu vermarkten!** Deshalb empfehle ich **jedem,** er möge einmal eines meiner **Power-Seller-Seminare** besuchen. Denn egal, was Du tust, Du musst es immer verkaufen können! Selbst der Wissenschaftler, der 20 Jahre im Labor und unzähligen Experimenten nach einer Lösung gesucht hat, muss sie, wenn er sie denn gefunden hat, schließlich auch an den Mann bringen …

Zeige niemals Zweifel noch Schwäche in der Öffentlichkeit! Das mag Dich sympathisch machen, Deine Menschlichkeit zeigen, Dir eine Menge Mitgefühl einbringen – **aber erfolgreich machen wird Dich das nicht!**

Bevor Du Entscheidungen triffst, solltest Du Dich mit so vielen Menschen wie möglich unterhalten und Dir ferner, neben den Meinungen, jede Menge an Informationen einholen. Das wird Dir Deine jeweilige Entscheidung erleichtern. Wenn Du jedoch eine Entscheidung einmal getroffen hast, dann zeige immer Stärke! Als Muhammad Ali 1974 in Kinshasa (Zaire) vor dem legendären Fight, der später als »Rumble in the Jungle« in die Boxgeschichte einging, gegen den damaligen Weltmeister George Foreman in den Ring trat, hatte er natürlich auch Angst, wurde doch Foreman, der bis dahin 37 seiner 40 Kämpfe durch K.o. vorzeitig beendet hatte, ein regelrechter Killerinstinkt nachgesagt.

Ali hatte bei vielen Kämpfen Angst. Dies gab er Jahre später in seiner Biografie zu. Hat Ali jedoch jemals seine Angst gezeigt? Natürlich nicht! Er hat seine Gegner verhöhnt! Er hat sie der Lächerlichkeit preisgegeben! Er, das »Großmaul«, hat seinen Mund aufgemacht. Damit erreichte er, dass seine Gegner anfingen, an sich zu zweifeln – Ali legte ein Selbstvertrauen an den Tag, das unerschütterlich schien …

Wenn Du Dir Ziele gesteckt hast und sie bekannt gibst, dann stehe immer dazu! Erzähle jedem, **dass Du es schaffst!** Wenn Zweifel bei Mitarbeitern oder Kollegen oder Kunden aufkommen, dann lache darüber und sei **stark!** Dein Markensatz sollte sein: »**Natürlich schaffe ich das, keine Frage!**« Durch die ständige Wiederholung wird das im Laufe der Zeit zu einer sich selbst erfüllenden Prophezeiung.

Als General Dwight D. Eisenhower, der spätere US-Präsident, im Zweiten Weltkrieg den Angriff auf die deutschen Stellungen in der Normandie befahl, hatte er nicht nur Zweifel – **er glaubte nicht an den Erfolg der Operation!** Hat er das nach außen gezeigt? Natürlich nicht! Stell Dir einmal vor, er hätte folgenden Befehl ausgegeben: »Liebe Soldaten … heute ist es so weit … wir … wir greifen an. Allerdings muss ich euch sagen: Die Wahrscheinlichkeit, dass ihr erfolgreich sein werdet, ist sehr gering. Die Deutschen haben die gesamte Küste vermint, Verteidigungsstellungen ausgebaut, Barrikaden errichtet. Die meisten von uns werden nicht überleben und ich kann mir kaum vorstellen, dass wir eine Chance haben. Aber lasst es uns trotzdem probieren ...« Eine unsinnige Vorstellung – und so hat Eisenhower nach außen auch niemals Zweifel oder Schwäche gezeigt! Natürlich fallen alle bedeutenden erfolgreichen Menschen zwischendurch auch in Löcher des Selbstzweifels. Auch ich habe

Zeige niemals Zweifel oder Schwäche!

immer wieder solche Phasen erlebt und werde sie erleben. Doch zeige ich meine Zweifel oder Schwächen? **Niemals!** Nie zeige ich Zweifel oder Schwächen nach außen! Ich schaffe es! Und Du – **Du schaffst es auch!**

Gern würde ich an dieser Stelle noch einige Tipps für Existenzgründer einfügen, doch leider reicht der Platz in diesem Buch hierfür nicht aus. Falls Du jedoch interessiert bist, einmal ein Unternehmen zu gründen, Dir also eine eigenständige wirtschaftliche Existenz aufzubauen, so kannst Du **kostenfrei** via Internet **Jürgen Höllers 15 Tipps für Existenzgründer** abrufen. Wenn Du das Ganze lieber in Papierform haben möchtest, so biete ich Dir die Möglichkeit, die Tipps über die *Inline*-Zentrale zu bestellen (Adresse siehe Seite 278). Lege Deiner Bestellung einfach einen Scheck über 9,90 DM für Druck, Verpackung und Porto bei – und Du erhältst die Tipps automatisch per Post zugeschickt. ➜ ARBEITSHEFT, AUFGABE NR. 73.

Es gibt keinen übergeordneten Sinn des Lebens außer den, den man sich selbst erarbeitet.

Bruno Bettelheim

Kapitel 15

Die acht Gesetze des Reichtums

Es gibt nur eine Klasse
in der Gesellschaft,
die mehr an Geld denkt als die Reichen.
Das sind die Armen.

Oscar Wilde

Vor einigen Jahren flog ich mit meiner Frau Kerstin in ein tropisches Urlaubsparadies. Es war das erste Mal, dass wir drei Wochen Urlaub an einem Stück machen konnten. Wir hatten uns ein absolutes Luxusdomizil ausgesucht, denn das Ganze sollte die Krönung unserer bisherigen Gemeinsamkeit werden. Nach einigen Tagen lernten wir in diesem Paradies ein nettes Ehepaar kennen. Als ich mit dem Mann einmal allein ein Bier trank, erzählte ich ihm von meiner Tätigkeit. Er hörte sehr aufmerksam und interessiert zu. Schließlich fragte er mich nach meinem Honorar und ich nannte ihm meinen damaligen Tagessatz von 7900 Mark (ja, so billig war ich mal …). Somit sei das auch ein kleines Problem mit unseren Urlauben: Jeder Tag, den ich mir frei nähme, koste mich Geld, da ich ja keine Seminare und Vorträge halten könne. Allein für diesen Urlaub müsse ich demnach, gemessen an den Kosten und den entgangenen Honoraren, eine sechsstellige Summe veranschlagen. Der Mann antwortete mir, dass es bei ihm genau umgekehrt sei: Er würde hier das Paradies genießen können – **und nach dem Urlaub hätte er mehr Geld als vorher!** Das hörte sich für mich unglaublich an und natürlich war meine Neugierde sofort geweckt. Ich fragte ihn, wie man das denn bewerkstelligen könne, und alsbald erfuhr ich zum ersten Mal aus kompetentem Munde, was es mit den »**Gesetzen des Reichtums**« auf sich hat. Diese Gesetze möchte ich Dir nun etwas näher bringen …

1. Das Gesetz des Verständnisses

Geld ist geprägte Freiheit!

Fjodor M. Dostojewski

Um keine andere Sache in der Geschichte der Menschheit dreht sich so viel wie um das Thema **Geld.** Es gibt unzählige Sprichwörter, Lebensweisheiten und Ratschläge darüber – gut gemeinte und weniger gut gemeinte. Für jeden Menschen besitzt Geld eine große Bedeutung und es ist nicht mehr wegzudenken aus unserem Leben. Aber was ist Geld – außer bedrucktem Papier, geprägten Münzen und billigen Plastikkärtchen? Zum ersten Mal wurde übrigens 2200 v. Chr. eine Art Geldmünze geprägt: Den Lydiern kommt der Ruhm zu, das staatlich garantierte und geprägte Münzgeld erfunden zu haben. Der Name des damaligen lydischen Königs war übrigens **Krösus** – ein Name, der auch heute als Inbegriff für Reichtum gilt. **Warum ist Geld einerseits so wichtig, warum haben andererseits so viele Menschen ein gespaltenes Verhältnis dazu?**

Vor allem in der Alten Welt ist das Verhältnis zum Geld zwiespältig. Will man beispielsweise einigen Menschen Glauben schenken, so ist Geld nicht wichtig, und mitunter befindet sich derselbe Zeitgenosse, der so etwas gestern zum Besten gab,

schon morgen im Streik, um für eine Lohnerhöhung auf die Straße zu gehen. Die katholische Kirche wiederum verdammt einerseits Reichtum («Eher geht ein Kamel durch ein Nadelöhr als ein Reicher in das Himmelreich«), um andererseits über Jahrhunderte nach Mitteln und Wegen zu suchen, ihren Reichtum zu mehren, wobei sie, ganz unchristlich, mitunter hinter dem Geld her war wie der sprichwörtliche Teufel hinter der armen Seele. Dabei hinterließen die Verfechter des wahren Glaubens nicht selten eine breite Blutspur, die offensichtlich notwendig war, um zum »Wohle der Menschheit« zu wirken. Man denke nur an die Kreuzzüge, an die Zeit der spanischen Konquistadoren in Mittel- und Südamerika, als es den Granden eher um die Suche nach dem Gold der Azteken und dem der Inkas ging als um die Bekehrung der dortigen Menschen zum Christentum. Auch der Ablasshandel der römischen Kurie darf in dieser Aufzählung nicht fehlen. Wer für Kirchen- und Dombauten spendete, dem wurden seine Sünden erlassen. Das mag man pervers und bigott nennen, doch richtig kriminell ist zu bezeichnen, wenn das, was einige Religionswissenschaftler behaupten, der Wahrheit entspricht: Im Mittelalter sollen die Vertreter der Inquisition im Zuge der Hexenverfolgungen reiche Witwen »bevorzugt« haben, deren »erhextes« Vermögen der Kirche anheim fiel, sobald die Unglücklichen auf dem Scheiterhaufen ihr Leben gelassen hatten … (Auch wenn ich ein gläubiger Katholik bin, setze ich mich mit der Vergangenheit kritisch auseinander!)
Doch zurück zum eigentlichen Thema, zu den Wegen Deiner Wohlstandsmehrung. Fangen wir bei den jungen Menschen an. Sie werden schon sehr früh mit zwei unterschiedlichen Denkweisen konfrontiert …

- Zum einen wird ihnen gepredigt, stets fleißig zu sein, um sich die Voraussetzungen (Stichwort Schulnoten) zu schaffen, später einmal genügend Geld zu verdienen und einen sicheren Lebensstandard aufzubauen.

- Andererseits wird ihnen das Thema »Geld« ständig zu Gehör gebracht: »Reiche Menschen ziehen andere über den Tisch!«, »Geld stinkt!«, »Bei Geld hört die Freundschaft auf!« usw.

Menschen, die behaupten, Geld sei nicht wichtig, sind schlichtweg Lügner!

Bei etwa 68 Prozent aller Paare ist der Umgang mit Geld das Streitthema Nr. 1. Hast Du noch nie mit Deinen Kindern über Geld gestritten? Habt Ihr noch nie in der Familie darüber gestritten, wofür das nächste Weihnachtsgeld ausgegeben werden soll? Doch was ist Geld? Ist es das, was George Bernard Shaw, der große irische Dramatiker, hierzu befand? Er sagte: »**Geld ist das wichtigste Ding auf der Welt!**« Zumindest ist es sehr wichtig.

Vor einiger Zeit war ich einmal zu Gast im *Nachtcafé*, einer Talkshow des Südwest-Fernsehens. Neben Natascha Ochsenknecht und Gregor Gysi gehörte unter anderem auch ein buddhistischer Mönch, der in Deutschland lebt, zu den Gesprächspartnern. Als wir nach der Sendung alle gemeinsam Essen gingen, erzählte er mir, dass er als buddhistischer Mönch normalerweise nicht einmal Geld anfassen dürfe. Und er sagte mir, dass er sich frage, wie er dieses Gebot umsetzen solle. Denn allein um zum Fernsehstudio zu gelangen, musste er Geld in die Hand nehmen, damit er sich eine Fahrkarte am Bahnhof kaufen konnte …

Zunächst einmal ist Geld (wir gehen jetzt einmal von Scheinen aus) nur bedrucktes Papier. Warum aber sind wir bereit, Geld einzutauschen? Die Antwort lautet: **weil wir Vertrauen haben!** Wir vertrauen darauf, dass wir für einen Geldschein, den wir erhalten haben, einen entsprechenden Gegenwert erhalten, sobald wir ihn gegen etwas anderes, für uns Wichtiges, einlösen. Ohne Vertrauen wäre also das Geld wertlos. Dies ist auch der Grund dafür, warum die Deutsche Bundesbank, als sie hierzulande noch allein für die Geldwirtschaft zuständig war, stets darauf bedacht war, in erster Linie die Inflationsquote zu dämpfen. Denn je höher die Inflation, desto weniger Vertrauen hat der Bürger in das Geld. Inflation frisst nämlich einen Teil des Geldwerts buchstäblich auf.

Geld ist fließende Energie!

Geld verschwindet niemals, Geld wird nicht zerstört, Geld ist eine Energieform. Wie bereits ausgeführt, wird Energie immer nur von einem in einen anderen Zustand »getauscht«. Deshalb kann man Geld auch nie verlieren oder, wie es einmal die bekannte amerikanische Dichterin Gertrude Stein ausdrückte: **»Geld geht nie verloren – lediglich Taschen wechseln!«**

Geld fließt also in einem Kreislauf. Die Kunst, »**Reichtum**« zu erwerben, besteht somit darin, sich **richtig** in den Energiestrom einzuklinken. Richtig bedeutet:

Wer den Geldfluss unterbricht,
weil er das Geld nur hortet,
wird niemals Reichtum aufbauen.

Wer andererseits alles Geld, was er bekommt,
sofort wieder weggibt,
wird ebenfalls niemals Reichtum aufbauen.

Blickst Du jetzt noch durch? Auf der einen Seite sollst Du den Geldfluss nicht unterbrechen, doch andererseits das Geld nicht komplett weitergeben. Ja, was denn nun? Wie bei allem, so ist auch hier der goldene Mittelweg richtig:

- **Klinke** Dich in den Geldfluss ein. Das bedeutet: Sorge dafür, dass Du genügend Entlohnung für Deine Mühen bekommst! Sorge für ein ständig steigendes Einkommen!

- Gib einen Teil des Geldes aus, um Deinen **Lebenserhalt** zu bestreiten!

- »Genieße« einen Teil des Geldes und schwelge im **Luxus!**

- Halte einen Teil des Geldes zurück und **spare** es!

- Lass schließlich das gesparte Geld wieder in den Geldfluss zurück – damit es dort weiterfließen kann. Dabei solltest Du Dir zur Maxime machen: **Investiere es so, dass es der Allgemeinheit dient!**

Im Laufe dieses Kapitels werde ich die einzelnen Schritte zu mehr Reichtum noch genau erklären. Doch schon jetzt solltest Du Dir vor allem eines vor Augen halten: Geld ist genauso wichtig, wie es die Grundbedürfnisse Essen, Trinken und Schlafen sind. Wenn Du beispielsweise zehn Tage nichts zu essen bekommen hast, dann würde sich Dein ganzes Denken ums Essen drehen. Du würdest auch dieses Buch nicht mehr lesen, das Dich darüber informiert, wie Du langfristig Erfolge produzierst – es wäre Dir wichtiger, an einen Apfel zu kommen! Wenn Du einen Tag nichts zu trinken bekommen hast, dann würdest Du nicht mehr mein Seminar besuchen wollen – Du würdest nur daran denken, möglichst schnell an Wasser zu kommen. Alles andere wäre unwichtig – notfalls würdest Du sogar stehlen, um Deinen Durst zu befriedigen.

Ähnlich verhält es sich beim Geld. Wenn Du Geldmangel hast, dreht sich Dein ganzes Denken um Geld. Dann bist Du nicht mehr in der Lage, Dir Ziele zu setzen, Strategien zu erstellen, Kurskorrekturen auf Deinem Weg zu einem Ziel einzuleiten, da sich Dein gesamtes Denken um Deine Geldprobleme dreht. Weil

Du aber ständig über Deine Geldprobleme nachdenkst, werden sie immer größer anstatt geringer. Glaube mir, ich weiß, wovon ich spreche, denn ich war so tief unten … tiefer gings nicht mehr! So etwas macht regelrecht krank!

Ein gesunder Mensch, ohne Geld,
ist halb krank!

Johann Wolfgang von Goethe

Doch obwohl also Geld ein so wichtiger Bestandteil unseres Lebens ist, bringt uns niemand den Umgang damit bei. Doch Hoffnung keimt auf! Mittlerweile, so habe ich gelesen, gibt es jetzt in Deutschland den ersten »Geld-Lehrer«: Bernd Glöckner, so sein Name, bringt an einer Schule Kindern den Umgang mit Geld bei. Auf der anderen Seite geht der Staat mit schlechtem Beispiel voran und verschuldet sich von Jahr zu Jahr mehr, obwohl es, welch ein Hohn, beispielsweise heißt: »Wir senken die Neuverschuldung nächstes Jahr um fünf Milliarden.« Der Spruch, jährlich abgegeben, ist stets derselbe – nur die Summe ändert sich von Fall zu Fall. Gleich ist auch die Tatsache, dass Jahr für Jahr der Schuldenberg um Milliarden wächst und mittlerweile in Billionen ausgedrückt wird. Ein Unternehmen, das so handeln würde, gäbe es schon längst nicht mehr …

2. Das Gesetz des Glaubens

Wohlstand ist unser natürliches Geburtsrecht.

Bodo Schäfer

Zunächst einmal möchte ich um die Lösung folgender Aufgabe bitten: Notiere einmal alles, was Dir spontan zum Thema »Geld und Reichtum« einfällt!

Bitte lies erst weiter, wenn Du diese Aufgabe gelöst hast ➜ ARBEITSHEFT, AUFGABEN NR. 74 UND 75. Überprüfe anschließend einmal, ob es sich um mehr positive oder um mehr negative Glaubenssätze handelt, die Du schriftlich festgehalten hast. Hat man Dir vielleicht »Weisheiten« wie: »Geld stinkt!« oder: »Bei Geld hört die Freundschaft auf!« oder: »Über Geld spricht man nicht!« oder: »Geld ist schmutzig!« eingeimpft, oder hat man Dir Hinweise wie: »Geld ist schön!« oder: »Geld ist wichtig!« oder »Geld ist nützlich!« oder: »Geld ebnet viele Wege …« mit auf den Weg gegeben?

Wie schon ausgeführt, gibt es keine Welt, die »objektiv« ist, sondern stets nur eine, die sich im Spiegelbild Deines Denkens wiederfindet. Du willst Deine wahren Glaubenssätze über das Thema »Geld und Reichtum« wissen? Du willst **wirklich** wissen, wie Du über Geld **tatsächlich denkst?** Falls Du das verneinst, überspringe den nächsten Absatz, doch falls Du das bejahst, muss ich Dich warnen, denn das, was Du jetzt liest, könnte Dir weh tun. Du willst also Deine **wahre innere Einstellung** zu Geld und Reichtum wissen: Hier ist sie:

**Das, was Du momentan
an Reichtum und Wohlstand
in Deinem Leben besitzt,
spiegelt exakt das wider, was Du über
Reichtum und Wohlstand denkst!**

Warum das so ist? Ganz einfach: Deine äußere Welt ist immer nur ein Spiegel Deiner inneren Welt, und zwar gemäß dem Gesetz, das da lautet: **Wie das Innen, so das Außen.**

Nur wenn Du Geld als etwas völlig Natürliches, ja Schönes ansiehst, wirst Du auch Geld in Dein Leben ziehen. Denn das, was Du glaubst, wird sich immer erfüllen. Dein Unterbewusstsein (Du erinnerst Dich?) führt alle Befehle aus, die Du ihm eingibst. Wer etwa sagt: »Ich kann mir das und das nicht leisten«, der gibt seinem Unterbewusstsein den Befehl, Dich so zu leiten und zu steuern, dass Du Dir »das und das« auch in Zukunft **nie** leisten können wirst! Und wer immer wieder schlecht über Geld spricht, der verteidigt doch dadurch nur seinen Mangel an Geld …

**Wer sagt »Geld ist nicht alles«,
der bekommt auch keins!**

Geld kommt nur zu dem Menschen, der es liebt. Und: Geld ist fließende Energie. Irgendwo kommt das Geld schon unter – **und zwar bei denjenigen, die das Geld mit Freude begrüßen!** Sei also niemals Gelddingen gegenüber gleichgültig oder gar achtlos! Geld bleibt nur bei dem, der es achtet und mag – und: **Vermögen kommt von »mögen«.** Wenn man Dir dagegen über viele Jahre »beigebracht« hat, es sei etwas Schlechtes, viel Geld zu besitzen, dann beschleicht Dich natürlich sofort ein Schuldgefühl, sobald Du Geld besitzt.

Früher reichte es den Menschen, die regelrecht »Beute gemacht hatten«, ihr schlechtes Gewissen dadurch zu beruhigen, indem sie großzügig davon abgaben. Heute drückt sich das bei vielen Menschen durch ihre Bereitschaft aus zu spenden. Doch viele spenden nicht um des Spendens willen, sondern um ihre Schuldgefühle zu beseitigen. Das sind Menschen, die ständig zu hören bekamen: **Geld macht nicht glücklich!** Vergiss diesen Unsinn ein für allemal: **Mit Geld bist Du glücklicher als in vergleichbaren Situationen ohne Geld!** Deshalb solltest Du ab sofort Deine Einstellung zum Thema Geld überprüfen und gegebenenfalls verändern. Begrüße Geld nicht als bloßes Mittel zum Zweck, sondern: **Begrüße Geld als einen Partner, den Du schätzt und der Dir Vergnügen bereitet!**

Praxistipp Nr. 1: Habe ab sofort immer eine **größere** Summe Bargeld bei Dir! Fühle es täglich, streichle es, sieh es an, gib ihm vielleicht sogar einen Kuss. Du hältst das für »ver-rückt«? Natürlich, darum geht es ja in diesem Buch … Aber durch solches Tun wirst Du im Laufe der Zeit ein neues, positives Verhältnis zum Geld gewinnen. Warum glaubst Du wohl, haben reiche Menschen immer große Mengen Bargeld bei sich? Und wo tragen sie es? Die Männer beispielsweise tragen es in der Regel lose in der linken Brusttasche ihres Hemdes – über ihrem Herzen! Reiche Menschen verwenden auch ungern Kreditkarten. Sie lieben es, viel Geld in der Hand zu haben. Darum: Stets dann, wenn Dir neues Geld in Händen kommt, dann begrüße es, streichle es und heiße es herzlich willkommen. Und wenn Du beispielsweise beim Supermarkt an der Kasse zahlst, dann wirf Deinen Hundertmarkschein nicht achtlos auf das Packband, sondern nimm ihn ordentlich in die Hand, schaue ihn noch einmal an, bevor Du Dich von ihm verabschiedest: »Tschüss, machs gut, mein Freund. Hab viel Spaß in der Welt, komm bald wieder zurück – und bring dann viele deiner Brüder und Schwestern mit zu Besuch …« Wenn Du jetzt noch dem Geldschein einen Kuss gibst, bevor Du ihn der Kassiererin aushändigst, dann wird sie zumindest Dein Gesicht nie mehr vergessen …

Lege Dir also Bargeld zu! Gehe mit dem Geld um, spiele damit! Als ich vor etlichen Jahren in den Urlaub fuhr, hatte ich nie mehr als einige hundert Mark bei mir; etwas später nahm ich immer tausend bis zweitausend Mark mit; heute würde ich mich mit nur tausend Mark in der Tasche unsicher fühlen. Deine Einstellung zum Geld verändert sich durch solch ein Verhalten – und glaube mir: Irgendwann wirst Du so ein vollkommen neues, positives Gefühl haben, sobald Du mit Geld – in welcher Form, in welcher Situation auch immer – in Berührung kommst!

Praxistipp Nr. 2: Nimm die größte Banknote, die Du Dir leisten kannst, und hänge sie für einige Monate neben Deinem Badezimmerspiegel auf. Schau sie jeden Tag bewusst an und spreche dabei folgende Autosuggestion laut aus:

**»Ich liebe Geld.
Es steht mir zu,
in Reichtum und Wohlstand zu leben.
Ich verdiene es,
reich zu sein,
denn ich gebe Nutzen
zum Wohle der Menschen.
Mein Vermögen mehrt sich
von Tag zu Tag.
Geld ist schön
und ich freue mich immer,
wenn es bei mir zu Gast ist.«**

Erscheint Dir das vielleicht als absolut »hirnlos«? Das soll es in gewisser Weise auch sein, denn Du solltest nicht immer auf Deinen Verstand hören (der nur ein Bruchteil Deiner Persönlichkeit ausmacht), sondern des Öfteren Dein Unterbewusstsein lenken lassen: **Das Unterbewusstsein führt jeden Befehl aus!** Wenn Du diese Übung einige Monate diszipliniert ausübst, verspreche ich Dir, dass sich Unglaubliches bei Dir bewegen wird. Tue es einfach – und dann schreibe mir in einem Jahr einen Brief, was sich bei Dir getan hat … (Und wenn Du es nur tust, um mir zu beweisen, dass es Unsinn ist!)

Praxistipp Nr. 3: Sobald sich in Deinem Denken ein negativer Glaubenssatz über Geld Bahn bricht, Du ihn gar aussprichst, solltest Du Dich jedes Mal **»bestrafen«:** Spende einen Betrag, der Dir weh tut, an eine gemeinnützige Organisation. Du kannst bei dieser Übung natürlich sehr leicht mogeln, aber wenn Du ehrlich bist, wirst Du Dir in kürzester Zeit negative Glaubenssätze dieser Richtung ausgetrieben haben.

Das Geld geht zu dem,
der es mit unbegrenzter Leidenschaft begehrt.

André Kostolany

In Deutschland gehen jedes Jahr Zigtausende von Selbstständigen Pleite! Und warum? Ganz einfach: Weil sie kein Geld mehr hatten! Sie haben demzufolge nicht nur »umsonst« gearbeitet, sie haben darüber hinaus möglicherweise sogar noch ihr früheres Vermögen »vernichtet«. **Geld ist wichtig**! Lass Dir von niemanden etwas anderes erzählen. Hier eine ganz erstaunliche Tatsache: Gerhard Trappert von der *Nationalen Armutskonferenz für die Bundesrepublik* (die NAK ist die Vereinigung der wichtigsten Sozialverbände in Deutschland, wie etwa *Arbeiterwohlfahrt, Paritätischer Wohlstandsverband, Caritas, Diakonisches Werk*) – veröffentlichte vor einiger Zeit eine sozialpolitische Bilanz. Nach dieser Studie hängen **Armut und Krankheit eng zusammen!** Hier einige Ergebnisse:

- Arme Menschen sterben im Durchschnitt sieben Jahre früher als reiche Menschen.

- Statistisch gesehen, liegt das Sterbealter bei Obdachlosen sogar zehn Jahre niedriger, als dies bei der übrigen Bevölkerung der Fall ist.

- Kinder (bis 15 Jahre) aus armen Familien sind im Vergleich zu Kindern aus reichen Familien einem erhöhten Erkrankungs- und Sterblichkeitsrisiko ausgesetzt.

- 21 Prozent der in Armut lebenden Menschen in Deutschland sind Kinder bis 15 Jahre (deren Gesundheitszustand ein erschreckendes Ausmaß hat).

- Die Selbstmordrate in Deutschland (1999 starben fast 12 000 Menschen durch Suizid) ist inzwischen höher als die Zahl der Verkehrstoten – und der überwiegende Teil derer, die sich das Leben genommen haben, gehörten sozial (und somit finanziell) schwach gestellten Gesellschaftsschichten an.

Willst Du noch mehr Beweise dafür, das Armut krank macht? Glaubst Du mir jetzt, dass **Geld wichtig ist,** ja ein **Grundbedürfnis** für jeden Menschen darstellt? Geld macht einfach **frei** in vielen Dingen. Wer Geld besitzt, ist **unabhängig.** Wer finanziell unabhängig ist, kann sich in der Regel die Arbeit aussuchen, die ihm Spaß macht. Wer dagegen **kein** Geld hat, **muss** vielleicht einen Job ausüben, der ihm absolut nicht zusagt!

Der Mangel an …
Geld ist die Wurzel allen Übels.

George Bernard Shaw

Schau Dir das Zitat bitte einmal genau an. Diejenigen Menschen, die eine negative Einstellung zum Geld haben, lassen stets die ersten drei Wörter weg und zitieren nur den zweiten Teil des

Satzes: »... Geld ist die Wurzel allen Übels.« Welch ein Unsinn! Jemand aus meiner Verwandtschaft sagte einmal zu mir: »Geld verdirbt doch nur den Charakter.« Auch das ist wieder ein negativ geprägter Glaubenssatz. Richtig ist vielmehr folgende Feststellung: **Geld offenbart den Charakter!** Wer Geld hat, der ist frei und kann deshalb seinen **wahren** Charakter mehr und mehr zeigen: Dumme Menschen werden dümmer, arrogante Menschen arroganter, böse Menschen böser, großzügige Menschen großzügiger, liebevolle Menschen liebevoller usw.!

Der Ölmilliardär John Paul Getty, damals der reichste Mann der Welt, sagte einmal Folgendes: »Wenn man an einem x-beliebigen Donnerstag um 15 Uhr alles Geld der Erde gleichmäßig unter allen Menschen aufteilen würde, hätte man um 15.30 Uhr bereits wieder gravierende Unterschiede.« Recht hat er, denn die Konstante bliebe auch nach der Umverteilung immer bestehen: Das sind die Glaubenssätze der Menschen, ihre Einstellung zu Geld und Reichtum! Die Menschen, die vorher reich waren, würden innerhalb kürzester Zeit wieder reich, und die, die vorher nichts hatten, würden ebenso schnell wieder arm sein!

Zuerst muss die Persönlichkeit wachsen.
Anschließend wächst das Vermögen!

Mitunter sind in meinen Seminaren auch Teilnehmer, die sich auf einem sehr spirituellen bzw. esoterischen Weg befinden und die, so ihre Einstellung, absolut nicht am »schnöden Mammon« interessiert sind – im Gegensatz zur breiten Masse, wie sie betonen. Dadurch fühlen sie sich, so geben sie zu verstehen, bedeutend »besser« als diejenigen, die materiell orientiert sind. Frage am Rande: Woher wissen sie das so genau? Jedenfalls zählt für diese Menschen die »geistige« Welt wesentlich mehr als die »materielle«, wobei sie als besonders verwerfenswert die **Beschäftigung mit Geld** ansehen. Doch beides, Materie und

Geist, gehören zusammen, bilden eine Einheit. Gerade wenn man spirituell bzw. esoterisch interessiert ist, sollte man eigentlich wissen, dass die materielle Welt ein Spiegelbild unserer ideellen Welt ist. Nur wer Reichtum und Wohlstand besitzt, kann sein Geld zum Wohle vieler einsetzen. Der arme Mensch wird nur schwer in der Lage sein, Geld bereitzustellen, um die Situation anderer Menschen einigermaßen erträglich zu gestalten.

Dem Geld darf man nicht nachlaufen.
Man muss ihm entgegengehen.

Aristoteles Onassis

Falls Du Kinder hast, ist es sehr wichtig, sie schon sehr früh mit positiv angelegten Glaubenssätzen zum Thema »Geld und Reichtum« vertraut zu machen. Hierzu fünf Tipps:

- Sprich mit Deinen Kindern oft über Geld.

- Wenn Du mit ihnen über Geld sprichst, sollte das stets in positivem Sinne geschehen. Erkläre ihnen, dass Geld schön und wichtig ist und dass man damit viel Gutes tun kann!

- Lehre sie sparen! Ihr solltet Euch beispielsweise darauf verständigen, dass sie Dir immer am Monatsende zeigen, wie viel Geld sie gespart haben. Dann legst Du – auch das solltet Ihr vereinbaren – jeweils noch 10 Prozent auf die ersparte Summe hinzu. Auf diese Weise werden sie an das Sparen und den wunderbaren Zins-und-Zinseszins-Effekt gewöhnt, steigt doch ihr »Haben-Konto« relativ rasch zu einer erklecklichen Summe an. Innerhalb von sieben Monaten verdoppeln sich etwa 50 gesparte Mark auf 100 Mark und weitere sieben Monate später sind es schon 200 Mark – Falls Deine Kinder regelrecht sparwütig werden, so dass Dich das Ganze eines Tages ziemlich teuer zu stehen kommt, dann kannst Du ja – wiederum nach vorheriger Absprache – den Zinssatz senken, etwa auf 7 oder 6 oder 5 Prozent. Während dieser Zeit wirst Du recht bald Folgendes feststellen: Sollten sie einmal einen Teil ihrer Summe ausgeben, also ihr »Haben« verringern, und die monatliche Zinszahlung geringer ausfallen als sonst üblich, werden sie sich größere Ausgaben gut überlegen. So werden sie bereits frühzeitig zu einem vernünftigen Sparen angeregt.

- Sorge dafür, dass sie sich mehr und mehr Wissen über Geld aneignen. Schenke ihnen beispielsweise Bücher und Kassetten zum Thema Geld und Erfolg. Das wohl beste Buch zum »Einstieg« ist das erste **Kinderbuch über Geld** von Europas »Money Coach Nr. 1, Bodo Schäfer. Es heißt *Ein Hund namens Money* und ist, wie so viele andere Bücher und Kassetten zum Thema »Weiterbildung«, auch über den *Jürgen-Höller-Shop* erhältlich (siehe Seite 278). Ich halte übrigens dieses Buch durchaus für Kinder eines Alters von acht, neun Jahren geeignet. Solltest Du es einem Deiner Kinder schenken (um sich dann mit ihm auch darüber zu unterhalten), so machst Du jedenfalls nichts verkehrt.

- Apropos Geschenke … Schenke ihnen doch zwischendurch statt Spielsachen oder Kinokarten ruhig einmal Aktien oder Investmentfondsanteile. Dabei solltest Du ihnen in einfachen und anschaulichen Worten erklären, was es damit auf sich hat: Dass ihnen damit ein Teil einer Firma gehört und sie dadurch an deren Wachstum beteiligt sind usw. Meiner Meinung nach solltest Du damit bereits beginnen, wenn Deine Kinder ein Alter von 12 bis 14 Jahren haben. Unterschätze jedenfalls nicht die Fähigkeit Deiner Kinder, sich mit der Thematik »Geld und Wohlstand« auseinander zu setzen!

Führe nun die AUFGABEN 76–80 des ARBEITSHEFTS gewissenhaft durch. Sie sollen einen Prozess zum **Aufbau von positiven Glaubenssätzen** einleiten.

> **Es stimmt, das Geld nicht glücklich macht. Allerdings meint man damit das Geld der anderen.**
>
> George Bernard Shaw

3. Das Gesetz des Wissens

> **Wer den ganzen Tag arbeitet, hat keine Zeit, Geld zu verdienen.**
>
> John D. Rockefeller

Der im Herbst 1999 verstorbene große alte Mann der Börse, André Kostolany, hat einmal dieses Zitat von Rockefeller noch ein bisschen ausgeweitet: »Vor vielen Jahren habe ich gehört, dass man erfolgreicher wird, wenn man nur 21 Tage im Monat arbeitet und einen Tag dafür benutzt, um darüber nachzudenken, wie man Geld verdienen kann. Dieses habe ich dann ausprobiert und es hat funktioniert. Dann habe ich mir gedacht: Wie sieht es denn aus, wenn ich 21 Tage darüber nachdenke, wie ich Geld verdiene, und nur einen Tag arbeite? Auch das habe ich ausprobiert – und siehe da: Es hat noch viel besser funktioniert!«

Das 3. Gesetz des Reichtums besagt, dass wir Erkenntnisse und Wissen aufnehmen müssen, um Reichtum zu erhalten. Wie willst Du laufen lernen, wenn es Dir keiner zeigt? Wie willst Du sprechen lernen, wenn keiner mit Dir auch nur ein Wort wechselt? Wie willst Du lesen lernen, wenn es Dich keiner lehrt? Wie Du das alles gelernt hast, so kann auch **jeder Mensch** lernen, wie er Reichtum aufbaut: **Wenn er das Wissen dazu hat, wie dies funktioniert!**

ARBEITSHEFT, AUFGABEN NR. 81–84: Wie viel Geld hast Du in Deinem Leben bisher verdient? Welches Nettovermögen besitzt Du heute? Wärst Du zufrieden, wenn sich Dein Wohlstand in den nächsten fünf Jahren genauso weiterentwickelt, wie er es in den letzten fünf Jahren getan hat?

Welche Erkenntnisse gewinnst Du aus den Aufgaben 81–83? Welche Entscheidungen triffst Du jetzt?

Du hast nun einen Überblick über Deinen jetzigen finanziellen Zustand ➜ ARBEITSHEFT, AUFGABE NR. 85. Um nun beispielsweise etwas zum Positiven verändern zu können, benötigst Du Wissen. Hierzu solltest Du Dir folgende Fragen stellen:

- Wie sieht Dein **Wissensstand** in puncto Geldanlage und Wohlstand aus?

- Wie viele **Bücher** hast Du schon über dieses Thema gelesen?

- Wie viele **Seminare** zum Thema »Geld« hast Du schon besucht?

- Wie viele **wohlhabende Menschen** haben sich mit Dir bisher über den Aufbau von Vermögen unterhalten?

- Wie viele **Zeitschriften** zum Thema »Geld und Aufbau eines Aktienvermögens« liest Du regelmäßig?

Natürlich kostet all das Geld. Doch das Wissen, das Du dadurch erhältst, wird sich hundertfach auszahlen.

Frage Dich niemals bei einer Investition:
»Was kostet mich das?«,
sondern frage immer: »Was bringt mir das?«

Zu diesem Thema nun noch einige Tipps, deren Befolgung Dir nur zum Vorteil gereichen kann …

- Abonniere sofort die zehn besten bzw. bekanntesten Zeitungen, Zeitschriften bzw. Magazine, die an den Themen »Wirtschaft« und »Finanzen« ausgerichtet sind.

- Lies bitte folgende Bücher (die Du auch sämtlich über den *Jürgen-Höller-Shop* [siehe Seite 278] beziehen kannst) zum Thema »Geld«:

1. Bodo Schäfer, *Der Weg zur finanziellen Freiheit.*

2. George F. Clason, *Der reichste Mann von Babylon.*

3. Bernd Klöckner, *Mehr Geld fürs Alter.*

4. Tod Barnhart, *Die 5 Schritte zum Reichtum.*

5. Werner Schwanfelder, *Aktien für Einsteiger.*

6. Werner Schwanfelder, *Investmentfonds für Einsteiger.*

7. André Kostolany, *Kostolanys Tips für Geldanleger.*

- Und für alle weiblichen Leser:

8. Bodo Schäfer und Carola Ferstl, *Geld tut Frauen richtig gut.*

- **Seminare: Besuche Finanz- und Geldseminare**! Wende Dich einfach an mein Büro: Meine Mitarbeiter werden Dir gern die richtigen Seminare empfehlen (siehe Seite 278). ➔ ARBEITSHEFT, AUFGABE NR. 86.

Ich kann auf alles verzichten –
nur nicht auf Luxus.

Oscar Wilde

4. Das Gesetz der Zielsetzung

Wer nicht weiß, wohin er will, der darf sich nicht wundern, wenn er ganz woanders ankommt.

Mark Twain

ARBEITSHEFT, AUFGABE NR. 87: Hast Du ein klares, finanzielles Ziel, das Du in 20 bis 40 Jahren erreicht hast? Wenn ja, welches? Wenn nein, dann setze Dir jetzt eins!

Wenn Du mich fragen würdest, was ich als ein **wirkliches finanzielles Ziel** erachte, dann würde ich Dir antworten: **Der Tag an dem Du von den Zinsen Deines Vermögen leben kannst!** Zunächst einmal musst Du natürlich wissen, welche Summe Du im Alter benötigst. Wenn Du beispielsweise damit zufrieden wärst, zu Deiner normalen Rente noch 500 DM im Monat zusätzlich an Zinserträgen zu erhalten (ohne Kapital aufzubrauchen), dann benötigtest Du dazu circa 80 000 DM. Um auf die benötigte Summe zu kommen, musst Du folgende Formel anwenden:

Gewünschtes monatliches Zusatzeinkommen x 160

Wenn Du dagegen monatlich 1000 DM zusätzlich haben willst, sind es schon circa 160 000 DM, bei 2500 DM etwa 400 000 DM, bei 5000 DM rund 800 000 DM, während Du bei 10.000 DM Zusätzlichem mit immerhin circa 1,6 Millionen DM rechnen musst. Lege also zunächst einmal fest, **wie hoch Deine zusätzliche Rente im Monat sein soll,** ehe Du Dir anschließend Dein finanzielles Ziel errechnest.

Wenn Du nicht von den Zinserträgen Deines erreichten Kapitals leben, sondern das Kapital selbst aufbrauchen willst, dann kannst Du der unten abgebildeten Tabelle entnehmen, welches Kapital Du bilden musst, um eine entsprechende Summe über einen bestimmten Zeitraum monatlich zu entnehmen (»Monatliche Entnahme«), ehe das gesamte Kapital aufgebraucht ist. Vorausgesetzt dabei ist eine Geldanlage mit durchschnittlich 8 Prozent Verzinsung pro Jahr. Eine gewisse Gefahr besteht natürlich beim Festsetzen der »Laufzeit«. Solltest Du beispielsweise planen, ab dem 60. Lebensjahr innerhalb von 20 Jahren das ersparte Kapital zu verbrauchen, wäre mit Beginn Deines 81. Lebensjahres kein Geld mehr vorhanden. Wenn Du jedoch – was Dir von Herzen gegönnt ist – schließlich 95 Jahre alt wirst, ist guter Rat teuer …

Monatliche Entnahme	Kapitalverzehr … in 10 Jahren	… in 15 Jahren	… in 20 Jahren	…in 25 Jahren
100	8242	10 464	11 955	12 956
200	16 484	20 928	23 910	25 912
400	32 968	41 856	47 820	51 824
1000	82 420	104 640	119 550	129 560
2000	164 840	209 280	239 100	259 120
3000	247 260	313 920	358 650	388 680
4000	329 680	418 560	478 200	418 240
5000	412 100	523 200	597 750	647 800
10 000	824 200	1 046 400	1 195 500	1 295 600

Ich habe einen einfachen Geschmack:
Ich bin mit dem Besten zufrieden!

Oscar Wilde

5. Das Gesetz des Verdienens

Dieses Gesetz können wir gleich überspringen, denn Du hast in diesem Buch eine Vielzahl an Strategien und Techniken kennen gelernt, mit dessen Hilfe Du Dein Einkommen erhöhen kannst.

6. Das Gesetz des Ausgebens

Manche Menschen bleiben arm,
weil sie alles daransetzen, als reich zu gelten.

Es gibt etliche wohlhabende Menschen, die sich äußerst sparsam verhalten. Zwei der wohl bekanntesten Vertreter dieser Spezies »Sparsamer Reiche« sind zum Beispiel die Gebrüder Albrecht, die Gründer der Lebensmittelmarktkette *Aldi*. Warum Sparsamkeit für sie als Tugend gilt, mag die folgende Anekdote veranschaulichen …

1997 verschickte Theo Albrecht senior, Mitglied des Verwaltungsrats der *Aldi GmbH & Co. KG*, einen Brief. Es geht mir hier nicht um den Inhalt, sondern um die Form. Der Brief war mit der Schreibmaschine abgefasst worden, wobei der gedruckte Briefbogen noch die alte Postleitzahl für Essen (»4300«) aufwies. Diese Zahl war mit mehreren »x« sozusagen durchgestrichen und die seit 1993 geltende neu getippt worden …

Das ist Sparsamkeit in Reinkultur! Für Theo Albrecht senior wird ein Briefbogen wohl einzig und allein den Zweck erfüllen müssen, dass Angaben zu Anschrift und Unternehmen zu stimmen haben. Alles andere erscheint für ihn wohl nicht wichtig. Und für Unwichtiges wird er bestimmt kein Geld ausgeben. Ob den Empfänger die Form des Briefes gestört haben wird? Wohl kaum! Er wird sich ausschließlich auf den Inhalt konzentriert haben!

Dagegen wollen viele Menschen etwas sein, was sie noch nicht sind. Deshalb umgeben sie sich mit **Schein** – nach dem Motto: **Mehr Schein als Sein!** Doch dieser Schein kostet viel Geld. Manche Menschen kostet er mehr Geld, als sie einnehmen. Und dann sind sie in der Schuldenfalle gefangen. Ist es nicht erschreckend, dass die Verschuldung von Privat- wie Geschäftspersonen in den westlichen Ländern mehr und mehr ansteigt, gleichzeitig die Sparquote kontinuierlich sinkt? Geld mag nicht wichtig sein – **aber es wird dann wichtig, wenn es überall fehlt, an allen Ecken und Enden …**

Entscheidend, ob Du Vermögen aufbaust, ist nicht das, was Du verdienst, sondern das, was Du sparst! Das heißt, Du musst Dir Gedanken darüber machen, Deine Ausgaben zu mindern. Um Reichtum und Wohlstand aufzubauen, sind zunächst einmal die Ausgaben zu begrenzen. Checke deshalb bitte sofort einmal durch, was Du wo einsparen kannst. Auch wenn Du das nicht gleich einsehen willst – Tausende erfolgreicher Menschen haben das vor Dir eingesehen, so unter anderem Warren Buffet. Mit einem Privatvermögen von circa 30 Milliarden US-Dollar gilt Buffet nach Bill Gates als reichster Mann der Welt. Angefangen hat er mit 50 000 Dollar. Wie er so reich wurde? **Sparen – und das Geld Gewinn bringend anlegen!** Von Buffet ist bekannt, dass er mit Vorliebe Oldtimer fährt. Das mag ein Hobby sein, doch es steckt noch etwas anderes dahinter: Jeder Dollar, den er für ein Auto ausgibt, ist Jahre später ein Vielfaches wert. Hätte er beispielsweise vor 40 Jahren 10 000 Dollar für eines seiner Autos bezahlt, so hätte er heute 80 Millionen Dollar weniger Vermögen. Bei 30 Milliarden Dollar Privatvermögen wirst Du darüber vielleicht lächeln. Doch stell Dir vor, Du würdest 10 000 Dollar anlegen – **und hättest 40 Jahre später daraus 80 Millionen Dollar gemacht?!**

***Praxistipp Nr. 1*:** Nimm zwei kleine Stücke Papier, schneide sie in der Größe eines 5-Mark-Stücks zurecht, beschrifte sie mit der Frage: »Ist das **wirklich** notwendig?«, ehe Du beide Seiten der Münze damit beklebst und das Fünf-Mark-Stück in Deinen Geldbeutel legst. Verfahre nun ebenso mit einem 100-Mark-Schein. Auf diese Weise wirst Du stets dann, wenn Du Deinen Geldbeutel öffnest, um etwas zu bezahlen, daran erinnert, ob die geplante Ausgabe auch **wirklich** notwendig ist …

Praxistipp Nr. 2: Verzichte auf Kreditkarten! Zahle immer bar. Bei Kreditkarten tut es nicht weh, Geld auszugeben, bei Bargeld schon – Du merkst sofort, wie sich Dein aktueller Bargeldbestand verringert! Was meinst Du, warum Kreditkarten entwickelt worden und bei Geschäftsleuten, obwohl vom Verkaufspreis bzw. von der Rechnungssumme einige Prozent für sie an Gebühren anfallen, so beliebt sind? Weil diese Karten förmlich dazu verleiten, mehr Geld auszugeben, als Du ursprünglich wolltest.

**Das, was wir wollen,
entspricht nicht immer unbedingt dem,
was wir auch tatsächlich benötigen!**

Was ist zu tun, wenn einen die Schuldenfalle bereits umklammert hat? Bevor auf diese Frage eingegangen wird, solltest Du

Dir vor allem eines merken: **Schulden, die durch Konsum entstanden sind, sind mit das Dümmste, was es gibt!**

Dir wird das **Gesetz des Zinseszinses**, das im nächsten Absatz ausführlich erläutert wird, mehr als klar machen, dass dieses Gesetz der Grund dafür ist, warum Du reich, warum Du aber auch – wenn Du erst mal Schulden hast – verdammt arm werden kannst. Zu Letzterem gesellt sich neben den rein zinsbedingten Abläufen noch etwas ganz Wesentliches: Wer einmal Schulden hat, der beschäftigt sich natürlich ständig damit. Man sieht regelmäßig seine Kontoauszüge mit dem Schuldenstand, spricht über seine Schulden, macht sich Gedanken über seine Schulden – und programmiert sich damit unbewusst auf noch mehr Schulden. Darum werden reiche Menschen immer reicher (denn sie denken stets daran, mehr Geld zu besitzen) und arme Menschen immer ärmer (denn sie denken stets an ihre Schulden).

Was ist also zu tun, wenn Du bereits in der Schuldenfalle sitzt? Zunächst einmal: Hör auf, Dich zu bemitleiden! Hör auf, die Verantwortung dafür irgendjemandem in die Schuhe zu schieben! Hör auf, ein weinerlicher Versager zu sein! Krempel lieber die Ärmel hoch – und pack die Sache an! In dem fantastischen Buch *Der reichste Mann von Babylon* beschreibt der Autor George F. Clason, wie ein Entschuldungsplan im alten Babylon gehandhabt wurde: **70 Prozent seines Einkommens verwendete man zum Leben, mit 20 Prozent seines Einkommens bezahlte man seine Schulden, während man die restlichen 10 Prozent sparte.**

Wenn Du Schulden hast, Dich diesen stellst, sie anpackst und einen Entschuldungsplan entwirfst, dann bist nach drei, fünf, zehn oder zwanzig Jahren schuldenfrei. Doch ein Leben zu führen allein mit dem Ziel, ohne Schulden zu sein, ist das vielleicht erstrebenswert? Du lebst drei, fünf, zehn oder zwanzig Jahre, um dann **was** zu haben? **Nichts!**

Wenn Du so verfährst, dann kann Dir Dein Unterbewusstsein nie dazu verhelfen, Reichtum und Wohlstand aufzubauen. Falls Du dagegen 20 Prozent Deines Einkommens zum Entschulden und 10 Prozent Deines Einkommens sparst, um die jeweilige Summe dann **richtig** zu investieren, sieht die Sache schon ganz anders aus (nämlich positiv). Und wenn Du **richtig investierst**, indem Du die Zinsen für Deine Schulden niedriger hältst als die, welche Du für Anlage erzielst, wirst Du nicht nur Deine Schulden abtragen sondern Dir nebenbei ein Vermögen aufbauen, obwohl Du Deine Schulden abträgst! Solltest Du über die beschriebene Strategie mit Deinen Banken und Gläubigern sprechen, bei denen Du verschuldet bist? **Natürlich nicht!** Sie würden von Dir verlangen, dass Du jeden Pfennig, den Du übrig hast, zur Schuldentilgung zu verwenden hast. Deswegen solltest Du ihnen klarmachen, dass Du nur die von Dir vorgeschlagene Summe zur Schuldentilgung aufbringen kannst. Wenn sie mitziehen, ist das gut, wenn nicht, bekommen sie gar nichts! Sei in dieser Beziehung ruhig ein bisschen hart, denn den Gläubigern geht ja nichts verloren, da sie ja ihr Geld mit Zins und Zinseszins zurückerhalten. Und wenn sie einmal Deine Vorgehensweise akzeptiert haben und Dich in der Folgezeit als verlässlichen Schuldner erleben, der seine Zahlungen stets pünktlich leistet, wirst Du bei ihnen recht bald Akzeptanz finden und irgendwann mit ihnen sogar wieder neue Geschäfte tätigen.

7. Das Gesetz des Zinseszinses

Geld zeugt Geld!

John Roy

Einst lebte ein Bauer in einfachen Verhältnissen. Er träumte immer davon, einmal wohlhabend zu sein. Eines Tages, als er in seinen Stall kam, hatte eine seiner Gänse ein goldenes Ei gelegt. Der Bauer konnte es kaum glauben. Er nahm es mit in die Stadt und lies es begutachten. Und tatsächlich: Es handelte sich um ein goldenes Ei. Er verkaufte es und mit dem Erlös feierte er erst mal ein Fest. Am nächsten Tag stand er früher als gewohnt auf und lief in seine Scheune. Und wiederum hatte die Gans ein goldenes Ei gelegt. Dies ging einige Tage so weiter. Zunächst konnte der Bauer sein Glück kaum fassen, doch dann wurde er gierig und wollte sich mit dem einen goldenen Ei pro Tag nicht mehr zufrieden geben: Er schlachtete die Gans, um all die goldenen Eier auf einmal aus ihr herauszuholen. Aber er fand nur ein einziges …

Und die Moral von der Geschicht'? **Schlachte Deine goldnen Gänse nicht!**

Um von Deinen Zinsen eines Tages leben zu können bzw. um Dir ein schönes »Zubrot« zu Deiner normalen gesetzlichen Rente zu ermöglichen, ist es für Dich notwendig, Dir eine Gans anzuschaffen. **Diese Gans ist Dein angespartes Kapital** und das goldene Ei sind die daraus resultierenden Zinsen …

Wärst Du grundsätzlich in der Lage, eine Mark pro Tag zu sparen, also 30 DM im Monat? Ich bin mir sicher: Ganz egal, wie sich Deine momentane Situation darstellt –Du wärest dazu in der Lage! Jeder Arbeitnehmer, selbst jeder Arbeitslose, ja, jeder Sozialhilfeempfänger könnte zur Not eine Mark am Tag sparen. Wenn Du die beispielsweise von deinem 15. (dann beginnen etliche eine Lehre) bis zu Deinem 62. Lebensjahr (dann gehen die meisten in Rente) gut anlegst und auf diesen Betrag eine durchschnittliche Verzinsung von 12 Prozent pro Jahr erzielst, dann hättest Du mit 62 Jahren rund **eine Million Mark an Vermögen!**

Ein Raucher, der von seinem 15. bis zu seinem 62 Lebensjahr (um dann – wenn er zuvor nicht schon das Zeitliche gesegnet hat – in Rente zu gehen) täglich eine Schachtel Zigaretten verqualmt, pafft **pro Jahr** für **1825 DM** Rauch in die Atmosphäre. Das sind in **25 Jahren 85 775 DM!** Hätte er nicht geraucht und das Geld regelmäßig mit 12 Prozent Verzinsung angelegt, hätte er circa **5 Millionen Kapital** für sich gebildet. Und wenn es ihm gelungen wäre, eine Verzinsung von 14 Prozent zu erzielen, dann belief sich sein Kapital bereits auf **9 Millionen DM,** bei 15 Prozent Verzinsung gar auf über **13 Millionen DM!**

Willst Du *Raucher* oder lieber *Reicher* sein?

Einmal angenommen, Du würdest das Kindergeld für Deine Tochter (derzeit 270 DM) bis zu deren 18. Lebensjahr anlegen. Vorausgesetzt, es würde keine einzige Mark an Verzinsung erzielt (weil Du das Geld nicht an-, sondern in einen Sparstrumpf legst), dann würde Deiner Tochter nach Vollendung ihres 18. Lebensjahres eine Summe von **58 320 DM** zur Verfügung stehen. Weiter angenommen, Deine Tochter hätte mehr Ahnung in Sachen Kapitalbildung und würde das Geld zu 12 Prozent Zinsen anlegen, könnte sie mit dem Erreichen ihres 60. Lebensjahres auf eine Summe von **7,5 Millionen DM** zurückgreifen – und davon wohl im Alter ganz gut leben, oder nicht?

Ein weiteres Beispiel: Wenn Du 10 000 DM zu 5 Prozent Zinsen 30 Jahre anlegst, wirst Du eine Summe von circa 43 000 DM erzielen. Dieselbe Summe angelegt, jedoch mit 10 Prozent verzinst, ergäben – nein, nicht das Doppelte, sondern mehr als das Vierfache, nämlich rund **175 000 DM!** Und bei 15 Prozent Rendite? Dann werden Deine ursprünglichen 10 000 DM auf **660 000 DM** anwachsen! **Das ist die Macht des Zins und Zinseszinses!**

Dieser Zinseszinseffekt funktioniert nicht nur in Bezug auf die Bildung von Kapital, sondern auch in Bezug auf das Anwachsen von Schulden. **Sobald Du Schulden machst, kommst Du durch den Zinseszinseffekt in die Schuldenspirale.** Wer beispielsweise ein Haus für 500 000 DM baut und die hierfür in Anspruch genommen Hypotheken über einen Zeitraum von 35 Jahren abträgt, zahlt natürlich ein Mehrfaches dieser Summe. Doch ist das in diesem Fall nicht weiter tragisch, da derjenige in Form seiner Immobilie ja einen Gegenwert vorweisen kann, der durch die Inflation, die in besagten 35 Jahren zu konstatieren sein wird, sogar noch steigt. Hier handelt es sich um Schulden, die durchaus mit dem Attribut **clever** bezeichnet werden können. Wenn Du dagegen Schulden machst, bei denen Du keinen Gegenwert vorweisen kannst (Konsumschulden), dann beschränkst Du erheblich Deine Möglichkeiten, in Reichtum zu leben, ja, verschenkst sie eventuell sogar!

So wächst Dein Vermögen

Jahre	Monatlich 50 DM	Monatlich 100 DM	Monatlich 150 DM	Monatlich 200 DM	Monatllich 250 DM	Monatlich 300 DM	Monatlich 400 DM
6 Prozent Zins jährlich							
10	8194	16 388	24 582	32 776	40 970	49 164	65 552
15	14 541	29 082	43 623	58 164	72 705	87 246	116 327
20	23 102	46 204	69 306	92 408	115 510	138 612	184 816
30	50 226	100 452	150 677	200 903	251 129	301 355	401 806
40	99 575	199 149	298 724	398 298	497 873	597 447	796 596
8 Prozent Zins jährlich							
10	9147	18 295	27 442	36 589	45 737	54 884	73 178
15	17 302	34 604	51 906	69 208	86 510	103 811	138 415
20	29 451	58 902	88 353	117 804	147 255	176 706	235 608
30	74 518	149 036	223 554	298 072	372 590	447 108	596 144
40	174 550	349 111	523 651	698 202	872 752	1 047 302	1 396 403
10 Prozent Zins jährlich							
10	10 242	20 485	30 727	40 969	51 211	61 454	81 938
15	20 724	41 447	62 171	82 894	103 618	124 341	165 788
20	37 968	75 937	113 905	151 874	189 842	227 811	303 748
30	113 024	226 049	339 073	452 098	565 122	678 146	904 195
40	316 204	632 408	948 612	1 264 816	1 581 020	1 897 224	2 529 632
12 Prozent Zins jährlich							
10	11 502	23 004	34 506	46 008	57 510	69 012	92 015
15	24 979	49 958	74 937	99 916	124 895	149 874	199 832
20	49 463	98 926	148 388	197 851	247 314	296 777	395 702
30	174 748	349 496	554 245	698 993	873 741	1 048 489	1 397 986
40	588 239	1 176 477	1 764 716	2 352 955	2 941 193	3 529 432	4 705 909

Der vorstehenden Tabelle kannst Du entnehmen, auf wie viel Kapital Du nach 10, 15, 20, 30 oder 40 Jahren zurückgreifen kannst, wenn Du monatlich eine bestimmte Summe anlegst.

Praxistipp Nr. 1: Spare mindestens 10 Prozent Deines Nettoeinkommens! Wenn Du zu den so genannten »Besserverdienenden« gehörst, so spare 20 Prozent Deines Einkommens! Solltest Du zu den sehr gut Verdienenden gehören, so spare bis zu 50 Prozent Deines Einkommens! Und ganz gleich, auf welcher Ebene Du Dich momentan befindest: Spare von jeder Einkommenssteigerung stets 50 Prozent!

Der Zins-und-Zinseszins-Effekt wirkt sich natürlich umso stärker aus, je länger die Laufzeit ist. **Je eher** Du mit dem Sparen beginnst und **je länger** Du sparst, **desto stärker** wird sich das Gesetz von **Zins und Zinseszins** auswirken. Deshalb ist es ja so wichtig, dass wir unseren Kindern nahe bringen, wie sie mit Geld richtig umzugehen haben. **Jeder sollte demnach so früh wie möglich mit dem Sparen beginnen!**

Bei all dem sollte eines stets beachtet werden: **Hüte Dich vor krankhaftem Geiz!** Anders ausgedrückt: Sei in Gelddingen nicht zu kleinlich! Wer sich selbst nichts gönnt, drückt damit nur aus, dass er sich selbst nicht liebt, sich nicht für wert befindet, sich etwas Gutes zu tun. Wenn etwa ein Warren Buffet es sich in jungen Jahren verkneift, ein tolles Auto zu fahren, dann ist das leicht verständlich, doch wenn er heute, als alter Mann mit 30 Milliarden Dollar Privatvermögen, immer noch kein Geld für ein schönes Auto ausgibt, dann ist er in meinen Augen einfach krank! Übertriebene Sparsamkeit, also das, was wir im Allgemeinen als »Geiz« bezeichnen, ist die Unfähigkeit loszulassen. Ein Mensch, der solches Tun an den Tag legt, offenbart ein mangelhaftes Urvertrauen. Der Geizige misstraut einfach allem – denn wenn er Vertrauen hätte, Vertrauen in seine Zukunft, dann würde er auch sein Leben zu genießen wissen! **Der Geizige leidet im Lauf der Zeit immer stärker unter seelischer Verarmung.**

Was aber nun tun? Einerseits empfehle ich Dir zu sparen, Deine Ausgaben also zu begrenzen, andererseits empfehle ich Dir, das Leben zu genießen … Wie so oft im Leben, so kann auch dieser Widerspruch auf eine einfache Art gelöst werden …

Praxistipp Nr. 2: Führe verschiedene Konten! Das erste Konto sollte ein **Sparkonto** sein. Hierauf solltest Du, wie bereits erwähnt, monatlich mindestens 10 Prozent Deines Einkommens einzahlen. Das zweite Konto sollte ein **Luxuskonto** sein. Hierauf solltest Du ebenfalls monatlich mindestens 10 Prozent Deines Einkommens einzahlen! Dieses Geld kannst Du dann bewusst für jene luxuriöse Annehmlichkeiten ausgeben, die das Leben so schön machen können: Logiere eine Nacht in einem Spitzenhotel! Gönne Dir ein teures Kostüm! Lege Dir einen schicken Anzug zu! Kaufe Dir ein ausgefallenes Schmuckstück! Genieße einen Luxusurlaub! Erfülle Dir Deinen Wunsch nach Deinem Traumauto! Und so weiter … und so weiter …

Wenn Du diese beiden Tipps befolgst, dann wirst Du einerseits durch das Sparkonto eine Gans »heranzüchten«, die goldene Eier legt, andererseits Luxus genießen und so Dein Unterbewusstsein mit »**Fülle füttern«.** Auf diese Weise wirst Du nicht nur immer reicher …

Nach Reichtum zu streben und nicht in der Lage zu sein,
sich daran zu erfreuen,
ist vergleichbar einem Glatzkopf, der Kämme sammelt.

Anthony de Mello

Damit die ständige Steigerung Deines Reichtums auch einen Sinn macht, **solltest Du 10 Prozent Deines Einkommens spenden.** Je reicher Du wirst, desto größer ist somit auch der Nutzen, den Du der Gesellschaft wieder zurückgibst. Darüber hinaus wirkt sich jenes Zurückgeben positiv auf Dein Gewissen aus: Eventuelle Schuldgefühle, die bei der Mehrung Deines Reichtums entstanden sind, werden sich abbauen und schließlich ganz entfallen. Außerdem baust Du auf diese Weise relativ leicht positive Glaubenssätze zum Thema Reichtum in Deinem Inneren auf. Und vor allem erfüllt sich das **Gesetz vom Geben und Nehmen …**

**Je mehr Du gibst,
desto mehr wirst Du vom Leben
wieder zurückbekommen!**

8. Das Gesetz des Investierens

**Legen Sie Ihr Geld am besten in Steuern an.
Denn hier sind hohe
Steigerungsquoten bereits vorprogrammiert…**

»Ratschlag« aus der
Finanzdienstleistungsbranche

Wie bereits in diesem Kapitel erwähnt, ist Geld nichts anderes als eine Energieform. **Diese Energie fließt**. Deshalb ist es wichtig, Geld nicht nur zu sparen, sondern auch dem lebenswichtigen Fluss zurückzugeben. Das heißt im Klartext nichts anderes als **Re-Investierung des eingenommenen Geldes in den Markt.** Zu diesem Zweck bieten sich verschiedenste Möglichkeiten an. Neben dem Einnähen ins Kopfkissen seien aus der Vielzahl der Anlageformen erwähnt: Sparbuch, Bausparvertrag,

Lebensversicherung, Bundespapiere (zu einem festen Zinssatz), Immobilien, Aktien, Investmentfonds. Schauen wir uns doch einmal einige der Sparformen etwas näher an …

- **Sparstrumpf.** Hier wird angespartes Geld bar aufgeboben, ob nun zu Hause in einer Schatzkiste oder im Safe, im Bankschließfach oder wo auch immer …

  – Vorteil(e). Das Geld liegt bar vor. Man kann damit »spielen«, es sinnlich »begreifen«, baut dadurch ein positives Bewusstsein zum Geld auf – und: Wenn man niemandem von diesem Geld erzählt, weiß auch niemand von seiner Existenz. Jedenfalls hat man stets einen »Notgroschen« zur Hand …

  – Nachteil(e). Keine Verzinsung! Durch die Inflation ist das Kapital alle 25 Jahre nur noch die Hälfte wert (selbst in einem Land wie dem unsrigen, das eine äußerst geringe Inflationsrate aufweist).

- **Sparkonto.** Noch immer lagern zig Milliarden auf deutschen Sparkonten. So manche Bank und Sparkasse empfiehlt das Sparbuch sogar als sichere Geldanlage.
  Unsinn! Mit einer prognostizierten jährlichen Verzinsung von durchschnittlich nur 1,5 bis 2 Prozent und einer Inflationsquote, die durchschnittlich deutlich über diesem Prozentsatz liegt, vernichtest Du mitunter Geld, anstatt es aufzubauen. Du sparst Dich also arm!

  – Vorteil(e). Keine – Ausgenommen für Deine Bank oder Deine Sparkasse ...

  – Nachteil(e). Du hast es nicht einmal physisch vorrätig, kannst also damit nicht »spielen«. Und da die Verzinsung nicht der Rede wert ist, solltest Du die Finger davon lassen! Schlechteste Sparform!

- **Bausparverträge.** Bausparverträge eignen sich weniger gut zum Aufbau eines Vermögens. Sie sind interessanter als Instrument der Finanzierung von zu erbauenden oder zu erwerbenden Immobilien. In Zeiten einer Niedrigzinsphase (wie von 1994 bis 1999) lohnt sich die Finanzierung einer Immobilie über Bausparvertrag weniger als während einer Phase, in welcher das Zinsniveau relativ hoch angesiedelt ist.

  - Vorteil(e). Interessant zur Finanzierung von Immobilien. Die Bausparprämie vom Staat zwingt zum regelmäßigen Sparen.

  - Nachteil(e). Zu geringe Rendite (bei Sparsummen von mehr als 800 DM jährlich).

- **Offener Immobilienfonds.** Beim offenen Immobilienfonds spart man, genauso wie tausend andere Anleger auch, bestimmte Beträge in einen gemeinsamen »Topf«. Aus diesem Topf bedienen sich Fondsgesellschaften, die Immobilien bauen lassen bzw. erwerben. Als Anleger verfügt man somit über einen kleinen Anteil an verschiedenen Immobilien.

  - Vorteil(e). Langfristig steigt der Wert von Immobilien immer an. Zudem wirken sich Inflationsphasen positiv auf offene Immobilienfonds aus. Darüber hinaus schlägt in Krisenzeiten eine Sachwert- stets eine Geldwertanlage. Hier handelt es sich also um eine relativ sichere Wertanlage, deren »Betreuung« außerdem wenig Zeitaufwand notwendig macht. Als Teil eines Vermögens-Portfolios durchaus geeignet.

  - Nachteil(e). Prognostizierte Renditen von circa 5,5 Prozent stellen ein Mittelmaß innerhalb der Anlagemöglichkeiten dar.

- **Geschlossener Immobilienfonds.** Hier möchte ich keine Aussage machen, da es hier gute, aber auch weniger gute, weil nahezu kriminelle Angebote gibt, die von Fall zu Fall zu prüfen sind. Abhängig von vielen einzelnen Faktoren.

- **Eigene Immobilen.** Hier muss unterschieden werden zwischen eigen genutzter und vermieteter Immobilie …

  - Vorteil(e) einer eigen genutzten Immobilie. Zunächst einmal steht der Aufbau eines Wertes im Vordergrund. Wenn die Immobilie nicht mehr belastet ist, fallen, meist im Alter, weder Darlehens- noch Hypothekenzinsen an, während andere Miete für ihr Haus bzw. ihre Wohnung zu zahlen haben. Außerdem wirkt sich die Inflation positiv aus: Die monatlichen Ratenzahlungen werden, da Zins- und Tilgungsbeträge gleich bleiben, von Jahr zu Jahr geringer, während die Schulden abgetragen werden. Gleichzeitig steigt das Einkommen an. Ebenfalls aufgrund der Inflation steigt der Wert der Immobilie kontinuierlich an.

  - Nachteil(e) einer eigen genutzten Immobilie. Wenn die Immobilie abbezahlt ist, wirft sie natürlich keine Zinserträge ab! Man wohnt im Alter vielleicht mietfrei – **doch zusätzliches Einkommen erzielt man durch seine Immobilie nicht!** Durch die hohen Darlehen, die man in der Regel aufnimmt, entstehen auch hohe Zinsbelastungen – und dann zahlt man die zu finanzierende Summe gleich mehrfach! Außerdem schränkt eine Immobilie, wie der Name schon sagt, die Mobilität ein. Da man sich in Zukunft immer weniger aussuchen kann, in welcher Stadt, ja, in welchem Land man den passenden Job findet, heißt Stellenwechsel zugleich auch Ortswechsel – und in solch einem Fall verlangt eine eigen genutzte Immobilie einen gewissen Aufwand, selbst wenn es nur darum geht, sie zu vermieten.

    - Variante 1. Wenn statt Kauf eine Immobilie gemietet wird und die Differenz zwischen Miete und Finanzierungsaufwand (Zins und Tilgung bei eigengenutzter Immobilie) in eine Anlage mit wesentlich höherer Verzinsung investiert wird, hätte man im Alter ein wesentlich größeres Vermögen.

– Variante 2. Wer unbedingt eigene Wohnräumlichkeiten besitzen will, könnte besser so vorgehen:

1. **Darlehen aufnehmen**, möglichst wenig Eigenkapital investieren!

2. Darlehen **tilgungsfrei stellen**, nur die Zinsen zahlen.

3. Den **normal** für die Tilgung fällig werdenden Betrag regelmäßig sparen und anlegen (z. B. Investmentfonds).

4. Da etwa Investmentfonds im Durchschnitt **höhere** Renditen abwerfen, als gleichzeitig Zinsen für das Darlehen anfallen, ist diese Variante **rentabler**.

5. Am Ende der Laufzeit mit dem Kapital des Investmentfonds das Darlehen **auf einmal** tilgen, Restkapital wieder anlegen.

6. **Nur eine Bank** zur Finanzierung auswählen, die mit dieser Variante einverstanden ist.

– Vorteil(e) einer vermieteten Immobilie. Sie sind ähnlich den der eigen genutzten Immobilie, bringen zusätzlich noch Steuervorteile (die allerdings immer geringer werden). Immobilien sind die sicherste Kapitalanlage, die es überhaupt gibt.

– Nachteil(e) einer vermieteten Immobilie. Da die steuerlichen Vorteile für Immobilien-Investoren immer mehr abgebaut werden, gleichzeitig aber das Mietniveau im Verhältnis zum investierten Kapital relativ gering ist, ist die Rendite sehr niedrig. Oft liegt auch der Angebotspreis über dem eigentlichen Wert des jeweiligen Objekts (denn Bauträger, Verkäufer, Notar, Staat usw. wollen natürlich auch daran verdienen ...).

- **Festverzinsliche Wertpapiere.** Hierbei gewährt man, zum Beispiel dem Staat, einen »Kredit« und erhält dafür eben Wertpapiere. Der Empfänger kann mit diesem Geld arbeiten, wobei, um im Bild zu bleiben, der Staat damit seine neuen Schulden finanziert. Im Gegenzug wird dafür eine festgelegte Verzinsung garantiert.

  - Vorteil(e). Hier handelt es sich um eine absolut sichere Anlageform, die insbesondere für ältere Menschen interessant erscheint, jedenfalls immer dann, wenn relativ riskante Anlageformen nicht gewünscht sind. Der über die gesamte Laufzeit festgesetzte Zinsertrag macht jede Kalkulation überflüssig. Je älter ein Anleger, desto interessanter wird diese Anlageform und desto höher sollte ihr Anteil im Portefeuille sein.

  - Nachteil(e). Im Vergleich zu interessanteren Anlageformen ist die Verzinsung relativ gering – und somit desto mehr von Nachteil, je jünger der Anleger ist.

- **Lebensversicherung.** Gemeint ist hier die Kapital bildende Lebensversicherung. Die Mindestlaufzeit beträgt in der Regel zwölf Jahre, während der Höchstlaufzeit im Prinzip keine Grenzen gesetzt sind. Man zahlt regelmäßig meist monatliche Summen in die Lebensversicherung ein und erhält dann am Ende der Laufzeit die gesamte Summe zuzüglich Gewinnbeteiligung ausgezahlt.

  - Vorteil(e). Relativ sichere Anlageform, wenngleich natürlich die »Märkte« auch die Verzinsung einer Lebensversicherung beeinflussen. Befinden sich beispielsweise die Aktienmärkte in einer lang anhaltenden Baisse, werfen die festverzinsten Wertpapiere nur geringe Rendite ab; oder befindet sich der Immobilienmarkt sich in einer Talsohle, so kann sich das zeitweilig jeweils negativ auf die Rendite einer Lebensversicherung auswirken. Doch da hier die Laufzeiten doch sehr lang sind, fallen solche »Marktschwankungen« so gut wie nicht ins Gewicht. Derzeit sind die Zinserträge noch steuerfrei.

– Nachteil(e): Hohe Nebenkosten für Abschluss, Verwaltung usw. Keine kurzfristige Verfügbarkeit des Kapitals (bei vorzeitiger Auflösung der Lebensversicherung werden die erwähnten hohen Kosten in Abzug gebracht). In Bezug auf die sehr langen Laufzeiten ist die Verzinsung recht gering und im Vergleich zu anderen Anlageformen nur mittelmäßig zu nennen.

Praxistipp: Interessanter sind die in den letzten Jahren entwickelten »**Fondsgebundenen Lebensversicherungen«.** Dabei investiert die Lebensversicherung circa 75 Prozent der eingezahlten Beiträge in Investmentfonds (die wiederum in Aktien investieren). Der Vorteil liegt in einer wesentlich höheren Rendite, der Nachteil in einem höheren Risiko, das allerdings bei der langen Laufzeit (mehr als zehn Jahre) in Kauf genommen werden kann. Dieser Anlageform prophezeie ich in den nächsten zehn Jahren einen unglaublich großen Markt. Insbesondere Menschen, die etwas konservativ eingestellt sind und bei denen die Lebensversicherung für Sicherheit steht, kommt diese Anlageform entgegen. Denn viele Menschen vertrauen der Lebensversicherung, sind aber mit den relativ niedrigen Renditen einer »normalen« Lebensversicherung nicht immer zufrieden.

- **Aktien.** Wenn man in Aktien investiert, erwirbt man einen (meist kleinen) Anteil an einem Unternehmen. Wer also beispielsweise eine VW-Aktie über 50 Euro erwirbt, der besitzt einen winzigen Anteil an der riesigen Volkswagen AG. Wenn nun das Unternehmen Umsatz und Gewinn regelmäßig steigert und dadurch der Aktienkurs nach oben geht, partizipiert man daran, dass der Aktienkurs steigt. Sollte das Unternehmen allerdings rote Zahlen schreiben und sich das in fallenden

Börsenkursen ausdrücken, so partizipiert der Aktienbesitzer ebenfalls, wenn auch durch einen Wertverlust seiner Anteilsscheine (da »partizipieren« nichts anderes als »teilhaben« heißt). Es folgen einige kurz gehaltene Informationen zur Aktienanlage:

- Mit der Aktie erwirbt man Anteile an ausgewählten Unternehmen.

- Man partizipiert sowohl an steigenden als (leider) auch an fallenden Gewinnen bzw. Umsätzen.

- Dies drückt sich in erster Linie durch steigende bzw. fallende Kurse aus.

- Kursgewinne wie -verluste entstehen zunächst einmal nur auf dem Papier. Erst beim Kauf bzw. Verkauf von Aktien realisiert man Kursgewinne wie -verluste. Wenn also eine Aktie im Wert fällt und man nicht verkauft, hat man noch lange kein Geld verloren. Andererseits hat man aber auch noch kein Geld durch Kurssteigerungen gewonnen, solange die Aktie nicht verkauft wird!

- Jeder Kauf bzw. Verkauf von Aktien kostet Gebühren. Wer deshalb ständig sein Kapital umschichtet, hat hohe Aufwendungen, welche die Rendite drücken.

- Wenn Firmen Gewinne erwirtschaften, dann verwenden sie diese Gewinne folgendermaßen: Der größte Teil des Gewinns wird im Unternehmen einbehalten, damit er für weitere Umsatz- und Gewinnsteigerungen reinvestiert werden kann. Ein kleinerer Teil des Gewinns wird (jedoch nicht immer!) an die Aktionäre in Form einer Dividende pro Aktie ausgeschüttet. Dividenden sind in Deutschland zu versteuern.

– Dagegen sind Kursgewinne steuerfrei, allerdings nur dann, wenn sich die entsprechenden Aktien mindestens zwölf Monate im Besitz des Anlegers befunden haben. Verkauft man innerhalb von zwölf Monaten nach dem Erwerb, dann muss der Kursgewinn versteuert werden (während umgekehrt Verluste geltend gemacht werden können).

Wer in Aktien investiert, dem müssen zwei Dinge klar sein:

1. **Er besitzt wesentlich höhere Renditemöglichkeiten als bei allen anderen Anlageformen.**

2. **Das Risiko, Geld zu verlieren, ist ebenfalls höher!**

Der große Altmeister der Börse, André Kostolany, predigte auf Seminaren und bei Veranstaltungen, in Diskussionsrunden und während Talkshows stets Folgendes: »Kaufe Aktien von guten Firmen. Gute Firmen sind diejenigen, bei denen man sich sicher ist, dass sie in den nächsten zwanzig Jahren immer noch existieren und ihren Erfolg aller Voraussicht nach ausgebaut haben. Dann steuere die nächste Apotheke an, kaufe dort mehrere Päckchen Schlaftabletten und nimm sie alle auf einmal. Schlafe jetzt mindestens zwanzig Jahre. Wenn du dann aufwachst, nimm deine Aktien zur Hand und schaue dir an, welche Kurssteigerungen du erzielt hast – und freue Dich!«

Genau so haben die großen Börsianer ihr Vermögen aufgebaut: Sie wählten sich gute Papier aus und ließen sie über lange Zeit liegen! Die »Zocker« dagegen – ebenso die »Gurus« (ob nun die selbst ernannten, ob nun die so genannten) – kaufen und verkaufen ständig Papiere. Meist streuen die »Gurus« ein Gerücht und geben so vor, was »angesagt« ist – und die »Zocker« haben dann nichts anderes zu tun, als auf den fahrenden Zug aufzuspringen. Das mag sogar kurzfristig funktionieren, vor allem in Zeiten, in denen die Börse explodiert (wie etwa periodisch im zurückliegenden Jahrzehnt). Doch wehe, die Börse bewegt sich seitwärts, gar abwärts: Dann wird mit dieser Strategie kräftig Geld verloren – und viele Spekulanten gehen trotz (oder gerade?) wegen ihres »Insiderwissens« Pleite!

Kaufe Aktien guter Firmen und lasse sie lange liegen!

André Kostolany

- Vorteil(e) von Aktien. Hohes Renditepotenzial. Schlägt langfristig (zehn Jahre und mehr) jede andere Anlageform, wobei der Investor vom Wirtschaftswachstum profitiert! Inflation wirkt sich nicht negativ aus! Aktien sind eine Sachwertanlage. Daher gilt auch hier der alte Grundsatz: Sachwert- schlägt Geldwertanlage!

- Nachteil(e) von Aktien. Neben einem hohen Zeitaufwand besteht auch ein hohes Risiko! Wer kennt sich schon mit Aktien **wirklich** gut aus? Wenn man in diesem Bereich ein umfangreiches Know-how besitzen will, so ist auch eine umfangreiche Investition von Zeit erforderlich. Es sollte eine **lange Anlagezeit** geplant werden (mehr als 10 Jahre). Mit Geld, das in Aktien investiert wird, darf man deshalb **nie kurzfristig** disponieren! Und ganz wichtig: Niemals zur Kauffinanzierung Schulden machen! Je jünger der Anleger, desto besser ist das Aktiensparen.

• **Investmentfonds.** Der Anleger zahlt einmalig oder regelmäßig in einen »Topf« ein. Da das viele weitere Anleger auch tun, sammelt sich aus etlichen kleinen Beträgen eine große Summe in dem besagten »Topf« an. Ein anderer Ausdruck für »Topf« ist »Fonds«, in diesem Fall »Investmentfonds«. Einige Experten solch eines Fonds investieren dann einen Großteil des vorhandenen Geldes in Aktien von Unternehmen, die durch ein relativ hohes Wachstums- und Gewinnpotenzial interessant erscheinen, andere wiederum beobachten dagegen den übrigen Anlagemarkt, um hier das restliche Geld zu investieren. »Restlich« ist hier nicht ganz richtig, da die Arbeit jener Experten ja bezahlt werden muss (weshalb der Betreiber eines Investmentfonds von den Anlegern Gebühren erhebt).

Der überwiegende Teil der in Deutschland existierenden Investmentfonds bezeichnet zugleich eine der vielen Arten von Fonds, die dem Oberbegriff »Investmentfonds« zuzuordnen sind. Gemeint ist der **Aktienfonds**. Deshalb ist auch zu unterscheiden zwischen einem Fonds, der »gemischt« angelegt ist, bei dem beispielsweise 60 Prozent der zur Verfügung stehenden Summe in Aktien investiert werden, während der Rest für Staatsobligationen (also Schuldverschreibungen) aufgewendet wird, und solch einem Fonds, der sich ausschließlich auf eine Anlageform konzentriert. Hierunter fällt zum Beispiel einer der schon beschriebenen Immobilienfonds und hierunter fällt auch der erwähnte Aktienfonds.

- **Aktien-Investmentfonds.** Aktienfonds ist aber nicht gleich Aktienfonds, da sich ein Aktienfonds von seiner Struktur her erheblich von dem nächsten unterscheiden kann. So gibt es Fonds, die international angelegt sind, in dem sie etwa Wertpapiere von Unternehmen in Deutschland, Frankreich, Großbritannien, Italien, Japan und den USA in ihrem Portefeuille haben, während andere ausschließlich bestimmte Regionen abdecken, also in deutsche Aktien (Deutschland-Fonds) oder in europäische (Europa-Fonds) oder in US-amerikanische (US-Fonds) oder in asiatische (Asien-Fonds) oder ausschließlich in Aktien osteuropäischer Firmen (Osteuropa-Fonds) oder in solche Aktien investieren, deren Unternehmen ihren Sitz in den so genannten Schwellenländern haben, also in Ländern wie Argentinien, Brasilien, Singapur, Mexiko und Taiwan. Daneben gibt es auch noch Fonds, die sich ausschließlich auf Unternehmen einer Wirtschaftsbranche konzentrieren, so etwa auf den Pharmabereich oder den Telekommunikationsmarkt. Allen gemeinsam ist jedoch die verbindliche Festlegung darauf, wie der einzelne Fonds angelegt bzw. strukturiert ist. Somit steht dem einzelnen Anleger in diesem Anlagesegment eine Vielzahl von Möglichkeiten zur Verfügung, die natürlich auch eine gewisse Qual der Wahl mit sich bringt. Ehe er sich letztendlich für einen bestimmten Fonds entscheidet, weil er ihn als besonders zukunftsträchtig erachtet und er somit interessant genug erscheint, ihm sein Geld anzuvertrauen, bedarf es also der genauen Prüfung.

Da, wie gesagt, die meisten Investmentfonds als Aktienfonds geführt werden, beziehen sich die folgenden Ausführungen auch auf diese …

- Vorteil(e). Die Betreiber von Investment- bzw. Aktienfonds sind gesetzlich verpflichtet, in viele verschiedene Anlagen bzw. Unternehmen zu investieren. Wenn etwa nur in ein einziges Unternehmen investiert würde, wären zwar die Chancen größer, einen hohen Gewinnzuwachs zu erzielen (wenn das Unternehmen kräftig wächst), aber auch die Risiken, ein dickes Minus zu machen (wenn das Unternehmen in die Verlustzone rutscht). Durch die Aufteilung des investierten Kapitals auf viele verschiedene Unternehmen senkt sich das Risiko deutlich ab.

  Jeder Betreiber eines Investmentfonds hat eine Vielzahl von Experten angestellt, die nichts anderes tun, als jene Unternehmen zu analysieren, die für eine Beteiligung infrage kommen. So beschäftigt die Investmentgesellschaft *Templeton* über 1500 Analysten. Da unsereins nur wenige Minuten pro Tag für seine Geldanlage Zeit hat, also aufgrund seiner beruflichen Anspannung gar nicht in der Lage ist, sich auch nur annähernd solch ein geballtes Know-how anzueignen, über das die Finanz- und Wirtschaftsexperten eines Fonds in ihrer Gesamtheit verfügen, sollte jeder Anleger, der sich für Aktien interessiert, dieses Geschäft denen überlassen, die es auch Tag für Tag betreiben.

Dennoch ist es wichtig, wenn der »normale« Anleger auch einige wesentliche Dinge über die Anlageform weiß, in die er investieren will …

- **Langfristig denken**. Langfristig besitzen Aktienfonds die beste Chance auf Rendite. Die durchschnittliche jährliche Rendite der letzten Jahrzehnte betrug beim Deutschen Aktienindex (DAX) etwa 11 Prozent, beim US-amerikanischen Dow Jones sogar rund 14 Prozent.

- **»Überschüssiges« Geld einsetzen**. Die guten Fonds werden voraussichtlich ab 2000 eine durchschnittliche jährliche Verzinsung von circa 12 Prozent erzielen. Die besten erreichen 16 bis 18 und die allerbesten sogar 20 Prozent pro Jahr! Im Übrigen solltest Du nur dann Kapital in Aktienfonds investieren, wenn Du das dafür vorgesehene Geld **nicht benötigst!** Falls Du Dir hier unsicher bist, solltest Du es lieber anderweitig anlegen! Angenommen, Du benötigst Dein Geld in fünf Jahren. Genau in dieser Zeit befindet sich die Weltwirtschaft jedoch in einer Krise. Da davon auch der gesamte Anlagenbereich betroffen sein würde, wirst Du ein Minusgeschäft machen, sobald Du Dein Engagement bei Deinem Fonds beendest und Du Deine Anteile zurückforderst. Wenn Du dagegen Dein Geld nicht benötigst, kannst Du in Ruhe abwarten, bis sich die Wirtschaft – und damit auch die Börse – erholt hat …

Auf Ebbe folgt Flut
und auf Flut folgt Ebbe.

Alte Ostfriesenregel

- **Nerven behalten.** An der Börse geht es immer rauf und runter, gemäß der alten Ostfriesenregel, die da heißt: Auf Ebbe folgt Flut und auf Flut folgt Ebbe. Sollte eine Wirtschaftskrise kommt, dann lass sie kommen. Da Du ja langfristig denkst, sitzt Du die Krise einfach aus – und nach Beendigung der Krise werden Deine Aktienfondsanteile umso mehr an Wert gewinnen! **Bisher hat die Börse noch jede Krise kompensiert** – Du musst nur warten können!

- **Kaltblütig sein.** Gehe mitunter sogar noch einen Schritt weiter! Falls Du investiert hast und es kommt zu einem regelrechten Crash (bei dem also nicht etwa ein einzelner Wert fällt, sondern die ganze Börse rasant auf Talfahrt ist), **dann solltest Du gerade in dieser Phase zusätzliches Geld investieren.** Beispiel Asienkrise Sommer 1998: Asien-Fonds fielen innerhalb weniger Wochen um bis zu 90 Prozent! Wer anschließend investierte, konnte innerhalb von einem Jahr Gewinne von bis zu 200 Prozent erzielen! Beispiel Japan: Der japanische Nikkei-Index fiel von fast 40 000 auf unter 12 000 Punkte! Wer auf diesem Tiefpunkt investierte, konnte einen enormen Gewinn erzielen – die besten Japan-Fonds legten 1999 um bis zu 500 Prozent zu!

- **Cost-average-Effekt.** Nicht nur Aktienkurse, sondern auch die Kaufkurse für einen Investmentfondsanteil schwanken täglich. Falls Du einmalig eine einzige große Summe anlegst und anschließend die Kurse fallen, hast Du erst einmal Verluste erzielt (langfristig spielt es jedoch kaum eine Rolle, wann Du investierst). Besser ist es, wenn Du regelmäßig, etwa monatlich, eine bestimmte Summe sparst. Wenn dann zwischenzeitlich die Kurse einmal fallen sollten, ist das umso besser für Dich, weil Du ja dann zu einem niedrigeren Preis einkaufst. Du nimmst somit automatisch den Effekt mit, den ich im letzten Punkt («Kaltblütig sein«) beschrieben habe. Regelmäßiges Sparen bieten praktisch alle Investmentfonds an. Es bietet die Möglichkeit, Vermögen systematisch aufzubauen. Wer beispielsweise 1954 in den *Tempelton-Growth*-Investment-Fonds einen solchen Sparplan mit 1200 DM pro Jahr startete (also mit 100 DM im Monat), der hatte zum 31. Dezember 1999 ein Vermögen von rund 5 Millionen DM angesammelt!

Apropos kleine Sparbeträge: Wenn Du monatlich nur relativ kleine Sparbeträge erübrigen kannst, solltest Du Dich nicht auf irgendwelche riskanten Aktienfonds einlassen, sondern **Dich auf große Fonds konzentrieren, die weltweit investieren und dabei breit streuen**, wodurch die Risiken (die beim Aktienhandel stets vorhanden sind, wenn auch nur punktuell) relativ stark minimiert werden.

– **Hole Dir Expertenwissen.** Mal Hand aufs Herz: Wie viel Know-how kannst Du in Bezug auf die internationalen Aktienmärkte einbringen, sobald Du Dich entschlossen hast, Dein (mitunter hart) erarbeitetes Geld in Aktienfonds anzulegen? Dein Wissen um die Aktienmärkte dieser Welt reicht bestimmt nicht an das Wissen heran, über das jene Experten verfügen, die sich Tag für Tag mit der Wirtschaft im Allgemeinen und den Finanzen im Besonderen befassen – die **Anlage- und Vermögensberater!**

Im Gegensatz zu Deutschland ist es in den USA und vielen anderen Ländern Normalität, sich in Finanzangelegenheit an einen Vermögensberater zu wenden. Wenn Du beispielsweise einen defekten Wasserhahn zu reparieren hast, holst Du einen

Klempner, wenn Du Zahnschmerzen hast, gehst Du zu einem Zahnarzt usw. Und wenn Du Geld anlegen willst? Dann suche Rat bei dem entsprechenden Berater, in diesem Falle einem Anlage- und Vermögensberater.

Mittlerweile besitzen 60 % aller US-Amerikaner Aktien- bzw. Investmentfondsanteile. Vielleicht ist das der Grund dafür, warum Hunderttausende von Amerikanern sich mit 60 Jahren in Florida oder anderswo ein Apartment kaufen und von ihren Zinsen bis an Ende ihrer Tage glücklich leben.

Wie in jeder Branche, so gibt es natürlich auch unter den Finanzdienstleistern eine Menge schwarzer Schafe. Prüfe daher genau, wem Du vertrauen kannst. Selbst unter den großen Unternehmen, die auf Finanzstrategien und Geldanlage spezialisiert sind, gibt es natürlich weniger seriöse Firmen. Deshalb nochmals: Prüfe genau! Es geht schließlich um Dein Geld! Hierzu ein Vorschlag: Hole ausreichend Informationen über die verschiedensten Büros und Firmen ein, und zwar so lange, bis Du Dir absolut sicher bist, Dir ein Urteil hinsichtlich Arbeitsweise und Geschäftsgebaren der infrage kommenden Büros, Firmen bzw. Institute erlauben zu können. Frage Deine Bekannten und Freunde, wie zufrieden sie mit ihren (langjährigen) Anlageberatern sind, und profitiere von deren Urteil!

- Nachteil(e). Die Betreiber von Aktien- wie Investmentfonds verlangen relativ hohe Gebühren. So werden bis zu fünf Prozent der investierten Kapitalsumme sofort fällig und die jährlichen Verwaltungsgebühren betragen bis zu zwei Prozent Deines Fondsvermögens. Beim Rückgriff auf Aktienfonds sind die Risiken zwar geringer als beim direkten Handeln mit Aktien, aber dennoch gilt: Wenn die Aktienmärkte auf Talfahrt sind, sind es auch die Aktienfonds, ebenso die »gemischten« Investmentfonds, allerdings nicht in dem Maße – eben je nachdem, wie hoch der jeweilige Anteil an festverzinslichen Wertpapieren ist. Schließlich ist noch die Langfristigkeit zu beachten, die mit mehr als zehn Jahren zu veranschlagen ist.

Zum Schluss sollen noch einige Hinweise, Erläuterungen und Zahlenbeispiele helfen, die komplexe Welt der Aktien und ihrer Fonds etwas transparenter zu machen …

- **Vertraue niemandem blind!** Jede Bank, jede Sparkasse hat eigene Investmentfonds. Was wird Dir der Berater Deines Geldinstituts wohl zuerst anbieten? Bestimmt nicht irgendeinen Fonds irgendeines Konkurrenzunternehmens! Damit muss das Produkt Deines Instituts nicht unbedingt schlecht sein. Dennoch: Du solltest in jedem Fall zunächst einmal **vergleichen!**

- **Aktien brauchen Zeit!** Langfristig schlägt eine Anlage in Aktien hinsichtlich der Rendite jede andere Anlageform. Einige Zahlen mögen das belegen …

  – Hättest Du seit der Existenz des DAX (also über Jahrzehnte hinweg) stets gleichmäßig in die 30 größten deutschen Unternehmen investiert (aus deren Kurse bekanntlich der Index des DAX ermittelt wird), dann hättest Du eine durchschnittliche Kapitalrendite von rund **11 Prozent** pro Jahr erzielt!

  – Wenn Du die letzten 50 Jahre in jene 30 größten US-Firmen investiert hättest, die für den Dow-Jones-Index verantwortlich sind, hättest Du eine jährliche Verzinsung Deines Kapitals von etwa **14 Prozent** erzielt!

  – Eine ebenfalls rund **14-prozentige** jährliche Verzinsung Deines Kapitals hättest Du erzielt, wenn Du von 1989 bis 1999 gleich bleibend in die 30 DAX-Unternehmen investiert hättest.

- Im Juli 1998 lag der DAX bei 6200 Punkten. Dann schnellte er innerhalb weniger Wochen auf etwa 3800 Punkte herunter. Hättest Du bei 6200 Punkten investiert, hättest Du innerhalb von zwei Monaten 40 Prozent Verlust registrieren müssen. Doch Registrieren ist nicht gleich Verkaufen! Kein Mensch zwingt Dich zum Verkauf auch nur einer einzigen Aktie! Clevere Anleger haben nicht nur ihre Anlage behalten, nein, sie haben nach der Talfahrt noch mal kräftig investiert! Ende Februar 2000, also etwa 16 Monate nach dem Stand von 3800 Punkten, war der DAX auf fast 7800 Punkte angestiegen – ein Plus von **102 Prozent!**

- Es lohnt sich – stellvertretend für viele andere hervorragende Anlagen –, einmal einen der größten und ältesten Aktienfonds in einigen Punkten etwas näher zu untersuchen. Sein Name: *Tempelton Growth.*

• In den letzten gut 45 Jahren erzielte der *Tempelton-Growth*-Fonds eine durchschnittliche jährliche Rendite von nahezu **13 Prozent!**

• Von 1978 bis 1998 erzielte er eine durchschnittliche jährliche Rendite von circa **20 Prozent!**

• Hättest Du im Dezember 1973 über den Fonds **10 000 DM** investiert, dann hättest Du heute einen Gegenwert von fast **400 000 Euro!** Und aus **10 000 US-Dollar,** Anfang 1954 angelegt, wäre Ende 1999 ein Kapital von **3 821 226 US-Dollar** geworden!

- Natürlich gibt es auch noch eine Vielzahl anderer hervorragender Fonds mit ähnlich guten Ergebnissen!

• **Auch bei Fonds spielt die Zeit eine Rolle.** In nahezu allen Finanzpublikationen werden regelmäßig »Ranglisten« veröffentlicht. In der Regel fallen einem sofort die **Shooting Stars** auf – Shooting Stars deshalb, weil sie zwar erst kurze Zeit existieren, jedoch schon an der Spitze stehen. Wer aber kurzfristig überragende Steigerungen erzielt, muss auch erhöhte Risiken eingehen, und so werden dann diese Shooting Stars später oft wieder ans Ende der Rangliste durchgereicht. Dagegen werden Fonds, die schon lange existieren und gute Erfolge zu verzeichnen haben, auch in Zukunft gute Erfolge vorweisen.

- **Studiere, wer sich bindet!** Um herauszufinden, welche Fonds interessant sind, muss man sie vergleichen. Hierzu eignen sich ebenfalls die erwähnten Ranglisten. Dabei sollte sich der Vergleichszeitraum wenigstens über fünf, besser noch über zehn Jahre erstrecken. Doch Vorsicht: Nicht jeder Fonds, der schon lange existiert, muss auch zu den besseren gehören! So lagen Ende 1999 rund 80 Prozent der in Deutschland zugelassenen Aktienfonds unter dem Index, das heißt: Die durchschnittliche Wertsteigerung der DAX-Werte lag höher als die von vier Fünfteln besagter Aktienfonds!

- **Alternative Indexfonds.** Da 80 Prozent aller zugelassenen Aktienfonds im Vergleich zu den DAX-Werten schlechter abschneiden, ist der mittlerweile angebotene »Indexfonds« für jeden Anleger eine Überlegung wert. Bei diesem Fonds wird nur in Aktien der Unternehmen investiert, die für den DAX-Index ausschlaggebend sind, entspricht also genau dem Kursverlauf des Deutschen Aktienindex'. Hier handelt es sich um einen Anlagefonds, der wenig Aufwand erfordert: Du kannst täglich in den Nachrichten wie in den einschlägigen Publikationen überprüfen, wie sich Dein Kapital entwickelt – eine durchaus interessante Variante für Dein Portefeuille! ➜ ARBEITSHEFT, AUFGABE NR. 88.

Hättest Du 1978 Kapital investiert, hättest Du Ende 1999 jeweils etwa folgende Verzinsung erzielt:

• Sparbuch:	90 Prozent
• Festgeld:	200 Prozent
• Deutscher Rentenindex:	385 Prozent
• Tempelton Growth:	1480 Prozent

Es liegt allein bei Dir, für welche Anlageform Du Dich entscheidest ...

So wächst Dein Vermögen

Schlusswort

Liebe Freundin, lieber Freund,

wenn Du an dieser Stelle angekommen bist und die bisherigen Kapitel aufmerksam durchgelesen hast, dann hoffe ich, nein, bin ich mir sicher, dass wir fast so eine Art »Freunde« geworden sind, obwohl wir uns vielleicht persönlich noch nicht begegnet sind.

Sobald Du das Buch zu Ende gelesen hast, und zwar ohne die Aufgaben durchzuführen, dann schlage ich Dir vor, es unbedingt noch mal komplett durchzulesen, dann jedoch unter Hinzunahme des Arbeitshefts, das Du entweder per Post bei der *Inline-Zentrale* bestellen oder via Internet *(www.juergenhoeller.com)* abrufen kannst. Führe dabei die Aufgaben diszipliniert und konsequent aus und plane das Gelernte auf Dein Leben um.

Weisheit ist gelebtes Wissen!

Nur wenn Du in der Lage bist, das Gelernte auch auf Dein Leben zu übertragen, es umzusetzen, wird es Dir den Erfolg bringen, den Du Dir wünschst und den Du auch verdienst! Ich selbst habe mir am 5. Februar 2000 die große Vision meines Lebens erfüllt und die Dortmunder Westfalenhalle mit Tausenden begeisterter Seminarteilnehmer gefüllt. Meine nächste Vision habe ich jetzt neu in Angriff genommen: Eine Milliarde Euro Umsatz im Jahr 2015! Das bedeutet eine Verhundertfachung des Umsatzes und würde im Erfolgsfalle eine Verhundertfachung des Kurswerts der Aktien meines Unternehmens bedeuten. Mit der Veröffentlichung dieses Zieles gehe ich einen etwas anderen Weg als viele Kollegen: Ich predige nicht Wasser und trinke selbst Wein, sondern möchte durch mein eigenes Beispiel zeigen, dass die Strategien, die ich erzähle, auch wirklich funktionieren. Deshalb veröffentliche ich an dieser Stelle meine zweite (auf lange Sicht angelegte) Vision, um an meiner eigenen Person zu beweisen, dass alles möglich ist!

Das Lesen und Durcharbeiten dieses Buches allein wird Dir bestimmt etwas bringen, doch wird es auch zu wenig sein. Deshalb bin ich mir sicher, dass wir uns schon in Kürze in einem meiner Seminare begegnen werden. Komme dann doch einfach auf mich zu und erzähle mir, was Du aus dem Buch umgesetzt hast und was sich dadurch bereits getan hat. Solltest Du an weiterer Lektüre interessiert sein, findest Du gleich anschließend eine Literaturliste. Diese Audiokassetten, Bücher und Videokassetten kannst Du allesamt über den *Jürgen-Höller-Shop* bequem bestellen. Alle Bücher habe ich gelesen und bewertet, empfehle sie deshalb guten Herzens weiter!

Sollte Dir dieses Buch zugesagt haben, Du darüber hinaus einiges daraus umgesetzt und dadurch Erfolge erzielt haben, dann ist es fast eine Verpflichtung für Dich, *Sag ja zum Erfolg!* auch möglichst vielen anderen Menschen zugänglich zu machen. Das ist kein Trick in Sachen Marketing (es wäre auch ein plumper). Denn nachdem ich privat bereits mehr als ausreichend Geld und materielle Güter besitze und ich es andererseits zu meiner Lebensaufgabe gemacht habe, mein Wissen möglichst vielen Menschen zugänglich zu machen, bitte ich Dich schlicht und einfach um Deine Mithilfe. Und da nach dem Gesetz vom Geben und Nehmen derjenige, der viel gibt (auch Wissen!), umso mehr zurückbekommt, weiß ich, dass viele Leser dieses Buch gern weiterschenken oder empfehlen werden. Mitarbeiter, Kunden oder Freunde, die Du beschenkst, werden es zu schätzen wissen.

Ich wünsche Dir jedenfalls alles Gute – und ich weiß:
Du schafft es!

Dein Jürgen Höller

Literaturliste

Zeitschriften

Akquisa, 10/1998: Know-how
Bücherperspektiven, 2/1999
manager magazin, 6/1998: Harley-Davidson
Welt am Sonntag, 23.05.1999
WirtschaftsWoche, 26.02.1998: Neidische Nation

Bücher

Asgodom, Sabine, *Eigenlob stimmt*, Düsseldorf 1996
Barnhart, Tod, *Die 5 Schritte zum Reichtum*, Düsseldorf 1996
Bloomberg, Michael, *Bloomberg über Bloomberg*, Kulmbach 1998
Buchholz, Andreas und Wolfram Wördemann, *Was Siegermarken anders machen*, Düsseldorf 1998
Clason, George S., *Der reichste Mann von Babylon*, Zürich 1998
Coelho, Paulo, *Der fünfte Berg*, Zürich 1998
Covey Stephen R., *Die sieben Wege zur Effektivität*, Frankfurt 1997
Csikszentmihalyi, Mihaly, *Lebe gut!*, Stuttgart 1999
Enkelmann, Nikolaus B., *Charisma*, Landsberg am Lech 1999
Enkelmann, Nikolaus B., *Die Macht der Motivation*, Landsberg am Lech 1995
Enkelmann, Nikolaus B., *Erfolgsprinzipien der Optimisten*, Offenbach 1997
Fisher, Marc, *Das innere Geheimnis des Reichtums*, Freiburg 1997
Grössing, Dietmar P., *Grenzenlose Dimensionen*, Klagenfurt 1999
Hedges Burke, *You inc.*, London 1996
Höhler, Gertrud, *Herzschlag der Sieger*, Düsseldorf 1997
Kawasaki, Guy, *Gesetze für Revolutionäre*, Düsseldorf 1999
Klöckner, Bernd W., *Mehr Geld fürs Alter*, Frankfurt 1995
Lasko, Wolf W., *Charisma*, Wiesbaden 1994
Lasko, Wolf W. und Franz Frenzel, *Die Magie der Erfolgreichen*, Paderborn 1996
Lassen, Arthur, *Geld macht glücklich*, Dillenburg 1997
Lazarus, Arnold A. und Lazarus, Clifford N., *Der kleine Taschen-Therapeut*, Stuttgart 1999
Lejeune, Erich J., *Du schaffst, was du willst*, Landsberg am Lech 1998

López, José Ignacio, *Du kannst es*, Düsseldorf 1998
Lynch, Peter, *Lynch 3*, Kulmbach 1996
Mello, Anthony de, *Zeiten des Glücks*, Freiburg 1998
Nigel, Andrew, *Arnold Schwarzenegger*, Wien 1997
Mandino, Og, *Besser Leben*, Bonn 1992
Mandino, Og, *Das Geheimnis des Erfolgs*, Bonn 1992
Mandino, Og, *Der beste Verkäufer der Welt*, Bonn 1990
Muhammad Ali, *Der Größte. Meine Geschichte*, München 1976
O'Conner, Joseph und John Seymour, *Neurolinguistisches Programmieren*, Freiburg 1997
Ortega Bob, *Wal-Mart, Der Gigant der Supermärkte*, Wien/Frankfurt 1999
Ratelband, Emile, *Tsjakkaa!*, Düsseldorf 1998
Reeve, Christopher, *Immer noch ich*, München 1999
Ries, Al und Jack Trout, *Die 22 unumstößlichen Gebote im Marketing*, Düsseldorf 1997
Rotter, Ernst A., Mit den Adlern fliegen, Dillenburg 1998
Schäfer, Bodo, *Der Weg zur finanziellen Freiheit*, Frankfurt 1998
Schäfer, Bodo, *Die Gesetze der Gewinner*, Köln 1998
Schäfer, Bodo, *Ein Hund namens Money*, München 1999
Schwanfelder, Werner, *Aktien für Einsteiger*, Frankfurt 1998
Sprenger, Reinhard K., *Das Prinzip Selbstverantwortung*, Frankfurt 1997
Sprenger, Reinhard K., *Die Entscheidung liegt bei Dir*, Frankfurt 1998
Stielow-Pallas, Alfred R., *Ab heute erfolgreich*, Bonn 1988
Tegtmeier, Ralph, *Der Geist in der Münze*, München 1988
Tracy, Brian, *Das Gewinnerprinzip*, Wiesbaden 1995
Wenger, Wim und Richard Poe, *Der Einstein-Faktor*, Freiburg 1997
Wilde, Stewart, Geld. *Die fließende Energie*, Basel 1993
Zimmermann, Hans-Peter, *Großerfolg im Kleinbetrieb*, Landsberg am Lech 1996